当代大学生
野外生存训练与生命教育

张小航　著

DANGDAI DAXUESHENG
YEWAI SHENGCUN XUNLIAN YU SHENGMING JIAOYU

东北师范大学出版社
长　春

图书在版编目（CIP）数据

当代大学生野外生存训练与生命教育 / 张小航著.
—2版. —长春：东北师范大学出版社，2015．3（2025.4重印）

ISBN 978 - 7 - 5681 - 0380 - 0

Ⅰ. ①当… Ⅱ. ①张… Ⅲ. ①野外—生存—高等学校—教材 ②生命哲学—高等学校—教材 Ⅳ. ①G895 ②B083

中国版本图书馆 CIP 数据核字（2015）第 006697 号

□责任编辑：冀爱莉 □责任印制：刘兆辉
□责任校对：施 涛 □封面设计：张 然

东北师范大学出版社出版发行
长春净月经济开发区金宝街 118 号（邮政编码：130117）
网址：http：//www.nenup.com
东北师范大学出版社激光照排中心制版
河北省廊坊市永清县晔盛亚胶印有限公司
河北省廊坊市永清县燃气工业园榕花路 3 号（065600）
2015 年 3 月第 2 版 2025 年 4 月第 3 次印刷
幅面尺寸：170 mm×230 mm 印张：11.75 字数：240 千

定价：35.00 元

前　言

　　生命教育是 1968 年首次被美国学者明确提出的，它既强调要"认识生命、保护生命、珍爱生命、欣赏生命，探索生命的意义，实现生命价值"，也认为在学校教育过程中，生命教育的意义应当在于"引导学生正确认识人的价值、人的生命，理解生活的真正意义，培养学生的人文精神，培养学生对终极信仰的追求，养成学生的关爱情怀，使他们学会过现代文明生活"。很显然，生命教育不仅是作为教育内容的一部分，更是在于对人生存能力培养与生命价值提升的追求，强调生命价值的诉求和社会意义。

　　教育部 2002 年 7 月颁布的《全国普通高等学校体育课程教学指导纲要》中指出，"熟练掌握两项以上健身运动的基本方法和技能，能科学地进行体育锻炼，经常参加和组织野外活动，能参加有挑战性的野外活动"，"要充分利用空气、阳光、水、江、河、湖、海、沙滩、田野、森林、山地、草地、荒原等自然条件，开发野外生存方面的教学与训练"。同年，华东师范大学等 7 所高校 140 名学生分别在黑龙江帽儿山、湖北神龙架和浙江大明山开展野外生存训练实践，这也成为野外生存训练课程进入普通高校课程体系的起步和标志。

　　野外生存训练是集挑战性与竞技性于一体，包含内容广泛，往往要求个人或团体在大自然的环境中，仅依靠自身的力量，培养训练者在劣质环境中的生存能力、顽强的心理品质及良好社会适应能力的一种训练。野外生存训练课程是以"健康第一"为目标的体育类课程，与生命教育有着密切的联系，正确理解二者之间的内在联系，深刻认识野外生存训练课程与生命教育的内涵，准确把握野外生存训练课程实施生命教育的原则和方法，对于开辟高校生命教育的途径，深化高校体育课程改革都具有重要意义。

　　本书首先详细地介绍了野外生存训练与大学生命教育思想；然后论述了大学生生命教育体系的构建及实施途径，以及大学生野外生存训练的教育价值；接着是对心理训练、耐力训练、综合生存能力训练等野外生存训练与远足、野营、登山等野外活动项目的活动方式的介绍；还有对大学生野外生存训练风险管理的研究，并且介绍了一些野外生存自救以及求救的方法，为学生野外生存活动提供一些安全保障；最后是对比大学生野外生存训练与生命教育的共同点以及生命教育视角下高校野外生存训练课程发展的研究。

本书在编写过程中，汲取了许多有关大学生野外生存训练与生命教育的最新信息，借鉴和参考了国内外许多专家学者的最新研究成果，在此一并表现感谢。由于作者水平有限，错误与不当之处在所难免，恳请广大读者批评指正。

作者

2013 年 9 月

目 录

第一章 导 论

第一节 野外生存训练概述

一、野外生存训练的基本概念与历史沿革

（一）野外生存训练的基本概念

概念是人们对客观事物认识的总结，是组成判断的基本单位。只有概念明确，才能做出恰当的判断，才能合乎逻辑地进行推理。定义是通过一个概念明确另一个概念内涵的逻辑方法。野外生存即人在食宿无着的山野丛林中求生。也有人定义为：人类在非生活环境下，最大限度地维持生命力的行为。野外生存并不等同于野外生存训练，野外生存训练是实现野外生存目的、任务的基本途径之一。可以定义为：在老师的指导下，为全面发展学生在野外环境下的身体素质、心理素质和社会适应性，不断提高野外生存能力而进行的一种专门的教育过程。开展野外生存训练的内容主要包括在野外环境取水择食、攀山越岭、远足、露营、险境自救和身心素质专门训练等。

根据当今的社会发展需要，遵照野外生存训练本身所具有的功能，面向学生开展野外生存训练的目的就是要教会学生掌握野外环境下的基本生活技能和自救方法，通过实践，不断增进身心健康和促进社会适应能力。任务是目的的体现，要实现野外生存训练的目的，就必须完成相应的任务。这些任务归纳为以下四点：

1. 促进学生身心健康发展，不断提高在野外环境下的身体运动水平、各组织器官系统的机能以及心理承受和调节能力。

2. 掌握野外生存训练技能。

3. 获得组织与指导野外生存训练的能力。

4. 培养野外适应能力、顽强的意志品质、协同合作的集体主义精神和环保意识。

总之，野外生存是一种行为，也是一种能力，更是一种精神。野外生存训练对人们的健康发展具有特殊的意义。通过野外生存训练培养了人们生存的技能或能力，教导人们如何处理人与自然的关系，懂得人在整个自然界中的角色，从而

帮助人们形成正确的世界观和人生观。

在人类生存的地理环境中，我们必须明确一个道理，那就是人类产生于自然，也依赖于自然，大自然就是人类赖以生存的摇篮。自然界为人类提供了丰富的资源，以至于人类可以在地球上立足并生存。然而，大自然并不完全是人类的天堂，它有它自己的运作规律，有它无情的一面。当人身处人迹罕至的深山老林时，当迷失在荒无人烟的戈壁沙漠时，将不得不时时经历危险，处处面临死亡。如何在恶劣的自然环境中生存下来，这就成了遇险者需要思考的首要问题。要生存，就需要对大自然有一定的了解，尽可能掌握足够多的生存技能，依靠自己的力量改变不利的处境。

二、野外生存训练的历史沿革

野外生存训练的核心内容是生活技能训练。原始人为了生存和发展，必须要接受更为先进的技能培训，必须不断增强自身挑战自然和适应自然的能力，当原始人为提高自身的野外生存能力而出现教育过程时，也就形成了最初的野外生存训练。人类的野外生存活动从有人类开始就一直没有停止过。因此，有学者认为："人类的发展历程就是一部野外生存发展史。"

1424年，意大利哲学教授维多里诺应曼图亚侯爵之聘创办一所学校"快乐之家"，其注重学生的身体教育，在开设的课程中有远足内容，这是将野外生存训练作为一种教育内容纳入课堂的早期记载。18世纪，一些欧洲的探险家，为了能在探险过程中减少牺牲，经常在休整期对自己进行有计划、有目的的训练。他们经常练习的项目包括攀登、下降、游泳、救护等。但是，把野外生存作为一种独立的训练课程，专门对一些特种人员进行训练，则是在第二次世界大战时期，当时大西洋商务船队屡遭德国人袭击，许多年轻的海员葬身海底。但人们从生还者身上发现，他们并不一定都是体能最好的人，却都是求生意志最顽强的人。这一现象引起了一位教育家的注意，这就是出生在德国中产阶级的伟大的教育学家库尔特·汉恩（Kurt Hahn）（1886～1974），他曾先后在柏林和牛津大学接受教育，他深感当时的学校教育不能很好地为学生提供成长的机会，开始尝试在传统教育之外探索更有效的学习模式。Hahn在这里找到了用武之地。1934年，Hahn和英国人劳伦斯·沃特（Lawrence Holt）一起在英国创办了阿伯德威海上训练学校，定期把海员送到学校里参加一些高空跳跃等项目，用来训练年轻海员在海上的生存能力和触礁后的生存技巧，提高海员的心理素质以及团队精神，使他们的身体和意志都得到锻炼。通过这项训练明显提高了海员的生存率。当时，这所学校对第二次世界大战的盟军的兵员保障起到非常积极的作用，这是最早的野外生存训练学校。

在我国，虽说涉及野外生存活动的历史源远流长，然而，更多的是作为一种消遣或习俗沿袭下来。早在汉代，已有"人日"（农历正月初七）"郊外踏青"的习俗，北方以农历三月初三或清明为踏青节延续至今，唐杜甫有"江边踏青罢，回首见旌旗"的诗句。将野外生存训练作为一种教育形式的活动开展时间较短。近几年，随着人们生活水平的提高，节假日的增多，这项活动在民间得到蓬勃发展，也逐步进入学校。参与野外生存活动的人数更是以几何速度倍增，从 1999 年的几千人，到 2000 年的几万人，再到 2001 年的十几万人，2002 年的几十万人。有人估计，到 2010 年，我国的野外生存和探险爱好者将达到 5000 万人以上。当然，在快速发展的同时，也存在许多亟待规范的方面，如野外生存装备市场混乱，俱乐部、协会等组织部门的管理良莠不齐，组织活动的安全不到位等。

三、野外生存训练的特点

对学生来说，野外生存训练是一种体验式的学习过程，这一点与大多体育项目是一致的。然而，作为一个独立的运动项目，其特点也是显而易见的。野外生存训练的突出特点是将健身、健心、益智、益群的功能融入大自然中完成。另外，活动内容、形式灵活机动，运动量可大可小，随意调整，适合终身享用。

（一）结合自然环境的运动

现代的高科技也并不排斥原始的生存技能，尤其在军队，野外生存训练是一项重要的训练科目。通过训练，学会如何在野外靠太阳、星星、森林植物等来辨别方向；如何寻找食物和水；怎样在野外建立营地；骨折、皮裂、烧伤、冷冻等不良事件发生时，怎样进行救护与自救；通讯设备失灵时怎样与外界取得联系；甚至还要学习与毒蛇、猛兽进行搏斗的本领。大自然本身就是一本最好的教科书，人类除了本能之外的所有知识、技能都是从大自然中学到的。它能教会你什么叫物竞天择，什么叫适者生存，甚至可以教你怎样对待工作、怎样对待人生。野外生存训练利用户外特殊的场地和崇山峻岭等自然环境，配合各种精心设计的活动、游戏，同时将一些探险性户外活动（如攀岩、泛舟、登山、露营、求生等）简化成安全可操作的活动课程带入学生的综合素质训练当中，突破了传统体育课程相对封闭的学习环境，不但增强了学生认识自然、了解自然的能力，还有利于促进学生身心全面发展。

（二）强健心理、挑战极限的运动

训练内容的新颖性、活动过程的刺激性、教学条件的特殊性以及对学生生理、心理、智力、合作等全方位的挑战性，决定了野外生存训练既有一般体育课程增强体质、陶冶情操、磨炼意志的共性化功能，更有培养人的适应自然、挑战极限、战胜自我、同舟共济的生存生活技能和开拓发展素质的特殊功能。

在野外生存训练中，每个队员不仅能学会如何生火、搭建帐篷、寻找食物、打绳结、定向、救护等基本的野外技能，还能获得不可多得的心理体验，甚至经历一些自己从来没做或感到自己根本不可能完成的事情。在教师和队友的帮助下，当你完成那些令你担心和恐惧的事情后，你的自信心和胆识都会得到提升。

心理学家发现，智商和情商与成功均有直接关系，而人们往往只注重智商的训练，忽视情商的训练。在对许多曾经在野外遇险的人进行调查后发现，在意外发生时，心理的压力往往比身体上的压力大得多，正因为如此，许多国家在训练特种人员时都把心理训练摆在首位，而心理训练正是野外生存训练的重要内容。由于人们长期按部就班工作、生活，已经形成相对固定的生活方式和思维模式，对自身潜能认识不足，尤其是一些自我生存能力的潜能没有挖掘和开发出来，野外生存训练能帮助他们认识到这些潜能并得以展现。

经常参加野外活动的人，大部分都具备乐观、向上、大度、积极、勇敢等性格特征。而且，他们的思维方式多是积极向上的，工作也多是高效率的。因为大自然使他们宽阔、大度、包容；危险使他们懂得生命的可贵，利益的渺小；恶劣的环境使他们必须积极、乐观、勇敢地面对。

（三）培养团队合作精神的运动

目前，我国的青少年大多是独生子女，这一代青少年具有自信、聪颖、务实等优秀品质，却普遍缺乏相互间的沟通交流和互帮互助精神。野外生存训练活动非常注重培养团队意识，因为在危险随时都可能发生的探险活动中，只有齐心协力才可以战胜困难。例如，在雪山上，为了防止坠落，大家是用一条绳子连接在一起的，大有生就同生，死便同死的气概。在野外极端环境里，大家有时候要做出方向的选择，而这种选择又经常是决定团队命运的时刻，甚至选择的本身就意味着生或死，这便是最能锻炼队员间的团队合作精神和领队的决策能力。

野外生存训练能通过自然界情景体验促使学生增长知识、锻炼身体、陶冶情操，学会学习、学会生存、学会做人。在野外生存训练中，同学们相互帮助的情景屡见不鲜，这不仅仅体现在异性之间，而在同性当中体质较好的同学帮助体质较差的同学，也是频频可见。例如，有一年兰州交通大学组织了5次野外生存训练活动，也许是大自然有意锻炼同学们，每次活动中，或在行进途中，或在营地总是遇到大雨，然而，同学们没有一位退缩的，他们按照自己拟订的计划，以班级为单位，再按各小组每个人的分工相互配合、相互协作去认真完成每一项工作。每次活动过程中，同学虽然以班级为单位分成了各个小组，然而行进途中以及搭建营地时，同学之间的相互帮助往往超越了组与组之间、班与班之间。

第二节 大学生命教育思想概述

一、生命教育的理论依据

作为一门新兴的教育理论，生命教育的存在和发展离不开坚实的理论支撑。中国传统文化中蕴含了丰富的生命教育思想，我国大力推广的素质教育和生命教育也有许多相通之处，它们相互参证，对生命教育的实践有积极的指导意义。

（一）中国传统文化中的生命哲理

中国世代相传的传统文化蕴含着丰富的生命哲理，对我们这个民族产生了潜移默化、深远持久的影响。我们生活在中国的土地上，每天的所见所闻所感，都深受中华文化影响，周围的一切事物，都有其文化渊源。例如，在西安人们会看到许多古朴典雅的古建筑和仿古建筑，这种建筑的风格是在中国上千年的文化积淀中发展成熟的。这些亭台楼阁和红墙黄瓦为西安城营造出浓厚的文化氛围，而这种文化氛围也使生活在这里的人们在潜移默化中接受文化洗礼。文化影响人们的认知方式、思维方式和交往方式，一个人的人生观和价值观正是在长期的文化熏染中形成的，而人生观和价值观一旦形成，对人的思想和行为将会产生深远持久的影响。因此，文化可以塑造人，可以丰富人的精神世界，促进人的发展。在绵延不绝的历史长河中，我国各个时代的文化经过不断的淘洗和沉淀，形成了历史悠久又博大精深的传统文化。这些优秀的、蕴含生命哲理的传统文化怎样传承下去呢？方式很多，但是最直接、最有效率的是中学语文教育。所以，中国传统文化中丰富的生命哲理是在中学语文教学中开展生命教育的理论基础之一。

中华民族是一个重视追求人生意义的民族，生命教育在中国文化中有着深厚的传统。自从盘古开天辟地，祖先就以"天行健，君子以自强不息"和"地势坤，君子以厚德载物"这样的生命观来要求人们修炼身心和激励后人奋斗不止。在中国传统文化中占有重要地位的儒家文化可以说是中国文化的象征。儒家的杰出代表孔子是非常重视人的生命的，《论语》中也有许多珍惜生命的篇章。孔子对人的生命的珍惜首先体现在对其安身立命的地点的选择上，如他在《论语·泰伯》中说："危邦不入，乱邦不居。天下有道则显，无道则隐。"祸乱频发的危险地方可能会伤及人的生命，也不利于知识的传承，故孔子认为人们不应该进入和居住在这样的地方，主张"有道则显，无道则隐"以保护生命。孔子对人的生命的重视还体现在对待生死和鬼神之事的态度上，季路请教鬼神之事，孔子回答："未能事人，焉能事鬼？"季路又问"敢问死"，孔子答曰："未知生，焉知死？"

可见，孔子认为今生今世的生命远远比漂浮不定的来世及鬼神重要，他是一个非常务实的现实主义者，不会把希望寄托在虚妄的来世及鬼神身上。连活人的事情都没有办好，就不要妄谈如何敬奉鬼神了。所以，孔子认为人们应该把握现在、珍惜现在的生命、过好当下的生活，而不是盲目崇拜鬼神。他还对季路说连如何活着、如何做人的事情都没有弄懂，还谈什么死后的问题呢？一个活着的人首先要思考如何活和怎样活出生命的意义，然后去考虑死亡问题。孔子重视的依然是人世间的生活和人的生命，流露出以人为本的人本主义精神。孔子对人的生命的尊重还体现在对人俑陪葬习俗的谴责上，即"始作俑者，其无后乎"，他骂发明以人俑陪葬的人断子绝孙。可见，孔子认为不论身份贵贱，人的生命都是非常重要的。孔子对生命的热爱还体现在马厩失火问人不问马和对战争的态度上……

在中国传统文化中，还有一个对人们的生命观影响深远的流派，即道家。以老庄为代表的道家持生死自然的达观态度，侧重从人与自然的关系来讨论生死问题。他们认为人不可以违背生命的自然本性，提出重身轻物、淡泊名利等观点，高扬个体生命的价值，追求生命的自由自在。在老子看来，人的生命比功名利禄这类身外之物珍贵很多。《老子》中就有"名与身孰亲？身与货孰多？得与亡孰病"的拷问世人的警句。老子把生命与名利、财富作比较，分析得与失的利害关系，目的是为了证明人的生命非常珍贵，希望人们可以珍惜生命。庄子所处的年代是统治阶级争名夺利导致社会动荡不安、百姓困苦不堪的年代。为了在无可奈何的乱世中生存，他从人性自然的角度出发，追求人的精神的"逍遥"。庄子一直很看重心灵的质朴自然和逍遥自在，如何摆脱外在的物质诱惑而进入到逍遥状态是他一直思索的问题。人教版高中语文必修五第六课的课文节选自庄子的代表作《逍遥游》，他在文中抒发了对自由的大胆追求，在文中他努力挣脱精神枷锁，寻找生命的自然随性。庄子的生命观就是追求生命的自由，让人与自然和谐相处，不为物所累，享受心灵的宁静。在物欲横流的今天，有不少学生经受不住诱惑而误入歧途，更有甚者，有些人为了追求金钱和虚名不惜以宝贵的生命为赌注，价值观和生命观日益扭曲。因此，有选择地用老庄的生命理论对学生进行生命意识教育可以使学生提升生命境界，明白怎样热爱生命，如何处理好物质与生命的关系，摆正自己在天地间的位置，从而智慧地生存。

（二）素质教育的要求

素质教育是一种以提高学生的全面素质为目标的教育，它关注学生的全面发展。素质教育中的"素质"包括外在素质和内在素质，外在素质指人的科学技术能力和行为等，内在素质指人对人生、世界的看法，是精神层面的素质，包括人的人生观、价值观等。从这个角度来说，素质教育和生命教育是有相通之处的。

素质教育也是在中学语文教学中开展生命教育的理论基础之一，在素质教育中可以找到生命教育的理论支撑点。真正的素质教育不仅要培养学生的科学文化知识、培养学生的创新精神和提高学生的实践能力，而且要培养学生的健全人格、使他们懂得热爱生命。以新一轮基础教育课程改革为大背景，把生命教育纳入到素质教育中，以促进学生各项素质的全面发展，提高他们的生命质量，也是素质教育的必然要求。

素质教育坚持以人为本，注重开发人的生命的潜能，把促进人的全面发展作为教育目的，是一种尊重人、理解人、关心人的教育。实施素质教育是时代发展的要求，可惜，在升学率的压力下，再加上有些教育者理解有误和操之过急，导致素质教育有些偏离本来目标，忽视了学生生命全面成长的需求。但是，值得欣慰的是，教育界的有识之士已经注意到这一点，积极地把生命教育纳入了素质教育的实施过程中。例如，云南省正在努力推行"三生教育"，即生命、生存和生活教育，这既是对生命教育的积极探索，也是是素质教育的本真回归。早在2008年汶川大地震造成许多校舍坍塌和大量学生死伤之后，人们就痛定思痛，开始呼吁把生命教育纳入素质教育之中。很多学者都认为加强师生的生命教育是实施素质教育中的重要环节，用创新思路把生命教育融入素质教育中是灾后教育重建的一个重要内容。总之，在素质教育的号召下，教师应该把生命教育渗透在高校的野外生存训练当中去。

二、大学生命教育思想的演变

一个事物的产生总会有它的来龙去脉。大学生命教育思想也不是今天才有的事情，也经历了一个漫长的历史积累过程。它是历史上诸多关于"人"的思想、学说流变进化结出的花蕾，由根生茎、茎长发叶、叶绿蕴花，慢慢地在人类思想时代中长大而正含苞待放。因此，我们欲举目凝视大学生命教育思想之花，就不得不将我们的目光首先聚焦在生它养它的思想沃土中，探寻它的种子、根茎和养分。面对人类思想历史这一方沃土，我们凭借什么去探寻，去吸取历史的逻辑养料呢？建构探寻大学生命教育思想的方法论工具，是必须首先解决的问题。而建构方法论工具却需要对更为宏大的人类思想史背景的梳理和借鉴。我们从哲学的、科学的、宗教的思想发展中可以把握人类世界观与方法论的进化，而它们的每一次进化都深深镌刻进社会的每一个细胞中，教育思想因此也深受影响。正因为如此，我们才能看到一条生命教育思想生成的历史脉络，它从历史中走来，走进当下的教育生活，并持续地向未来教育绽放。

（一）生成的"历史观"：中庸之道

大学作为一个历史事物，它的产生远远滞后于人类思想史萌生的时代。远在古希腊，人类面临生存困境时就已有了关于世界和人生的思考，并由神话思维逐渐转向哲学思维，产生了影响后世的哲学。而大学却是在欧洲中世纪时期特有的政治、经济、文化背景下产生的新式的行会组织，在时间上不可与古希腊相提并论。但是，中世纪大学就是为了思想、学术、知识、信仰而诞生的学术组织，古希腊的哲学思想与神学相结合产生了统治整个中世纪精神生活的教父哲学和经院哲学。因此，探寻大学生命教育思想的源流，必须以古希腊哲学为起点，经由经院哲学的流变和统治性影响，考察中世纪大学生命教育思想的隐约可见的种子，这样，才能从历史的厚度中挖掘出生命教育的甘泉来。

伴随着中世纪的终结而萌发的文艺复兴时期，人类思想的勃发则源自于另一种人类本质力量的爆发——科学技术与艺术。虽然科学、技术与艺术曾经都栖身于哲学母体，但它们拥有了自己的独立的方法论和人类至美至善的自由追求的时候，却将人类的潜能以前所未有的方式火山一样喷发出来。在这样一种人类力量无限绽放的过程中，牛顿站在巨人的肩膀上用另一种方式宣告"机械"物理（万有引力定律）时代的到来。人类的视野不再局限于哲学家的冥思苦想，而是以宇宙的眼光打量周围如"钟表"一般的世界。"机械性"思维从此统治了所有人的思想，渗透进了社会的每一个角落。当然对生命本身的解读以及生命教育的观念都难免于它的统治性影响。

因此，探寻大学生命教育思想的源流，需要思考近现代科学技术发展所带来的人类思想的进步和过度泛化带来的影响。这样，才能从历史的逻辑中摸索到生命教育思想的经脉。

所以，大学生命教育思想的历史探寻，就需要以大学的历史维度为问题考察的重要依据，甄别在大学发展史上对大学教育有过卓越成就和重大影响的高等教育家的思想，并把他们的教育思想放置在人类思想进化的历史大背景下来分析，从而把握大学生命教育思想的流变。这样的研究方法论基于这样一种基本的理论假设，即历史上的每一种教育思想都深深地受到那个特定时代占着统治地位的哲学、科学或宗教思想的影响，并且在具体的表现形态上具有那一时代的典型特征。因此，把握住了大学经历的每一个时代的思想特征，也就能对每一个时代的大学生命教育思想的有或无、饱满或虚空、张扬或闭锁、全面或片面做出基本的判断。笔者经过思考得出的基本判断是："大学生命教育"作为一个名词，在人类教育史上还没有被正式提出过。但是大学生命教育作为一种"事实"和"思想"，它已然是历史中的现实。只不过，这种"事实"和"思想"仅仅属于那个时代的生命教育事实和思想，它走在一条"从综合走向分化"的认识之路上。它们抓住生命教育中的一部分，在认识的深度和传播的广度上达到了极致的程度。物极必反，"既分化又综合"则是我们当下"思想中的时代"的特征，也是当下人类生活方式的重要特点。"大学生命教育"无论是作为一个名词，还是作为一种整合"生命"的事实和思想，正是在这样的时代才成为可能。

有些教育学者或教育思想家对过往的教育思想、观点作充分的批判，取其精华，去其"糟粕"，以此来显示自己思想、理论、观点的创新性。笔者以为，这种理论上的倾向深刻地受到了哲学思维方式的影响。有人说过，"通常一个哲学流派的诞生，就是要打倒另一个哲学流派，还要踩上一只脚，让其永世不得翻身"。这是哲学"极致性"，或者说是"至极性"、甚至"超极性"思维特征的表现。事实上，人类思想的长河中不曾有被打倒的哲学、死掉的思想。黑格尔研究了整个西方哲学史之后，给出了一个我们应该如何对待历史上的思想的态度，甚至可以作为一个原则来指导我们的研究。他说："每一哲学曾经是、而且仍是必然的，因此没有任何哲学曾消灭了，而所有各派哲学作为全体的诸环节都肯定地保存在哲学里。……各派哲学的原则是被保持着的，那最新的哲学就是所有各先行原则的结果。所以没有任何哲学是完全被推翻了的。那被推翻了的并不是这个哲学的原则，而只不过是这个原则的绝对性、究竟至上性。"

可见，哲学如此更替流变，被推翻的也只是"绝对性"、"至上性"。也就是说，曾经被推翻的哲学流派之所以被推翻，是因为它在推翻另一哲学流派的绝对性、至上性的时候，却将自己推向另一种绝对性、至上性的极端，又给后世"新"哲学留下了"诞生"的理由。人类社会进化到当下这个时代，这种绝对性、至上性的理论追求仍然还存在，但是越来越不适应当代人生存的状态。在当代，一种整体的、和谐的、天人一体的旨趣被越来越多的人所追求。所以，笔者在这里所采取的基本态度是：一方面不牵强附会地给曾经的教育思想乱贴"生命教育"的标签。换个角度说，如果用"大学生命教育思想"来指称它们，只要不牵强还是可行的。实际上，在这种态度中就包含着"大学生命教育"审视的视野，也可看成是一种言说思想的方式。另一方面不用唯我的价值标准随意地裁剪历史上"大学生命教育"的事实和思想，不以用打倒它们的方式来建树所谓的"大学生命教育论"，而是通过与它们的对话，来获得大学生命教育思想的启示。当然，这种态度本身也许就是一种价值选择的结果，也难免与"价值裁剪"纠缠不清。但是，这种态度的价值取向已经超越了绝对性、至上性的偏狭，而取整体、和谐的心灵诉求。也可以说，是用一种"生命"博大的胸怀去包容曾经的"事实"和"思想"，在历史的长河中探寻大学生命教育思想的涓涓暗流，并以此来涵养当代的大学教育，润泽生命。笔者认同周浩波先生的观点："我们所采取的态度是，第一，历史已赋予教育这么多意义，它表明了人类从这样多的角度来理解、观照教育。

第二，它们不仅是历史地合理的，在今天也仍然作为一种独特的思维方式与话语规则而起作用。第三，今天的研究实际上不必执著于一种话语规则或教育意义，而是必须继承这些不同意义而全方位地加以展开。""生命人"的提出，就是这种全方位继承与展开。大学作为特定的历史产物，决定了研究者的历史视野必须基于特定历史时空域。这里，不将大学泛化为一般的高等教育而无限地往人类历史起点回归。在中世纪特定的政治、经济和文化背景下，在已有的社会基础上孕育出现代大学的雏形，从形式结构、制度结构甚至精神上奠定了"大学"的所有基础。大学（University）出现在欧洲中世纪时期，它被认为是中世纪复兴期在教育领域里的最重大的一种制度和观念的创新，东西方学者对此都做出了很高的评价。如柯勒（Cole）就曾指出："大学的出现是十二三世纪心智活动领域最为引人注目的事件。"大学作为一种新型的教育形式不但从制度上完善和丰富了传统的教育层级体系，而且为传统教育注入了一种全新的教育观念，为现代大学的形成奠定了基础。所以从这个意义上说，现代大学所具有的一些本质性功能模式、制度特征和办学理念都可以在中世纪大学中找到起源，这也是中世纪大学作为中世纪文化复兴的产物对后来人类文化事业——尤其是教育事业——做出的巨大贡献所在。当然，作为现代大学的起源形式或初始阶段，无论在其办学理念以及办学形式上都不可能与现代大学同日而语。对此，有西方学者曾指出："虽然学校是大学校，但是在这个词的严格意义上，却还不是大学（Universitates）。在这个阶段，我们要找出区别中世纪大学和古代雅典学校或亚历山大里亚学校的特点是徒劳的。"由此不难看出中世纪的大学在很大程度上和传统学校教育并没有太大的区别，这从其早期命名上也可体现出来。在早期阶段，学校已经成为大学校（studia generalia）。

"studia generalia"意即大学校，也即是公认的为欧洲学生开设的无地域限制的学习的地方。随着其发展，逐渐演变为 Universitates，具备了现代大学的名称。但 Universitates 在中世纪是行会（Guilds）的代名词。因此从中世纪大学名称的演变历程来看，中世纪大学并不具备现代意义上的系统的有组织的高等教育机构这样的含义。因此我们在理解和研究中世纪大学时，必须从其本来意义出发客观地加以研究，这是研究者进行该研究的根本出发点。但是不可否认，在中世纪大学的发展过程中，孕育出了现代大学的职业功能定位、自治传统以及相应的学位制度等，正是这些因素将中世纪大学与现代大学二者联结到一起，构成了中世纪大学研究的现代视角。

关于中世纪大学的最早起源，现已无证可考。因为中世纪大学是由早期的经院学校发展而来的，缺乏统一的组织机构，因而难以明确判断中世纪大学产生的标准，致使起源更难具体确定。如果以行会（Universitates）组织的出现为标准的话，那么有关巴黎大学的最早材料是在 1170～1175 年间，或许时间更早，有可能在 1150 年左右。

波隆那（Bologna）大学的情况也是如此。无疑，在 12 世纪的欧洲已经出现了名义上的"大学"机构，并且在 12 世纪末期形成了以巴黎大学、波隆那大学和萨莱诺（Salerno）大学为代表的三种不同的大学教育模式。尽管这些模式之间存在很大差异，但作为中世纪复兴期出现的一种典型机构，在各自的形成因素上都大同小异。综观中世纪复兴期的大学，在其起源上或多或少地受到地理环境因素、传统经院学校因素和著名学者的影响等因素的综合作用，这三种因素也可以说是大学赖以产生和出现的三种条件。正是大学的这种初始条件和状态，给大学生命教育思想的探寻提供了一个起点。而传统经院学校及其著名学者的影响两个因素成为探究的源泉。中世纪，这个信仰时代的神性权威，统摄着大学的一切。从此，大学围绕着人的神性、本性、理性、社会性等展开了思想的博弈。

承认历史自己赋予自身意义的合理性，是当下时代对历史观的重大调整。由历史合理性所确立的标准，奠定大学教育思想合理性的逻辑起点，也构成大学教育思想的目的；不同的时代的教育家由此所提出的各种人性假设与各自的目的相适应，并在大学教育过程中以各种方式一一展开，实现理想的人性目的，并验证实现它的可能性。这样，就构成了教育思想历史诠释与理解的循环。它与"人自成目的"的判断相一致。而这种"自成目的"所构成的历史解释表明了"存在就是合理的"相对性意义，也符合现代人价值多元化的状态和追求。面对如此局面，无论在思想的建构上，还是在实践的人性化上，承认并尊重多元价值，是我们当下所必须采取的"中庸之道"。历史哲学家阿瑟·丹图认为，历史相对主义将最终获得辩护，"它在如下的意义上得到辩护，即在一般意义上它是正确的，离开组织框架我们没法认知历史，而历史地形成的组织框架也不是脱离特有的人类旨趣的"。

可见，过犹不及，因此，审慎的理论态度是必须坚持的取向。基于这一态度和方法立场，笔者采取了不同于一般的教育思想史的钩沉方式，即一般把诸多教育思想划分为各种"流派"或"主义"。有教育学者按教育知识传统中形成的人性假设而勾勒出的"人的形象"，把教育思想史上的"形象人"划分为"宗教人"、"自然人"、"理性人"、"社会人"、"游戏人"、"文化人"、"制造者"或"劳动人"，并认为后三种人的范畴可以解释或重新解释前四种人，即人或人的本性是"生成的"而不是"给定的"，是"多样的"而不是"同一的"，是"异质的"而非"均质的"，是"开放的"而不是"封闭的"，是"变化的"而不是"僵化的"。笔者比较赞同这种思想解读方式，能比较清楚地呈现教育思想中人的变迁。不过，笔者认为，其中某些"人"的概括并没有十分贴切地凸显出其核心精神，如"宗教人"

就不能充分传达出信仰、神性等特质来。为了与过往的人的划分相区别，笔者把教育思想历史上的人性假设粗略地划分为"神性人"、"本性人"、"认识人"、"社会人"、"生命人"五种向度，分别揭示出人性所含有的信仰、自然、理性、实践、生存等生命向度，并形成教育思想演进的基本线条，凸显当下时代教育思想中"生命人"的历史取向。

（二）顺从的"神性人"：至上信仰

从中世纪名义上的"大学"诞生开始，西欧宗教的影响一直伴随着它的发展。因为宗教是中世纪生活的主导意识形态，大学产生之初的教育思想就不可避免地涉及宗教问题。这里主要是讨论基督教的影响。这一时期，人们对神的崇拜与信仰成为人们精神生活的主要特征。这种信仰建立在相信存在着凭感官无法掌握的事物和力量，对它们的敬畏与憧憬可以使人欲望得到满足，精神得到升华。正是在这个意义上，黑格尔认为：信仰是对神的预感、认识和想要与神为一的渴望、对神圣生活的热烈的企求。

除了信仰的特质之外，中世纪宗教还是一种社会组织，它不但用唯一神或终极真理的精神服从来对人们的行为进行约束，还通过组织严密、遍布于社会各处、有形的教会团体和机构对人们的实际生活进行干预。宗教在使个体实现精神同一的同时，使社会感受到群体生活的力量。宗教在形成当时社会的秩序与自律机制方面发挥不可思议的作用。另外，宗教还是一种文化精神，它最深刻地表现了特定文化的本质特征。社会学家马克斯·韦伯（其著有《新教伦理与资本主义精神》）就从宗教的角度揭示社会发展的动力问题。

在中世纪，宗教对大学教育思想的影响，主要来自西欧早期基督教的教父哲学家奥古斯丁的思想对经院学校的影响。而经院学校正是 12 世纪左右的"大学校"的前身，也即当时名义上的"大学"。虽然此时的大学校具有经院学校不可比拟的组织形式和办学模式，但其教育内容和精神还未能完全取得独立的现代内涵，仍然是教父哲学占据着统治地位。

奥古斯丁以柏拉图的神秘主义哲学为基础，根据其"理念论"，认为上帝是最终的实在，是完满的、不变的、永恒的、全善的，上帝是绝对真理。他主张上帝"三位一体"。他说："上帝是三位一体的——即'父'，由父而生'子'，和从父出来的'圣灵'，这圣灵就是父与子之灵。"

他认为，上帝在位格上是三位，但三位在本体上是一，三位是一体而不是三体，从而树立起了上帝绝对地位和绝对权威。因此，现实生活中的人由于"原罪"而必须无条件信任至上全能的上帝，并以清心寡欲地回归神性生活获得来自它的恩典——与上帝同一的极乐世界。

奥古斯丁认为，信仰属于思想范畴，其定义是"以赞同的态度思想"，这说明在他的观念中，并没有把理性作为信仰的对立面来对待，而是认为"不是理解为了信仰，而是信仰为了理解"，理性之所以需要，是为了论证信仰。实际上，他是用信仰来统治理性，用权威来消除怀疑，这在基督教早期发展中非常必要。基于这种哲学认识，他认为教育既不是发展智力和理性，也不是培养国家公民，而是通过教育，使人聆听上帝的教海，领悟上帝的至真至善至美并意识到自身的罪恶，从而进行祈祷、忏悔，克服对各种欲望和享受的追求，最后皈依上帝，进而成为能忠心耿耿为教会服务的教士。但他所依据的柏拉图神秘哲学只强调"理念世界"的实在性，因而认为信仰高于理性，无视理性的认识能力。

在人性论上，奥古斯丁认为，人的本质可归结为理性灵魂，灵魂具有统辖肉体的本性，一个缺乏肉体的灵魂不能称其为人。灵魂和肉体是具有主从关系的两个实体，两者是"不相混合的联合"。据此，他提出了"双重人格论"，认为每一个人都是一个"外在的人"和"内在的人"。前者是人的外形、表象，即被灵魂所统辖的人体；后者则是人的理性灵魂的深处，它与无形的、永恒的理性相通，它是上帝之光的受体、道德实践的主体。奥古斯丁的人的自然本性论表现出了两种倾向，一方面主张参照肉体的实体性来解释灵魂，兼顾内、外两个方面，反对贬低肉体；另一方面主张在人与上帝的关系中考察灵魂，推崇灵魂的纯洁，贬低肉体的禁欲主义倾向又十分明显。

从这里可以看出，奥古斯丁的人性论及其"双重人格论"造就了经院学校及至大学校教育中的"神性人"，以信仰的"至上性"把人的精神与人的现实的感性生活活生生地剥离开来，处于近乎人格分裂的畸形状态。"大学"生命教育以信仰的名义接管了所有的思想，包括为基督教经院哲学家所重视的人的理性，使得这一时期的大学生命教育处于内在精神的单维修炼，生命所应该具有的丰富性被"神性"所压抑，生命个性得不到有效的释放。

13世纪的经院哲学家托马斯·阿奎那以亚里士多德哲学思想为武器，展开了对奥古斯丁主义的修正，使基督教正式确立了正统地位，并开创了影响后世的经院哲学体系。他的努力使基督教获得了哲学的滋养，人的理性也以前所未有的重要性出现在人们的精神生活中，但是，这种"思辨理性"仍然继承了奥古斯丁主义的信仰至上性，人的理性和辩证法也只是为论证神性而获得价值。这种状态一直持续到中世纪后期至"文艺复兴"后期的思想启蒙运动。

12世纪以后，随着东方阿拉伯文化向西方基督教世界的渗透，亚里士多德的著作及其思想通过阿拉伯哲学家的介绍，开始为西方所认识，并通过中世纪大学的宣讲，得到迅速的传播。前面提到，西方基督教哲学主要以柏拉图的神秘主义哲学思想为基础，它与亚里士多德主义的区别主要在于以下三个方面：

表 1-1　柏拉图与亚里士多德哲学思想的区别

哲学流派 哲学思想	柏拉图的哲学思想	亚里士多德的哲学思想
世界的本原	强调"两个世界"论，即理念世界和现实世界，认为前者是真实的，后者是虚假的。	"形式质料"论，认为形式和质料是不可分的，形式不脱离事物，而在事物之内，因而，不仅要重视精神世界，还要注重物质世界。
身心关系	"灵魂在先"论，认为灵魂先于肉体存在，灵魂和肉体结合以后才能成为一个人。	"灵魂肉体不可分"论，即认为人是由灵魂和肉体组合而成的一个统一的实体，灵魂是肉体的形式，灵魂本身不是一个完全的独立体，它必须与肉体结合才能成为一个独立的实体。
认识论	"灵魂实体"论，即灵魂是独立存在的，肉体死亡以后，灵魂可以离开肉体，回到理念世界。	"感觉经验"论，认为人的知识来源于自然界和感觉经验，自然界和感官世界是实在世界，是可以信赖的世界，是研究和了解的对象。人通过对感官经验的理性抽象，形成概念，上升到科学。

托马斯·阿奎那看到了亚里士多德思想可以弥补奥古斯丁主义思想局限的特点，并利用和改造亚里士多德的思想，开始从事批判和改造奥古斯丁主义局限的工作，使西方基督教哲学的发展进入到一个新的阶段。托马斯·阿奎那认为，通过感性认识和理性认识两个阶段所形成的理性认识，其最重要的功能是证实信仰，因而，理性是不会反对信仰的，只能是为信仰服务的。因此他放弃了"灵魂实体说"，而选择了亚里士多德的"灵魂论"，修正了奥古斯丁的先验论主张。对于"双重真理说"，托马斯·阿奎那坚持调和论的观点。他认为，赞成哲学反对信仰，或者拥护信仰排斥哲学的观点都是不可取的，是一种偏激的观点。为了理性而放弃信仰，或是为了信仰而放弃理性都是对自我和基督教精神的一种背叛，最终都会损害上帝的形象和对上帝的认识。他承认理性和信仰是有区别的，从认识的层面来看，哲学是由事实到上帝，神学是由上帝到事实。但他指出，从终极层面来看，作为哲学的理性和作为神学的信仰，都是与上帝有关并属于上帝的。由于上帝是各种真理的共同源泉，即终极真理，因而，理性和信仰二者之间是可以统一的，最终统一到上帝上来。他的以上观点带有辩证思想，但是仍然没有脱离信仰、上帝的至上性，理性仍然服从信仰。托马斯·阿奎那继承了亚里士多德的思想，批评了柏拉图的思想，强调应当重视人的自然本性和建立在自然本性基础上的人的理性。他认为，人和其他动物一样都是自然、感性的实体。人的有些活动，如感觉和感情活动，是肉体与灵魂的同步功能，如果二者是各自独立的，怎样来解

释人的身心的协调活动呢？如果说这种活动是感性灵魂在起作用，那么感性灵魂就成了独立于理性灵魂的另一实体，这与灵魂是单一实体的说法相矛盾。托马斯指出："恩典并不摧毁自然，它只是成全自然。"

上帝对于自己所创造的东西总是给予厚爱的，凡是自然的东西不会完全枯萎。同样，对于人的自然本性和自然理性，上帝也是给予关注的。托马斯认为，在人身体中，理性灵魂是统摄一切形式和功能的实质性形式，它包含着动物灵魂、植物灵魂以及所有低级的形式。人的理性灵魂不仅具有理性活动的功能，而且管理着人的营养、生长、感觉、生殖以及其他一切生命功能。人的理性灵魂存在于肉体每一部分，与肉体共同影响人的活动。在这里，托马斯运用亚里士多德的思想重新解释了对人的认识，为教育能够关注人的感觉和感性认识的存在，为认识人在活动中精神和肉体的关系提供了有利的条件。不仅如此，托马斯还突出强调了人的自然本性的主动作用。在他看来，尽管人靠上帝的恩典和启示而被拯救，但自然与赐福的关系是第一位和第二位的关系，恩典的赐予是以人的自然本性为基础的，上帝只赐福于那些努力实现自己自然禀性的人。正是从这样的认识出发，托马斯·阿奎那重视通过教学来发展学生的认识能力和对问题的辨析能力，而不仅仅是宗教教义的传授。托马斯·阿奎那自 1252 年就教于巴黎大学以后，几乎一直没有脱离教学，其对教师工作的理解也达到较高的程度。他认为教师必须是知识的渊博与教学的清晰、简明、完美地结合起来。托马斯·阿奎那把教师工作的意义与在中世纪所能达到的专业化程度提到前所未有的高度。当然，尽管托马斯注意到了人的感性及认识的存在，但他并没有放弃理性灵魂的实体作用。他认为，人的理性灵魂虽然与肉体一起执行动物灵魂和植物灵魂的生命功能，但理性灵魂最主要的功能是执行不受肉体影响的纯粹的理性活动。因而，人的活动既有理性灵魂与肉体同步的活动，也有与肉体不同步的纯粹理性的活动。

可见，托马斯·阿奎那已经将理性灵魂在生命中的地位提高到了前所未有的高度，并赋予了生命前所未有的统一性，大学教育从此变得更充实，不再与现世生活截然对立。他所宣扬的"神性人"与现实的人性在教育上有很大的内在一致性。"如果我们透过近代社会所营造出的人神对立的表象，如果我们超越单纯理性思维所难以避免的局限，我们会发现，中世纪教育并不像很多人归纳的那样单一，神性与人性在教育上有着不可忽视的内在同一性。"

我们必须看到：基督教所说的基督是"人子"，是"上帝之子"。他既是人，也是神，"基督神人性"和"三位一体"一样是基督教的核心思想，它构成了基督教信仰的基础，也是其教育思想和活动的内在支撑物。正像历史学家汤因比所说，基督教的本质是对人类本性的认识。

在耶稣基督的无可言传的神秘之中，隐藏着人类对内在人性和自我的寻求。在西欧，基督教用"原罪"与"赎罪"说奠定了上帝与人的基本关系。表面看来，这种"罪由亚当而来，恩由基督而得"的说法使人整体上失去了独立地位，然而，如果深入分析，我们会发现，在原罪与赎罪说中包含有丰富的关于人神关系的积极认识，它推动人们以更积极和乐观的态度去应对现世生活，去充实和完善自己。

基督教教育既是信仰的传播，也是人的培养。人对人类本性的理解，对生活意义与价值的追求，人的道德修养和精神生活的构建，所有这一切都不是人的生物本能所具有的，而是后天教育和社会化的结果。人所建立起的文化世界，使人不能仅仅靠生物本能生存。人在不断地把自然转变为文化的过程中，在不断地用新的文化塑造来代替旧的文化塑造的过程中，获得了生命的意义，确立了人的使命感。这种使命感使人热血沸腾，"这种热血沸腾是一切宗教生活的一个根源"，更是基督教赖以存在的基础。我们应该看到：圣经的创世记与其说是把上帝，不如说是把人解释为世界的主人，当然人是作为上帝的代表，作为上帝的摹本，受上帝委托对万事万物进行统治。西方人正是从这种精神中学会了让自然为自己服务，并且由此超越自然，探讨世界彼岸的上帝，获得人的存在所不可缺少的精神上的支撑与依赖。顺从的"神性人"假设对人类自我意识和教育生活的支配在文艺复兴之后就渐渐减弱，但并没有消失。实际上，文艺复兴后，许多被认为是现代教育学先驱或奠基人的思想家们仍然坚持以"神性人"作为自己教育论述的基础，如夸美纽斯、福禄培尔等人。20 世纪 30 年代，以法国天主教神学家马里坦为代表的一批学者，以新托马斯主义哲学为理论依据，对当时方兴未艾的实用主义和进步教育的理论和实践提出了批评，60 年代试图通过建立适应新时代的需要的天主教哲学，倡导新托马斯主义的教育观，并使"新托马斯主义走出了教会和神学院，进入了大学和社会，在非天主教教徒中也产生了一定影响"。

马里坦认为，教育的主要目的是使人获得内部和精神的自由，即通过知识、理智、善良意志和爱获得解放。除此主要目的之外，教育还有第二目的，即为适应当代社会对教育的"适应当前公共利益的要求"，培养富有社会责任感、善于解决问题的优秀公民，这是教育对社会所承担的责任，这一目的处于从属位置，无论教育的附加任务是什么，发展人的内在精神力量这一首要和本质的目的都不可放弃。而这种精神修炼主要为了宗教信仰的恢复，仍然未能脱离宗教色彩。不过，这个时代对宗教"神性人"的信仰追求已经承认了人的自然本性、理性、实践性等的重要性与合理性，从非理性的角度对人的终极意义给定了信仰优先。尽管有许多人对"神性人"褒贬不一，但是不能否认一点，历史向我们表明，信仰在人的生命中的确占据着重要的位置，是生命意义提升不可缺少的维度。至于信仰的对象是上帝或者其他的东西，这另当别论。可以说，中世纪大学就已经开启了生命教育的信仰维度，只是它以优先性而压抑了人的本性、理性和广泛的实践性。正是这种极致性为人性的大爆发积蓄了近千年的力量，文艺复兴就是这种力量的标志。

（三）自由的"本性人"：师法自然

这是继宗教"神性人"之后在教育思想领域出现的一种"新人"。它萌芽于12世纪，描绘于文艺复兴时期，完成于18世纪，对教育实践有着重要影响。12世纪的"夏特尔学派"的主要代表人物阿伯拉尔认为人是一个"小宇宙"，这种小宇宙与外部的大宇宙一样有一种内部的和谐或规律；上帝创造了人，但上帝并不支配人；真正支配人的是人的内在的"自然"或"本性"。这一思想被经院哲学家托马斯·阿奎那所继承和发扬。从此，人的自然性成为论证神性权威的基础，亚里士多德的"植物灵魂"的思想得以复兴。但是，此时"本性人"的观念仅仅存在于对信仰的论证中，还没有真正进入到教育思想及其他社会知识领域。文艺复兴时期，伴随着"自然"概念的去魔过程，"本性人"的诸多特征得到了进一步阐明。这主要表现在人文主义者的教育思想的人本情怀和世俗精神中，但是宗教性仍然是这一时期教育思想的固有特征。因为，"几乎所有的人文主义教育家都信仰上帝，他们虽然抨击天主教会的弊端，但不反对宗教更不打算消灭宗教，他们希冀通过教育，以世俗和人文精神改造中世纪陈腐专横的宗教性，以造就一种更富世俗色彩和人性色彩的宗教性"。

因此，人文主义者对自由的"本性人"的探求并没有达到一定的高度，仅仅是从宗教的神性中强调对人的关注并加以描绘。如16世纪的意大利君主时代的卡斯底格朗就是代表之一。他在论述"朝臣"如何造就时，强调大自然赋予万物以发展生长的潜能和种子，万物的生命与发展不能超出潜能所界定的范围，如同猪不能长为狗，狗不能长为马一样，天赋不具备者难以成长为完美的朝臣。同时，他也强调后天教育力量对人的发展的影响。他认为，朝臣的完美的一切都表现为"优雅"（grace）。这是他教育理论中的核心概念。这个概念的内核被称作"sprezzatura"，意思是"不费力"、"不做作"（effortlessness）。要求朝臣言谈举止、音容笑貌的优雅表现都不应是费力勉强做出来的，而应是一种不经意的、不费力的、自然而然的流露，如同天生就是如此，无须任何雕饰。已达于自由之境，无任何外在约束，但从心所欲却不逾矩。不做作（effortlessness）、娴熟（facility）和自发（spontaneity）就是对朝臣的这种为仕处世之术的概括。这几个方面概括为"自然"（naturalness）。但是这一"自然"不同于天生的"自然"，后者是指人生而具有的、人赖以生存和发展的一些生理和心理素质，而前者是指以先天"自然"为基础经后天努力而达到的某种从心所欲不逾矩的境界。实际上，卡斯底格朗在追求一种教育的化境。他似乎在追求一种朴素的深刻、一种外表简朴而内在深邃的人生状态。另一位 16 世纪北欧"最杰出的教育理论家"伊拉斯谟对人"本性"也予以了充分的重视。他说："大自然（Nature）在我们的灵魂中植入了和平的种子，使我们心向友爱与和谐。如果我们都谨慎地依天性的推力而行，我们就会热望和睦相处、渴求友谊，关爱邻人，关心他人的需要，这样我们生活在社会上就如同生活在温暖的家庭里，充满幸福和欢乐。"

因此，在他看来人性是善的，恶是因为后天不良的影响导致的。他还认为，天性（Nature）、教育（Training）和实践（Practice）是影响人的发展的三要素。天性"部分是指天生的接受教育的能力，部分是指天生的向上向善的倾向"，教育是指有技巧的"教导和指导"，实践是指"无拘束地运用人的能动性"，这种能动性是天生就有的，教育可促进这种能动性的发展。若无精心设计的教育，天性必定会是不完美的，而实践者无教育所提供的方法作指导必定会导致毫无希望的混乱。

天性是资材，是倾向性，教育和实践为天性发展提供切实的内容，天性是发展的可能性，教育和实践的参与使可能性变成现实性。人的发展是先赋的天性与后天的教育和实践的合金。伊拉斯谟要求教育不要违逆学生的天性，而是要充分利用儿童的天性，要顺从天性之自然。把儿童当儿童看，尊重他们的不成熟状态。他认为教育过程是一个积极的过程，应充满"自由与乐趣"，要做到这一点，教育者就应充分了解儿童的特点，并顺从儿童的天性，因材施教。伊拉斯谟要求教育超越于个人经验之上，他认为应以人类积淀下来的知识去丰富学生的心灵。天性为人的发展提供了可能性，但它并无切实的内容，人的个体经验能使人受益但益处并不是很大，使人的发展的可能性变成现实性，主要归功于文化知识的力量。此外，其他的人文主义者也有类似的思想，但都未能有根本性的突破。

直到 18 世纪，启蒙运动将人类从宗教教条、盲目信仰中解放出来，使人能充分发挥自己的聪明才智，用理性之光照亮未来。启蒙思想家以人的理性代替神的启示，以人的自然权利学说对抗封建特权理论。而自然观是 18 世纪启蒙运动中理性追求的重要基石。这种自然观本质上是机械唯物论自然观，牛顿建立的经典力学体系确立了天体与地上物体统一于绝对的时间、空间和运动等自然宇宙法则。笛卡儿认为包括自然界和人在内的整个宇宙都是一架按自然规律运动的机器。法国启蒙思想家将他们的自然观发展成唯物论，他们从宇宙受永恒的"自然规律"支配这一前提出发，认为人类社会同样受不变的"自然法则"制约。因而，自由自然的"本性人"逐渐地同宗教"神性人"脱离了联系，成为内涵丰富的"新人"。具体而言有以下几点：第一，人的"本性"中的神秘成分被进一步剔除，人的本性被解释为人本身所固有的内在联系和发展趋向。第二，这种内在联系和发展趋向对于不同的人来说是共同的、普遍的，是人作为类存在的一种"类"特性。第三，这种普遍的内在联系和发展趋向可以通过观察的途径，由数学的手段加以认识，这种认识的过程及结果构成关于"人的科学"。第四，本性人是与大自然相通的，因此他"以自然为师"。第五，理想的社会应该是由自然的本性人构成的社会，应该尊重、保护或教化人的自然本性。本性的"自然人"是16～19世纪风靡欧洲的自然主义教育思潮的重要理论基础，在卢梭、裴斯泰洛齐、康德等人的教育学说中占有核心地位。其中，卢梭的自然主义教育思想影响深远，它承上启下，是许多重要教育运动和教育思想的思想源头。有学者认为，凡涉及美国教育思想史的作者都把卢梭视为第一位论述现代进步教育基本原则的哲学家。自卢梭以来的任何重大教育改革者无不从他那里受到启迪。20世纪，卢梭被列为如进步教育运动、现代学校运动和自由学校运动等截然不同的运动之"父"。尤其是杜威，深受他的影响，引用的著作就是《爱弥儿》。

由此可以看出卢梭教育思想的历史影响力，同时也体现了本性的"自然人"在教育思想进化中的基础性地位和作用。但是，本性的"自然人"维度在大学教育中又产生了多大的影响呢？

历史表明，卢梭及深受其启蒙思想影响的裴斯泰洛齐、康德、福禄培尔、杜威等人都只是关注儿童的教育问题，大学教育并不是他们思想视野中的焦点。在18世纪，本性的"自然人"——"儿童"备受关注，这一时期的教育家普遍认为，既然人的本性不是神性，而是人自身固有的一种发展倾向，那么教育目的就是帮助人"发展"自身固有的内在倾向。也因此不存在个体差异，所有人也就都有受教育的权利，而且所有的人只有在受到一种真正的教育之后才能成为一个人，这是不受人的出身、地位、性别和智力的高低影响的。教育要尊重和遵循人或儿童的自然本性。这需要教育者在一开始的时候就了解和认识儿童的自然本性。这就提出了在教育过程中研究儿童的任务，促进了近现代儿童研究的兴起和发展，并直接导致了著名的"教育心理学化"运动的出现。在这场影响其大的运动中，"大学生"却是"儿童"发展的自然结果，并没有进入儿童研究运动的专家法眼。而从17世纪中期到18世纪中期，以英国传统著名的牛津大学、剑桥大学为代表，却出现了长期衰落的现象，直到19世纪20年代英国"新大学运动"之后，19世纪50年代才有所改观。

可见，在很长一段时间，自由的"本性人"在大学教育中并没有能够产生有效的影响。但是，这并不意味着自由的"本性人"思想在大学教育中就没有存在的历史合理性。因为，美国当代著名新保守主义教育思想家艾伦·布鲁姆在《走向封闭的美国精神》一书中对美国高等教育提出了尖锐的批评，其重要的批判资源就来源于卢梭的《爱弥儿》。可见，当代大学教育也有必要强调自由的"本性人"思想。他说："卢梭的推理和措辞是那样强有力，任何思考过这一问题的人，甚至许许多多从未思考过它的人，都难以逃避其影响。"

毫无疑问，自由的"本性人"思潮是现代大学教育理论的一种重要思想源泉。

欧洲社会从文艺复兴开始，在反对封建神性威权的过程中，对古希腊文学、艺术、思想的复归，皆借着对宗教神权的反叛，不但有对本性的"自然人"的诉求，同时凭借着有闲理智兴趣对自然科学知识做出了卓越的贡献，这一切在启蒙思想家那里得到了前所未有的综合，几乎在同一时间，自然人、理性人、社会人等教育思想渐次登上了历史演进的前台。

（四）自信的"认识人"：绝对理性

认识一词，既可做名词，也可做动词。作为名词，它与知识、观念、思想等相通，是关于一定对象的观念表现形式。作为动词，则指的是人所特有的以观念方式把握对象的活动，是人类社会生存发展的重要精神方面，认识关系是人与世界关系的重要方面和内容。哲学上的认识论不是在科技时代才出现的，而是古已有之，但在古代和中世纪它居于对本体论的附属和服务的地位，只是到了近代它的地位才分化出来和独立起来，而且取代本体论的中心地位成为哲学研究的中心问题或至少是主要问题之一。教育思想视野中的"自信的'认识人'"正是在这种时代精神背景下孕育而成的。鉴于"认识"一词作为名词或者动词的两种理解，自信的"认识人"亦可称为"知识人"、"理性人"，但都建立于对人在认识关系中人的固有能力——理性能力的充分肯定基础之上。因此，"认识人"是大学生命教育思想理性之维的历史凸显。

理性是现代西方文化中一个具有哲学、历史和政治意义的思想维度。它起源于古希腊的亚里士多德，他有一个后来被无数人无数次引用过的命题，即"人是理性的动物"。正因为相信人的理性能力足以把握世界的本原问题，才有可能以此为前提去进一步探讨和讨论世界的本原问题。但这时只是对人的理性能力的一种至上性的内心信仰，并不探讨理性能力之所以可能的原因。因此，"认识人"在古希腊的思想中只是毋庸置疑的背景，并没有成为思想的中心。在中世纪及文艺复兴时期分别与"神性人"和"本性人"思想交织在一起。在中世纪，人的理性受到"神性人"的嘲弄和压抑，在最好的情况下即托马斯·阿奎那的思想里，"认识人"的理性也只不过被当成理解神的工具。在文艺复兴时期，自由的"本性人"

思想占据整个知识领域的核心，认识的理性能力也只不过是它的一种属性，而且还不是最重要的。培根认为，由亚里士多德开创的"旧工具"之逻辑，只是一种"文字定义"的方法——即思辨法，属于理论演绎方法，而自己所开创的"新工具"之逻辑，却是操控情境的器具——即实验法，属于事实归纳方法。理论演绎法在文艺复兴之前旨在模仿自然，而自培根创始的实验归纳法则在于了解自然，征服自然，并利用自然。

前者通常被称为思辨理性，后者则称为科技理性。亚里士多德的世界是令人沉思，而培根的领域则唤醒众生诉诸行动。这种认识方法论上的革命，"知识就是力量"的观点开启了近代自信的"认识人"走向历史舞台中心的序幕。培根认清了时代发展的趋势，敏锐地把握了时代发展的脉搏，指明了正确认识自然界的方法。黑格尔说："从事实出发并根据事实下判断，当时已经成为时代的趋势。由于他把这个方向表达出来了，人们就归功于他，好像全然是他把这个方向给予了认识似的。"

可见，科学的认识方法已经成为16～17世纪的时代趋势了。在培根生活的时代，大学教育仍由亚里士多德主义和古典内容的烦琐的书本学习所约束，注重科学研究的学院几乎还不存在，因此，他在《论学术的进展》中对大学教育提出了较多意见，涉及知识的关系、实验的必要性、大学制度、跨国学术交流、知识的鉴别等等方面，又在《新大西岛》中描述他心目中的新大学的理想模式，用文艺复兴时期流行的人文化手法，来实现对旧的大学教育的激进的背离。培根对旧教育的批判和对科学研究方法的探究，促进了西方教育由中世纪神学教育向近代世俗教育的转变，成为17世纪教育改革运动的前奏曲。他的经验主义的认识论被后来的英国著名哲学家和教育思想家洛克所继承和发展，并"使经验主义的认识理论发展成为一个体系、一门科学"，提出了著名的"白板说"，因此强调教育在后天认识发展中的独特作用。

比培根稍晚的同时代法国哲学家、数学家笛卡儿，也把住了这个时代的脉搏，以"我思故我在"的哲学认识论立场，开创了近代西方理性主义哲学，认为理性是人的天赋，心灵的本性是思维。同培根一样，他也在摆脱欧洲经院哲学的束缚中做出了历史性的贡献。与培根不同的是，笛卡儿是以经验的理念模式作为自己哲学认识论的出发点和归宿，但同时重视经验感觉的重要性，也就是通过对人的先验的理性能力的肯定来树立起人在自然界中的主体的地位，从而将人与上帝区别开来，使人真正地成为自己的主宰。"他以鲜明的主体性代替经院哲学的神学性，以清新明晰的思维取代盲目的信仰，以人取代上帝，这无疑成为近代科学理性精神划时代的开端"。

而这是依赖"普遍怀疑"这个工具来实现的。与培根在反对经院哲学是打破假象入手，看到经验的重要性不同，笛卡儿则从反对权威入手，看到理性的重要性。他认为未受怀疑洗礼的知识，不足采信；只要是正确的真理，不必担心他人的怀疑。认为，"自我教育"（self-instruction）是获得知识的良方，通过对人逻辑天赋观念的无可怀疑性来获得知识的确定性。与培根把近代理性精神导向认识、科学的经验论方向不同，笛卡儿则使近代理性精神转向了清新的纯思维方向，目的是解决认识的确定性问题。而在获得新知识材料的问题上，笛卡儿作为一名科学家不得不承认客观世界的存在，不得不采取归纳方法，依靠经验的枚举。因此，笛卡儿的认识论是"二元化"的。他的这种哲学二元论导致整个欧洲 17 世纪到 18 世纪许多思想家围绕这一问题展开了旷日持久的争论，争论的不是认识的来源问题，而是认识的确定性问题，即怎样才能把握知识的确定性。从此，无论在思想界如何论争，理性的"认识人"再也不依赖上帝而获得存在的理由，而是由人自身的先验逻辑或人的经验（即人的理念理性和经验理性）所赋予。

笛卡儿的理性主义对 17～18 世纪法国中等学校的改革与发展有很大影响。在 1611 年建立的基督教新教团体"圣乐会"，挑战耶稣会的教育权威，崇信笛卡儿的理性主义哲学。该会致力于建立并改革中等学校，将法语、现代外语、数学、力学、法国历史等作为学校教学的重要内容，在教学方法上重视发展智力和独立思考能力。该会于 1638 年创办著名的朱利大学，将笛卡儿的哲学和正统的天主教教义相结合。在笛卡儿《方法论》问世后，在荷兰乌特勒支大学出现了笛卡儿热。《形而上学沉思》的出版，震动了欧洲学术界，笛卡儿的支持者很快形成了一个学派，即笛卡儿学派。笛卡儿的著作为他们的日常活动奠定了基础，他们以荷兰的大学，特别是乌特勒支大学为中心，传播笛卡儿的学说。可见，在 17 世纪，笛卡儿的理性主义已经对大学产生了较大影响。实际上，它在整个西方哲学从神学中逐渐脱离出来，科学从神学和哲学中逐渐脱离出来，认识论从本体论中逐渐凸显出来的过程中都处于开创性的历史地位，甚至影响了人类文明的整个进程。

笛卡儿的逻辑天赋观念的无可怀疑性，确立起了西方近代唯心主义哲学体系的基石，后经康德、黑格尔发展成就其大全体系。一般思想家看来，这种认识世界的方式并没有完全脱离亚里士多德的神秘理性，但与亚里士多德用"天启"的方法不同，近代思辨哲学则建立在逻辑辩证法的基础上，从而使逻辑理性主义发展到了巅峰。"认识人"在这个层面上的发展也达到了极致。正是居于对"认识人"理性能力的绝对化，才使得自培根开始、笛卡儿发展、洛克集大成的唯物主义经验认识论，奠定了近代科学技术发展中"认识人"的理性基础。它也是 18 世纪的启蒙运动的重要思想来源之一。

　　培根、笛卡儿能够幸运地把握 17 世纪的时代趋势，离不开自然科学在 17 世纪革命性的发展。西欧自然科学的发展是从 15 世纪下半期开始的。首先是天文学，其次是物理学，接着是化学，生物学到 19 世纪才得到发展。自然科学发表自己的独立宣言而从神学中解放出来的标志是哥白尼的"日心说"。他的理论最终被科学界接受，要归功于 17 世纪另外几位伟大的科学家，如伽利略、开普勒、笛卡儿和牛顿。但是，当自然科学的先驱者们冲破传统和权威的重重阻力，勇敢探索新知识、新真理的时候，西欧的大学仍然在教会的控制之下，哲学依然是神学的婢女。自然科学的先驱者们不得不脱离大学，在大学之外组建新的科学社团，从而也使大学脱离了自然科学发展的时代潮流，被抛在时代的后面。但是，自然科学的大发展对基础教育领域学科内容的改造却起到了巨大的推动作用，如培根的所罗门宫、夸美纽斯的泛智研究、康帕内拉的《太阳城》，都几乎涉及自然科学的所有部门。这种科学思潮推动学校教育向着贴近实际、贴近生活的方向发展，有力地冲击着学校中的宗教神学、古典主义及其他烦琐空疏、脱离实际的倾向。但从整体上来看，17 世纪的学校教育滞后于自然科学、哲学和社会科学的发展。

　　到了 18 世纪，科学家继承了 16、17 世纪以来的科学研究成果，整体上推进了 17 世纪以来的科学革命，只是没有 17 世纪那么辉煌。17 世纪的科学革命使 18 世纪显著地成了一个"信仰科学的时代"。数学上，三角学成为数学分析的一个分支，发展了牛顿和莱布尼兹发明的微分学而创立微积分学，测定了地面重力和万有引力常数，等等。化学上，荷伯格研究为酸碱化合为盐的理论提供了有力的证据，斯塔耳提出了"燃素"理论，拉瓦锡则批判燃素说，建立了科学的氧化燃烧理论，二氧化碳、氯气、氧气等气体相继被发现，等等。植物学方面，植物分类体系、胚胎研究取得了重要成果。动物学方面，开创了微生物学。生理学方面也取得了重大成果。可见，18 世纪把已经发现的知识扩展到比以前更大的范围。牛顿原理到 18 世纪中叶，已经在法国取得了完全的胜利，并从英国和法国传播到欧洲其他各国。受过教育的普通人不需要专家就能弄懂科学技术，甚至大学也受到了当时思想运动的影响："在 1702 年到 1750 年之间，剑桥大学设立了解剖学、天文学、植物学、化学、地质学、几何学以及实验哲学的教授职位。"

　　随着自然科学的长足进步，技术变革也以前所未有的速度发展，终于在 18 世纪 70 年代在英国开始了近代以来第一次技术革命，以蒸汽机的广泛使用为主要标志。正是开始于 17 世纪的科学革命使得启蒙运动中的人们对理性的热衷，认为宇宙间的秩序和可用数学加以证明的法则在自然界中起着作用，而更为重要的是，启蒙思想家们还认为这些法则可以审视人类社会的所有方面。"启蒙运动的思想家们信心十足地辩称，假如人类能发展出科学而且理解自然界的定律，那么也能改造社会、政治以及人类生活的其他各种领域。"

也就是说，理性使人类获得了解放，从而人类才会自主筹划和发展他们的个体生活，从事社会实践以满足其需要和意愿；人类才会提出一种维护民主社会形式的理想，这个社会由理性的原则所控制。教育的任务就是发展这种理性。这种人类和社会进步的观点的关键是与科学相联系的。事实上，理性主要被解释为科学原则的形成和运用。

科学是理解这个世界和对人类发展起作用的唯一途径，因此不单纯是科学，更主要是自信的"认识人"，是理性人的启蒙原型。有学者认为："近代思维在笛卡儿以后的最初发展明显是以理论理性为先导，并且在以后三百多年的发展中贯彻了这个趋势。它集中地表现为一种于自身之中找到一切知识的最终基础的意向。而今天的思想家已经明确地看到，这个思维走向导致了主—客体思维模式和认识中心主义的形成以及它们在人类思想史上主宰地位的确立。"

英国著名现代高等教育专家阿什比认为，这种自信的"认识人"的理性假设，导致欧洲社会从 18 世纪开始逐渐形成一种乐观哲学，认为人类社会总是向前迈进的。每逢人类的幸福遇到挑战时，科学都能胜利地予以解决。疫病的威胁被公共卫生克服；农业科学大量提高了农业产量；工程科学和大工业的生产技术，使普通劳动者也能过上幸福舒适的生活，这种生活是在几代之前，连皇帝都要羡慕的。

正是科学的"认识人"的理性信仰，带来人类对自身理性能力的信心爆棚，人的能力是无限的，没有什么是不可战胜的。人处于人与世界关系中绝对中心地位，向大自然无限制地攫取资源来满足自己的无限的欲望。

这种"认识人"的理性取向，导致近代大学教育的大发展，在推动科学技术进步、人才培养、社会政治民主化方面都起了很大的作用。其中尤其以 19 世纪德国的洪堡确立科学研究在大学的地位为重要标志，引起世界范围内的新大学运动，如美国约翰斯·霍普金斯大学就是其中著名代表。大学教育不但继续视教学为己任，而且把近代科学研究和技术进步作为大学的重要任务。在英国，随着 19 世纪 40 年代基本完成工业革命后，1869 年科学课程在牛津和剑桥大学里被肯定下来。这一变化是与英国当时科学教育运动的先锋代表斯宾塞和赫胥黎的积极推动分不开的。斯宾塞提出了"科学知识最有价值"的卓越见解，制订了以科学知识为核心的课程体系。他说："什么知识最有价值？一致的答案就是科学。这是从所有各方面得来的结论。为了直接保全自己或维护生命和健康，最重要的知识是科学。为了那个叫作谋生的间接保全自己，有最大价值的知识是科学。为了正当地完成父母的职责，正确指导的是科学。为了解释过去和现在国家生活，使每个公民能合理地调节他的行为所必需的不可缺少的钥匙是科学。同样，为了各种艺术的完美创作和最高欣赏所需要的准备也是科学。而为了智慧、道德、宗教训练的目的，最有效的学习还是科学。"

斯宾塞以及他的科学教育思想在19世纪后半期在美国所受到的欢迎甚至超过了在英国的情况。赫胥黎指出当时英国大学科学教育的状况："多数的英国大学生仍停留在……对科学教育的基础知识一无所知的状态上。"

他认为，科学知识不但与社会进步有着密切的关系，而且与人的心智发展有着密切的关系。他明确指出："科学教育并不是指应当把一切科学知识都教给每一个学生。那样去设想是非常荒唐的，那种企图是非常有害的。我指的是，无论是男孩还是女孩，在离开学校之前，都应当牢固地掌握科学的一般特点，并且在所有的科学方法上多少受到一点训练。"

在他看来，科学教育的最大特点，就是使心智直接与事实联系，并且以最完美的归纳方法来训练心智；也就是说，从对自然界的直接观察而获知的一些个别事实中得出结论。由于科学教育具有这样的重要的特点，其他任何教育是无法代替它的。

在1874年担任英国阿伯丁大学校长的就职演说中，赫胥黎指出："在我设想的理想的大学中，一个人应该能得到各种知识的教育，并在运用所有的获得知识的方法上得到训练。在这样的一所大学中，活生生的榜样力量将鼓舞学生树立崇高的志向，在学问上努力赶超前辈的学者，并沿着开辟知识新领域的探索者的足迹前进。他们呼吸的空气将充满着对真理的热爱和对诚实的激情，因为这是比学问更珍贵的财产，比获得知识的能力更高尚的素质。""大学最重要的职责，就在于发现这些人，爱护这些人，并培养他们最大限度地服务于自己事业的能力。"

英国的科学教育运动与德国洪堡创办的新柏林大学交相辉映，共同形成了19世纪欧洲高等教育改革的壮观场面，并逐渐波及全世界。

19世纪以后的整个20世纪的大学教育整体上沿着科学教育的模式发展，其间也有如要素主义、永恒主义等新传统教育思潮，但也没有背离"认识人"这一重要的理性维度。如美国要素主义者巴格莱认为，教育的最高目的在于人的心智的训练，这种训练是以人类的共同文化要素为基本素材的。他说："在最广泛的意义上讲，教育则是传递这些知识的过程，或者说教育是传递人类积累的知识中具有永恒不朽价值的那部分的过程。"

可见，他并不排斥已经占据大学教育主要部分的科技理性教育。同样，以美国芝加哥大学校长赫钦斯为代表的永恒主义新传统教育思潮也是如此，以人的理性为发展目标，强调心智的训练。他说："教育意味着教学。教学意味着知识。知识是真理。真理在任何地方都是相同的。因此，教育在任何地方应当是相同的。"

他并以此为基础在芝加哥大学进行了大刀阔斧的改革。虽然赫钦斯的永恒主义教育思想已经主要站到进步教育和实用主义教育对立面上来建构其教育理论，但是，他也在其永恒性的课程结构中包含了重要的"自然科学学院"以自然为研究对象的课程。可见，无论现代大学教育如何改革，"认识人"已经根深蒂固于大学教育，不可或缺了。近现代大学教育高举"认识人"的理性大旗，使得它逐渐成为"社会轴心"机构。这一点，在约翰 S. 布鲁贝克的《高等教育哲学》一书中加以理论概括，提出了高等教育的"认识论哲学"观。这表明，"认识人"之理性维度，在现代大学中已然占据绝对优势的位置，按当下的形势看来，还没有出现在后现代主义思潮的激烈批判下退出主流的大学教育形式的征兆。事实也表明，"退出"的假设不可能成立，它还将作为其中重要的一部分，继续伴随现代的大学教育，这是大学生命教育思想历史发展所积淀下来的最大财富。伴随着"认识人"之至上理性造就大学"社会轴心"地位的过程中，大学教育思想的"社会人"思潮也相应得到生长，对人在现实的社会关系中的实践也逐渐被教育家们所确立起来。

（五）现实的"社会人"：辩证实践

"社会人"首先以"政治人"的思潮出现于思想史中。"政治人"形象最早也是由亚里士多德提出来的。他认为人类在其本性上，也是一个"政治动物"。伴随着西欧社会在中世纪基督教普世主义的背景下，确立本民族文化为突破口的民族主义及其民族国家的建立，国家教育制度逐步建立，教育的"政治人"取向日益明显，成为重要的教育思潮。17、18世纪的欧洲专制王朝国家作为现代民族国家的最初形态，确立起了与语言、种族和文化分野基本相符的较为固定的国家疆界，建立起比较集权的中央官僚军事机器，并促进了国内市场的统一，从而在很大程度上打击了阻碍民族主义酝酿的封建主义和地方主义。民族主义在18世纪强有力地促进并创建现代民族国家以及加强民族国家政权。随着民族国家政权的加强，1770～1900年间绝大多数欧洲国家建立了国民教育制度，但它们建立的速度或模式并不相同。有史料表明，"进行文化教育和培养未来律师、教士、官吏的大学和文法学校"的教育体系建立起来了。"教育本来是教会关注的对象，它愈来愈成为政府关注的对象了"。

这种变化是法国革命及其带来的社会变革形成的统一的国家权力的重要后果。此外，倾向于"政治人"假设的"社会人"思潮还突出表现在18世纪启蒙思想家的思想中。

18世纪是启蒙运动的世纪，更是法国的启蒙运动世纪。有多位启蒙思想家提出了教育的"政治人"思想，或者说是教育的社会取向。如：孟德斯鸠的以"政体教育"思想为核心的国家教育理论，第一次明确指出了教育和国家的密切关系；爱尔维修提出"教育即生活之和"的主张，一再强调人的差异是由环境造成的，尤其是社会政治制度对人的思想感情有重大影响，认为"统治人们的政治形式，永远形成我们教育的一部分"。甚至将教育的作用夸大至无限，提出"教育万能"；霍尔巴赫在承认人有不变的生物性的同时，又肯定人的社会性，并赋予社会以巨大力量，认为教育是"政治活动家掌握的培养人民的情感和思想以发展人民的才智和品德的最可靠的手段"；最为著名的启蒙思想家卢梭居于对人性善和社会恶的哲学观，提出国家公民教育和国家教育论，认为教育与国家之间的逻辑关系在于："对于社会道德的改善，教育是关键，既然如此，教育就是国家的事。国家必须造就所有人的思想，不仅仅是儿童……而且也包括成年的公民。"在这方面，卢梭思想的核心是：公民是孩子，国家是父亲，他坚持政府应全盘掌握所有子女的抚育工作。谁控制了人们的思想，谁就可以控制他们的行动。这是卢梭的学说带来的真正的革命——这样，他就把政治程序引入人类存在的中心位置。

法国启蒙运动最后一位启蒙思想家孔多塞在其《国民教育组织计划纲要》中提出了国民教育体系，提出国民教育旨在确保个人的职业技能获得最佳发展，以更好地实现他所生存的社会对自己提出的社会责任，最大限度地开发自然赋予自身的潜能；在此基础上真正实现全体国民的平等，并进而实现由法律规定的政治平等，并设计了相当于大学教育水平的专门学校培养专门人才。另外一些国民教育思想家也对当时法国国民教育体系的建立和实践做了重要的理论贡献。如：拉夏洛泰在《国民教育论》中提出了国民教育必须隶属于法国，依靠法国政府实施并最终服务于法国。认为："法国民族需要一种依靠国家的教育。因为教育实质上是属于国家的，教育自己的公民是每一个国家不可剥夺和无可置疑的权利，国家的儿童应该由国家的成员来教育。"

还有，杜尔阁提出的"国民教育委员会"、米拉博的《国民教育工作》、塔列兰的关于国民教育体系的构想、雷佩尔提的"国民教育之家"等，由于当时法国社会资金匮乏、内外交困、社会动荡，这些计划并没有得到实施，但这并不影响这些国民教育计划的思想价值。整体看，法国的国家主义强调公民在政治活动中所承担的责任，公民的成就必须与国家、民族的利益保持一致。社会向儿童提供教育，主要原因在于孩子们在未来成为法国国民，而不仅仅是让孩子们从教育中获得利益。学校教育所承担的两项最重要的任务是造就国民，培养孩子们具有优良的道德品质和文化素养。

法国启蒙思想家的教育"社会人"取向和国民教育思想影响了当时英国的亚当·斯密、威廉·葛德文、马尔萨斯等人的国民教育思想，以及在北美大陆的国民教育思想及教育变革。"无论是杰斐逊的国民教育理论，还是华盛顿的'大学计划'和'美国哲学会'的'一体化教育体系'，以及韦伯斯特的民族教育论，都适应美国独特的立国之路。它们所包含的'政治'和'民族'底蕴比法国大革命时期和德意志民族解放运动时期的教育思想更早地体现出来了。然而，美国的这种思想同样要归功于法国启蒙的国民教育理论，同时根植于'独立革命'这块沃土之上。'革命'对教育的重大意义在于它重新规定了政治社会的教育内容：新的共和政体制度的建立需要新的共和国公民，新的共和国公民需要新的公共教育体制；同时新的教育担负着维护一个人口不断异质化、处在襁褓中的政治社会的重大职责。"

可见，18世纪的美国教育正如托克维尔所说："在美国，对人们进行的一切教育，都以政治为目的。"

启蒙运动思想家和国民教育思想家的"政治人"取向在18世纪已经蔚然成风，基于民族主义和国家主义的政治立场，看到了教育的政治功能，为现实的"社会人"思想奠定了重要的思想基础。但是，这些思想并没有深刻认识到其背后的"社会性"基础，19世纪中叶的"社会人"思潮才开始真正揭示它。它的产生源于社会学的兴起和空想社会主义的积极影响。

19世纪上半叶，法国社会学家孔德以实证主义方法开创了社会学学科，他所提出的有关思想被后来法国另一位社会学家、教育家涂尔干所继承和发展，从而使社会学获得了学科地位，并开始对教育思想产生重要的影响。在涂尔干看来，康德为代表的理性主义的教育目的提出的"使每个人都得到所能达到的充分完善"，是难以实现的。他指出，所谓"充分完善"是指人的各种能力和谐发展，而且在发展过程中又互不损害，这只能是一种"至高无上"的理想，虽然"令人向往"，但"并非都能实现"，"因为它与人们同样必须遵循的另一个行动准则有矛盾。这个行动准则规定，我们必须献身于某一项特定而有限的任务。我们不可能也不应当把一切献给同一种生活方式；我们根据自己的能力有不同的职责要履行，我们应该与自己肩负的职责相适应"。因此，不打破平衡就不会有最初的分工。

涂尔干从教育功能的角度，提出了自己对教育的看法。他认为，教育存在着两个要素："有教育就得面对面地有一代成年人和一代年轻人，还得有前者对后者的影响。"而且认为这种"影响"，实际上就是成年人将社会人的智力、身体和道德几方面的要求传达给年轻一代，使年轻一代适应并遵守社会形成的种种规范。因此，教育的功能表现在两个方面：第一，使儿童身心发展符合他所在社会对每一个成员提出的要求，使儿童成为一个合格的社会成员；第二，使儿童的身心发展符合他所属的特定社团（社会等级、社会阶级、家庭、职业）对其成员提出的需求，使儿童成为一个特定社团的合格成员。"涂尔干得出一个结论："教育在于使年轻一代系统地社会化。"

教育的目的"是使出生时不适应社会生活的个体我成为崭新的社会我。教育应使我们超越最初的本性：儿童正是由此成长为人的"。

基于"社会我"这样的"社会人"思想，涂尔干认为自从教育成为基本的社会职责起，国家就不能不关心教育。国家要通过教育来重塑社会成员的人格，重建新的道德观念，加强"集体意识"，以实现社会的协调和进步。涂尔干的这种"社会人"取向，发展了"本性人"和"认识人"的教育学人性假设，开启了教育的社会学思维。但是，在19世纪的大学教育中，这种思潮还没有得到普遍的传播，影响也不大。直到19世纪40～90年代初，马克思主义教育思想才以无产阶级世界观与方法论重新考察教育问题，发展了"社会人"思想，强调"阶级意识"，科学地揭示教育的社会本质。

马克思在批判资产阶级各种人性论的过程中，提出自己的人的本质观："人的本质并不是单个人所固有的抽象物。在其现实性上，它是一切社会关系的总和。"

这就是说，人是社会的存在物，现实的人是社会关系的人格化，不同的人是社会关系的不同承担者。要洞察人和人的教育的底蕴，必须揭示社会关系的奥秘。这也就成了马克思主义教育思想的理论前提。其实，在19世纪之前的思想家和教育家，并不完全否认社会关系对人的影响。如前面提到过的"白板说"、"教育万能论"、"环境决定论"等等，也谋求社会环境的改造和教育的革新，但问题在于，他们把人的自然属性视为永恒的属性，并断言人的社会属性由人的自然本性所决定。将人性抽象化，把人的理性、自然性等剥离于社会现实，因此，他们并为洞察社会的底蕴。马克思明确指出："人是最名副其实的政治动物，不仅是一种合群的动物，而且是只有在社会中才能独立的动物。"

不仅如此，马克思还指出，根本不存在"纯粹的个性"，人的个性作为社会历史关系的产物总是受其所属的阶级关系所制约和决定的，因此在阶级社会中具有鲜明的阶级性。教育思想正好相反，把人的信仰、理性、自然本性等的考察都以现实的人为教育的出发点，并不以少数人的利益而是以无产阶级、进而以全体劳动人民的教育为着眼点。随着20世纪无产阶级政权在一批国家的诞生，马克思主义现实的"社会人"教育思想就完成了从理论到实践的转化。"人的全面发展"、"教育与生产劳动相结合"与"综合技术教育"，在几个社会主义国家的大学教育中得到了全方位、充分的实践，产生了极大的历史影响。如英国著名教育史专家博伊德在其1964年付梓的第七版《西方教育史》中说："我们现在要想找到不受马克思主义思想影响的社会理论和教育理论是不可能的。"

1949 年后的新中国的大学就是在这种思想影响下办教育，培养社会主义的建设者。至今，这仍然是我国大学教育的特色之一。

"社会人"除了以"政治人"的思想凸显它在大学教育中的影响之外，"经济人"思潮则是自由资本主义经济发展起来之后的另一种表现。通常"经济人"是指现代西方管理理论中提出的一种社会人的人性假设，它起源于功利主义和享乐主义的伦理观，李嘉图和泰勒都持这种观点。

在这种意义上的"经济人"假设对西方大学教育的影响不大，它的历史价值和理论意义主要体现在现代企业管理理论及其实践中。对大学教育有着较为深远影响的"经济人"思想是对教育经济学视角考察所提出来的"人力资本理论"，即注重提升教育经济价值的经济主义思想。经济主义思想对教育经济价值的关注，早在 17 世纪，英国古典经济学创始人威廉·配第就已经开始了。他曾试图从有益于生产和经济增长的视角来考察人的价值和教育问题。亚当·斯密在其于 1776 年发表的《国富论》中，第一次直接地、明确地论述了教育对发展生产和经济的重大意义。认为，从根本上说，人的经验、知识、技能是发展生产和增进国民财富的重要因素。他说："一种费去许多工夫和时间才学会的需要特殊技巧和熟练的职业，可以说等于一台高价机器。"

事实上，他将人的知识和才能看作固定资本之一。亚当·斯密的这种观点为后来的庸俗经济学家法国的萨伊、德国的冯·杜能等所继承和发展。在 19 世纪末，由英国经济学家阿·马歇尔提出了"教育是一种投资"的观点。但他的人力资本的思想还不清晰，因为他认为将资本概念用于人类既不适当又不实际。直到 20 世纪初，美国经济学家费谢才明确提出了人力资本的概念。

但是，他并不关心教育。1935 年，美国学者沃尔什在其《人力的资本观》一文中正式提出人力资本的概念。到 20 世纪 60 年代以后，教育经济主义思潮正式形成，并迅速波及世界，成为一种世界性的教育思潮，甚至发展为"经济至上"论。其中，最有影响力的代表人物是美国著名经济学家舒尔茨。他通过一系列著作首次构建了人力资本理论的基本体系和框架。此外，美国经济学家丹尼逊和贝克尔、法国学者德博韦、H. S. 帕尔内和 P. 罗斯洛、英国的教育经济学家布劳格等也起了推动作用。在他们看来，人力资本理论所谓的人力资本，就是体现在劳动者身上，以劳动者的数量和质量表示的资本。

人力资本理论关于教育投资、收益测算等理论对 20 世纪后半期的高等教育产生了前所未有的影响，对二战后西方社会的高等教育大众化和高等教育普及化产生了极大的影响。我国 20 世纪 90 年代末开始的高等教育大众化进程，也掀起了人力资本理论热、高等教育"产业化"热。可见，以人力资本理论为主的"经济人"

思想，无疑是当代大学教育"社会人"思想不可分割的表现形式之一。

无论"社会人"思想中的"政治人"还是"经济人"，它们都假定，人之所以为人，既不是由于上帝，也不是由于自然或理性，而是由于社会，离开了社会，人就不能称其为人，因此，社会是个体的"母亲"。受此影响，教育就被看作是"社会"或"个人"的工具；其根本目的就是促使个体的"社会化"，一方面帮助个体实现其政治目标与致富愿望，另一方面满足社会文明自我约束、自我积累和自我发展的需要；教育工作的首要原则不是要适应什么自然本性或理性要求，而是要适应社会政治斗争或经济发展的要求；教师也不再是"自然的仆人"或"理性的化身"，而是构成了一个专门的职业阶层，代表着一定的生产关系和政治势力。胡克在1953年说："当高等学府卷入日常生活的时候，必然会遇到如何确定目标和如何行使权力来实现这些目标的争论，而这些争论自然具有政治性。"

可见，大学教育中的"政治人"和"经济人"思想都有其悠久的历史积淀过程，大学一经产生并受其影响时，就再也没有脱离过大学教育。"社会人"在其现实性上，必然涵盖大学教育这一社会关系的总和。

以上教育思想历史演变的四种"人"的思想变迁，是大学生命教育思想的重要历史渊源，不过，生命的宽度和厚度所能容纳的所有层面没有也无法穷尽。尽管如此，这也能描绘出令人敬畏的生命力如何从历史深处走来的铿锵节奏，徐徐而起，逐渐在今天的时代汇聚成令人振奋的乐章，洪钟大吕般的宏大叙事与婉约的生命感悟交相辉映，在生命、生存这个最基本的结点上实现和谐。因而，和谐"生命人"的大学生命教育思想就成为当下时代重要的教育思潮。

（六）和谐的"生命人"：整体生存

从遥远的中世纪大学产生的那一刻起，教育思想不同维度的演化、汇聚和交替，无论是顺从的"神性人"，自由的"本性人"，还是自信的"认识人"，现实的"社会人"，都是对世界、人及其之间关系的宏大叙事，无疑这是人不可或缺、而且独树一帜的几个向度。但是，这种宏大的思想视野、思维方式，却淹没了历史长河中那生生不息的生命个体的非理性诉求，孤单的个体生命在宏大叙事中显得那么卑微，无足轻重。即便是自由的"本性人"这样最为贴近个体生命声息的教育思想，也在与自然尺度的比照中轻视具体个人的主观能动性在生命整体中的重要作用。这一点，从《爱弥儿》中"成年人"设计的教育蓝图里很明显地体现出来。爱弥儿是在按照成年人的规划在成长，鲜见他自己规划的成长。尽管，在人与世界关系的建构过程中，人逐渐被树立起了其独一无二的主体地位，但人在生命深处的欲求并没有随之而被确立、被强调。这一情况，直到人本主义哲学思潮出现，才使关于人的思想与过去有所改观。人本主义依然"保留本原问题，但拒斥理性，强化非理性，建立以人为中心的形而上学，在人的非理性方面寻求万物的本原和生命的本质，由此产生了非理性主义的各家各说"。

可见，人本主义用一种典型的哲学式思维及理论建构方式，在人性的另一侧面极端地凸显出生命本有的"非理性"维度。这一切主要源于理性"超常发展和理性主义的过度张扬，带来人性结构的内部严重失衡状态，理性的发展在一定程度上是以对非理性方面的抑制、压抑甚至牺牲为代价的，理性的极度张扬造成非理性的极度失落"。

因此，极度失落的非理性必须被重新拾起，并确立它在人性结构内部与理性平衡的地位。人本主义哲学思潮是在现代哲学中形成并在当代得到极大发展的。但它的主要特征——非理性主义受到关注，并非现代才开始，而是有着悠久的历史渊源。从与古希腊文化几乎同时代的希伯来文化所创立的犹太教开始，非理性的宗教信仰意识就成为后来遍及全球的基督教的典型标志，它正好与古希腊文化所代表的理性精神形成对照。

在古希腊文化中，自苏格拉底和柏拉图起，理性从整个人类意识中凸现出来，而被置放到其他任何人类功能之上，亚里士多德则把理性看作人类品格中的最高部分，人的真正本质就是他的理性。而在希伯来文化中，非理性被看作先于理性的方面，在犹太教以至后来的基督教中，信仰被看作先于、重于、优于理性的东西，这可以看作当代非理性主义的思想渊源之一。正是这种思想起点，导致基督教把对人的关注转移到对神的关注，把人的现实生活意义转向来世，把人性让给了神性，人性只是在神性的光辉下才获得点点余光。所以，在基督教神学统治下的千年欧洲中世纪，神性淹没了人性。这正是14～16世纪欧洲文艺复兴运动兴起的原因之一。这一时期的人文主义、人道主义都是用人性去反对神性，只不过他们高举的是人的理性，而不是非理性的旗帜。在这个时期人本主义的最重要的代表人物是费尔巴哈。他认为，黑格尔把世界归结为绝对理念的总体存在和绝对运动。在他那里，个人淹没于整体，感性淹没于理性，个性消融于共性，整个世界就是绝对理念的自在运动，这种绝对理念实质上就是宗教神学中的上帝。绝对客观唯心主义与宗教神学以一种新的方式结合起来，成为人类思想的枷锁。在这种情况下，费尔巴哈用唯物主义去取代唯心主义，用人学去取代神学，而这两者结合起来，便是他的新哲学，关于人的哲学，人本主义哲学。他认为"神学的真正意义是人本学"。

不是上帝创造了人，而是生活在社会中的人创造了自己的上帝。人本主义哲学以整个人的神圣性为基础，认为只有人性的东西才是真实的、实在东西。不过，由于阶级的和时代的局限，他所理解的人还不是真正实践的和社会的人。尽管如此，他对人本主义的张扬与建构仍然给我们以启示。

虽然费尔巴哈以前的人本主义关注人自身，是宏大叙事背景下的一个亮点，但是，它仍然主要是在理性主义哲学传统和研究思路的统摄下关注人，关注人的理性方面，故称之为古典人本主义。而现代人本主义则完全站在西方哲学传统的对立面，旗帜鲜明地反对理性主义，并以非理性主义的立场关注人，尤其关注人的非理性方面，开创了非理性的人本主义时代。

现代非理性人本主义产生于 18 世纪上半叶，其第一代代表人物是叔本华和尼采所主张的唯意志主义，受到了休谟、康德学说的深刻影响，承接了历史上的非理性主义的遗迹，并开启了现代非理性主义的先河。他们主张发挥人的本能和内在生命力，把非理性的情感意志绝对化，作为人的一切认识和行动的出发点。第二代代表人物是以法国哲学家柏格森为最大代表的法德生命哲学，他们把生命现象看作是最真实的存在，是万物的本原和宇宙的本质。生命，包括生命冲动、生命之流等，既是一种纯粹的创造活动，又是一种心理体验活动，是一种时间的绵延。而对生命冲动和生命绵延，不可能用经验和理性的方法去加以把握，而只能通过非理性的直觉才能把握，正是由此他提出了反理性的直觉主义，对叔本华、尼采开创的非理性主义作了更具体的论证和更充分的发挥。以海德格尔和萨特为主要代表的存在主义则可以看作现代人本主义的第三代，也是现代非理性主义的最典型的代表。他们进一步发挥了存在主义哲学的先驱克尔凯郭尔的反理性主义，以"存在先于本质"为自己的基本前提，以建立以人为中心的"基本本体论"和"现象学本体论"为基本任务。

现代非理性人本主义承认本体论问题研究的必要性，但与理性主义哲学思想不同，它并不将"cosmos"视为世界的本原"一"，而是用人的"world"里的"意志"、"生命"、"存在"作为世界的本原。在这一本体论问题的承接和承诺的基础上，现代人本主义认为，"人是世界之本"，"非理性是人之本"，只有通过非理性的直觉、体验、领悟、理解和还原的方法才能达到对非理性人的认识和把握。实际上，他们是通过反对理性主义一统天下，强调人的生命本能、人的情感意志、人的非理性因素，并以此来校正过去片面重视人的理性方面、认知方面，忽视人的非理性方面、生命本能方面的偏颇，以及所造成的人和社会的片面化发展，而这些偏颇正是自信的"认识人"和现实的"社会人"所忽视的。

在早期的人本主义教育思想中，在理性原则的主导下，顺从的"神性人"逐渐退隐出教育活动的前台，演化为一种仅仅在西方社会世俗精神生活中起寄托作用的信仰方式。自由的"本性人"在摒弃"神性人"的同时，恢复了教育的世俗性，较为关注教育在发展人的情感、兴趣、个性、创造性等方面的作用，反对习以为常地体罚学生。"本性人"在卢梭那里得到前所未有的地位，提出教育要"以天性为师，而不以人为师"，以学生的需求、兴趣为中心，并且要给予学生充分的自由。这一教育理念被19世纪末的美国教育家杜威付诸教育实践。他举起"实用主义教育"的旗帜，格外强调学生在学习过程中的主动性、能动性，特别注重学生的学习兴趣在整个教学活动中的绝对作用。可见，自由的"本性人"思想维度，除了对人的理性的充分颂扬以外，还十分强调这种理性在主观能动上的作用，以及在理性引领下的非理性的经验、兴趣、个性等作用。如，美国芝加哥大学前校长、永恒主义者赫钦斯，倡导博雅教育和通才教育理念，认为大学教育的目的在于培养人类的优秀性，在于使人成为人。大学教育"视生命为终极目的，并非工具。因此这种教育是自由人的教育，其他种类的教育或训练都把人作为实现其他目的的工具，如赚钱谋生等，并不以人为终极目的"。伴随着科技革命的第三次浪潮，这种古典人本主义倾向的教育思想在20世纪的二三十年代受到以"认识人"和"社会人"教育思想的抨击和抛弃，以前哈佛大学校长科南特为代表提出了"要素主义"，大学教育重新转向"教师中心"，学生的非理性因素的发展被忽视。其后，以布鲁纳为代表的"结构主义"在20世纪50年代至60年代，从另外一个方面继续了要素主义的取向。到了20世纪70年代，这种取向的大学教育改革难以为继。布鲁纳在1971年出版的《教育的适当性》（The Relevance of Education）一书中开始考虑改弦易辙，主张教学内容应从"科学立场"转向"人的立场"，学校开设的课程不仅要考虑到科学认识问题，而且要考虑到如何有助于解决学生自己的一些实际问题，如人际交往、感情、关心社会等。正是在这种由"学生中心"向"教师中心"并不成功的转向困顿中，现代人本主义教育思想在现代非理性人本主义哲学思潮的影响下，逐渐得到广泛的青睐，并引导着新一轮大学教育改革的思路。其中，现代人本主义教育思想的主要体现是人本主义心理学理论在教育活动中的实际应用。人本主义心理学是一个自我标榜以人的价值及人性之探索为使命的重要心理学流派。美国心理学家A. R. 吉尔根说："在五六十年代由罗杰斯等少数人倡导的人本主义、存在主义和现象学倾向到70年代初期已发展成为一场声势浩大的运动，这一运动的领袖是那些以人为中心的哲学领袖。"

在人本主义心理学派影响巨大的代表人物中，罗杰斯的《论人的形成》一书是人本主义教育学的代表性著作。他的思想对美国乃至西方国家的教育理论与实践产生的影响最大，尤其以"非指导性教学"理论而独树一帜。他批评传统学校教育的最大问题是导致学生认识与情感世界的分离，进行的只是"脖子上的教育"，学生接受的知识是"没有感情的知识"。在这种教学训练之下，人被可怜地分成两个部分：假如你集中在某个理智工作上，情感就被漠视；假如你集中在情感交往上，就不得不放弃理智活动。非此即彼的无奈选择，将原来是整体的人性分离瓦解了。基于此，罗杰斯主张教育要培养"完整的人"（whole man）。其意是指"躯体、心智、情感、精神、心灵力量融会一体"的人，"他们既用情感的方式也用认知的方式行事"。他认为，在我们这个时代，"已面临一种全新的教育情境，如若我们要生存，这种教育的目的是：促进变化和学习。唯一受过教育的人是已学会怎样学习的人，已学会怎样适应和变化的人，已认识到任何知识都不是完全可靠的、唯有探索知识的过程才是安全的基础的人"。

如何培养这样的人呢？罗杰斯根据他在心理治疗实践中创造的"非指导性疗法"（或称"以病人为中心的治疗"），提出了"非指导性教学"（nondirective teaching）思想和方法。他解释说，"非指导教学"不仅仅是一种方法的选择，更重要的是，它是一种哲学信仰和价值观的选择，即学生有权利选择他们自己的生活和学习目标，即使是在与教师的看法相左的情况下也是如此。这种方法有以下四个特征：第一，它极大地有赖于个体的生长、健康和适应的内驱力；第二，更多地强调情感因素的作用，避免利用理性的方法有目的地去重新组织情感；第三，更多地强调此时此刻的情境或体验，而不是个体过去的经验；第四，更加强调学习过程本身是一种促进生长"治疗关系"，即不断地扫除心理困惑或心理障碍的过程。

可见，以罗杰斯为代表的人本主义教育思想，将人的发展彻底地置于人性的充分养成之上，置于个体内在的（更确切地说是先天）潜能在后天的充分实现之上，因此，这种教育是以"完整的人"的发展为基本的价值取向，以培养所谓"充满活力、和谐发展"的人为教育为基本的目的。人本主义主义心理学理论在大学教育的运用，主要体现在大学教育课程的改革。具体说，就是大学通识教育课程改革中的由指定科目转向分类必修，然后再从分类必修转向自由任选，这是20世纪六七十年代的态势。其中以美国的布朗、伯克利两所大学为典型代表，是人本主义教育思想自由派的大本营，由学生主导自己修业的方向，追求"自我实现"。事实上，人本主义心理学理论在大学教育中运用，并不如现代非理性人本主义哲学那样反对理性，只是在二者中更加强调非理性一面在大学教育中的意义。其培养"完整的人"的教育目的，与20世纪美国大学教育中蹒跚而行的通识教育培养"完整的人"的目标有着惊人的一致。仔细考察它们提出的背景和各自所取的教育哲学立场，二者都以批判某种极端状态为前提，前者更强调非理性层面，后者则更侧重于理性层面。不过，这种完全不同的教育哲学立场却表达出共同的价值取向——"完整的人"（whole man）。这不是简单的思想巧合，而是教育思想历史几千年积淀之后，在当下这个时代的必然结果。在今天的大学教育实践中，包括大学教育思想在内，已经不可能依赖一个或者几个维度（"神性人"、"本性人"、"认识人"、"社会人"）来实现培养目标，必须以整体思维统摄人的所有方面，致力于"完整的人"的养成。在今天的大学教育思想中类似于"完整的人"教育的提法，还有诸如，"全人教育"、"通才教育"（"通识教育"）、"文化素质教育"、"全面发展教育"等，都有着整体性思维（复杂性思维）的思想背景。这已经成为我们的时代精神。不过，在这种时代精神的辉耀下，"完整的人"教育、"全人教育"、"通才教育"（"通识教育"）、"文化素质教育"、"全面发展教育"等只体现出时代背景的外在一致性，即可以将整体的时代转型看作当代大学教育的外在根据。那么，当代大学教育整体性取向在人的内部根据是什么呢？以上诸种提法并没有很明确地回答这个问题。关于这个问题的回答，倒是现代非理性人本主义的第三代教育哲学家的贡献——存在主义教育思想，为我们提供了可资参考的答案。

为绝大多数教育学者所熟悉的德国存在主义哲学创始人之一的著名哲学家雅斯贝尔斯，在20世纪30年代发表《什么是教育》、《大学之理念》等教育专著。他反对专制，反对压抑人的自我发展的教育制度，强调"教育即生成"，"本真的教育"应该"通过教育使具有天资的人，自己选择决定成为什么样的人以及自己把握安身立命之根"，强调"对话是探索真理和自我认识的途径"，"人的回归才是教育改革的真正条件"，也才是本真的教育。他认为大学之名是指其为"宇宙"，一切学术知识需构成"不可分割的整体"，即所有学科需有其"统一性"，而能"一以贯之"。而学术知识的"整体性"、"统一性"则是人们希冀学习掌握的实质。

这一切是因为，"生命是完整的，它有着年龄、自我实现、成熟和生命可能性等等形式，作为生命的自我存在也向往着成为完整的，只有通过对生命来说是合适的内在联系，生命才能是完整的"。

生命的完整性需要大学学术知识的整体、统一性。为此，大学需要完成四项任务：第一是研究、教学和专业知识课程；第二是教育与培养；第三是生命的精神交往；第四是学术。这四项任务也是一个整体，构成了大学的理想：大学是研究和传授科学的殿堂，是教育新人成长的世界，是个体之间富有生命的交往，是学术勃发的世界。每一任务借助参与其他任务，而变得更有意义和更加清晰。

可见，在雅斯贝尔斯看来，大学教育是整体性的教育，是"人的灵魂的教育"，而不仅仅是理性知识和认识的堆集。

学生的自由和精神交往是大学的灵魂，是大学理念的核心。他在不绝对排斥知识、理性等教育的同时，更强调大学教育对人的精神建构的作用，更注重非理性因素培育的价值。雅斯贝尔斯的整体性思维和"生命的自我存在"为大学教育培养"完整的人"价值取向，导引着大学教育思想对于"人"内在根据的存在主义探寻，逐步走向"生命"维度。这为大学生命教育思想的"生命人"维度的提出带来极大的启示。

当代德国著名哲学家和教育理论家博尔诺夫深受海德格尔"存在哲学"的影响，并接受了"生命哲学"和"人类学"以及"文化教育学"等思想观点，认为，从这些观点出发来看，"所谓教育，不过是人与人之间的精神交往、人类文化的传递以及个人的潜力和心灵充分生成的活动。而人的存在、人的生命以及人的内心世界都是复杂的，因此，只有在人的生命的现实关系的基础上去考察人以及人的教育和人的生成问题，才能找到正确的教育原则和教育途径"。

博尔诺夫集几种以"人"为研究主旨的思潮之精华，博采众长，把与人有关的一切的教育因素，如精神、文化、心灵等，都归结到"人的生命的现实关系"这一根基上。相对于现代人本主义对于"完整人"的非理性的强调和存在主义哲学过于抽象的精神层面的"完整人"来说，"人的生命的现实关系"无疑使这种"完整的人"的价值诉求找到能够实现的支点——"生命人"。"存在先于本质"的本体论承诺，必须立足于"生命"的原点，才能谈得上人之"本质"的生成，人才能成为人。现实的"生命人"向度，将人的自我意识的发展，自由的、合乎道理的自我选择能力，以及由此而应该自由地承担的责任，统统地纳入每一个具体的个人，即"生命人"这个结点中去，并让矛盾的诸多生命要素充满张力地和谐共处，帮助每一个人自由地成为他自己。不用担心"生命人"的思想维度把人引入绝对个人主义和自由主义的危险境地，因为存在主义者早已表明："教育正是借助个人的存在将个人带入全体之中。……如果人与一个更明朗、更充实的世界合为一体的话，人就能够真正成为他自己。"

在相互关联的世界中，对于大学教育思想经历过的"神性人"、"本性人"、"认识人"、"社会人"等历史变迁，也理所当然地和谐共处于人的生命现实关系中。"生命人"便是对这一和谐状态的崭新概括。在教育思想的历史性中，笔者发现，教育思想在历史长河中演化的逻辑并不是线性的。中世纪大学教育思想中虽然被顺从的"神性人"主导，但也不能说那时的大学教育就没有"生命"基础，即便那些畸形的生命状态、不合人性的生命压抑、压制学生个性的唯一信仰，也是大学教育个体生命的一种展开方式。所谓的"生命人"在这一历史时期并不和谐，"神性"压倒了其他所有方面并使它们居于极其次要的地位，"本性人"受到摧残，"认识人"服从于信仰，"社会人"被神权所同化。尽管如此，和谐的"生命人"这一大学教育思想的胚芽，也已经在"神性人"一元化思想中孕育、发展，倾向成熟，并择机破茧而出。在文艺复兴的整体时代转型中，原本隐藏在历史舞台背景深处的"本性人"、"认识人"、"社会人"借着对"神性人"的反叛，几乎同时走到前台，在各自的思想领域中阐发对大学教育的极致追求。已经提及的几种"人"的假设向度，虽然失去原来一元思维下的光环，但它们不会因为另一种思想维度的彰显而退出历史舞台，而是以直接或间接的方式退隐于前台，成为"生命人"思想背景中诸多要素之一。

基于这种历史逻辑的考察，大学生命教育思想的几个历史生成的向度就不是一个简单地从低级向高级、从简单向复杂的发展过程，而是在每一个特定的历史时期，这些思想维度都以不同的方式共时性存在，它们已然成为当下大学生命教育的现实结构要素之一。但是由于受人类思维形态演化的影响，大学教育思想的几种向度在历史上的命运都倾向于厚此薄彼的选择，难免矫枉过正，以致不能较好地处理相互之间的和谐与竞争问题。对这种共时性矛盾的缓和与消解，直到今天，教育思想家依赖于自然科学的最新进展和哲学思维的个性化转换，才初步给出了尝试性诠释。

因此，需要从历史回到现实的视野转换，在当下的共时性中寻求大学生命教育思想之"生命人"主张的内在根据。而要实现这个目的，就需要做出生存论的本体论承诺，解读整体转型时代，充分信任自然科学复杂性研究最新成果，并以此为基础，揭示大学生命教育的时代自觉。

第二章　大学生生命教育内容体系的构建及实施途径

第一节　大学开展生命教育的现实意义

20世纪人类凭借高度发达的科学技术创造了辉煌的工业文明，为自己提供了极为丰富的物质生活。但是由于科学技术的不恰当使用和滥用，给人类自身带来了种种危机，引发了危及人类生存的全球性问题，自然环境的不断恶化和社会环境的危机四伏造成了对人类生命存在的种种威胁。更危险的是，随着现代社会工具理性的高度发达和后现代文化的泛滥，人类存在的本真状态被遮蔽了，人类逐渐失去了生命存在的意义。而我国正处于社会转型时期，受西方文化影响，社会价值取向出现多元化，人们在各种价值标准的抉择中很容易陷入困惑和迷茫之中，竞争的加剧也使得人们深感疲惫，逐渐丧失了生活的意义感和生命的价值感。同时，我国的教育也出现了种种漠视生命的现象，很多大学生陷入了生命困惑之中。21世纪是生命意识凸显的世纪，关注人的生命，尊重人的生命，提升人的生命已经成为时代的主旋律。我们应该高扬"以人为本"的价值理念，在高校中积极推动生命教育的开展。

一、改变教育漠视生命现象的迫切需要

印度大诗人、哲学家泰戈尔说："教育的目的是向人类传递生命的气息。"意大利教育家蒙台梭利指出："教育的目的在于帮助生命力的正常发展，教育就是助长生命力发展的一切作为。"教育是一项直观生命并以提高生命价值为目的的神圣事业，应予生命以独特的关照。教育应关怀人的生命，关注人性的完善。但是，由于受工具理性、功利主义的影响以及知识、科技的僭越，当前教育漠视生命的现象普遍存在。

（一）教育对生命存在的漠视

受工具理性的影响，现代教育逐渐发展为一种功利主义的倾向，这种倾向忽视了教育过程中"人"的活动和"人"的感受，使得教育脱离了生命的本原。功利主义教育不是追求"成人"的无限目的，而是追求适应眼前之生存的有限目的，它忽视内在的价值追求而注重外在的实利追求。因此，教育被作为一种产业来经

营，"为了有效培养大工业生产所需要的标准化人才，教育把受教育者投入到教育的工业流程，把人制造成标准化的教育商品，一切按事先计划好的统一程序、目标和过程来控制"。

在这个工业流程中，教师和学生只是教育过程的机械的执行人员和被加工的产品，并不被认为是一个个具有创造性的生命。教育本应是"人"的，而"人"却在被教育放逐。学生不再是一个活生生的生命，而是"物"，学生作为个体生命的感情、心灵和个性没有得到充分的尊重和理解，其生命遭到严重的漠视。现代大学教育的方法大多还是灌输与接受，教育不是学生自我发动、自我实践的享受性活动，而成为外在的负担，学生在教育中不是感受到自由与幸福，而是感受到受控与痛苦。生命对我们每个人都具有本体性的价值，没有生命我们就丧失了一切，然而生命在教育的视野中却显得无足轻重。教育这种漠视生命的倾向使我们不得不正视当代教育，进行教育改革，积极开展生命教育。

（二）教育对生命意义的扭曲

由于社会竞争的加剧和就业的困难，我国大多数学校越来越偏重于知识的传授和技能的培养，教育活动的唯一目的便是让学生尽可能掌握较多的知识技能，以便成为将来谋生的资本。在这样的教育理念支配下，我们的教育越来越缺乏对学生的人文关怀、价值关怀和意义关怀。受劳动力市场需求状况的驱使，我们的大学似乎已经成为学生就业的岗前职业训练基地，那种饱含着对智慧的追求，对人性的完善，对价值和精神的养育，对生命的终极关怀的教育已经离我们远去。著名学者石元康指出："在现代社会的大学教育体制下，接受教育者的动机和目的最主要是学一套谋生的技能……如果问一个大学生他为什么要念大学，我们很难想象他的答案会是'追求人生的道理'。他最多只会说，为了追求知识，但是如果你再问他所追求的知识是做什么用的时，他只能告诉你是为了将来谋生用的了。"这种"知识、技能至上"的教育谋求的只是"何以为生"的本领，却放弃了"为何而生"的思考，使学生形成了这样一种价值观念，即认为掌握知识技能最终能有一份好的工作就是生活的意义和生命的价值，从而扭曲了学生对生命意义的理解，它忽略了教育学生对生命的尊重，没有引导学生思考生活的真正意义和生命的真正价值。

科学技术是人类文明的推动力，使人类获得了巨大的物质财富，然而对科学技术的盲目崇拜却造成了科学主义的产生。人们崇拜科学，认为用科学可以培养出人才，可以带给学生幸福。所以当前高校中科学教育仍占统治地位，依旧是重学生科学素质的培养，轻人文精神的养成。现有的关于生命的教育也一直侧重于"生命科学的教育"，即生命的起源、进化、诞生与成长，侧重于建构学生的生理知识，而针对学生进行"认识生命、尊重生命、珍惜生命、热爱生命、拓展生命"的人文生命教育则很少涉及。雅斯贝尔斯在《什么是教育》一书中提出："教育过程首先是一个精神成长过程，然后才成为科学获知过程的一部分。"科技教育忽视了学生对生命价值的思索和对生命意义的追问。我们人生的目的，生命的意义，这些形而上的思考，是不能通过科学教育来教给学生的，必须由人文教育来完成。知识至上、科技至上的思想使教育忽视了学生人文素质的培养，缺乏对学生生命意义探索的积极引导，从而扭曲了学生对生命存在意义及价值的认知。

二、解决大学生生命困惑的迫切需要

由于教育功利化倾向的影响以及社会、文化各方面的影响，当前很多大学生陷入了生命困惑之中，他们生命耐挫力差、生命情感冷漠、生命意义迷失，甚至出现种种践踏生命的现象，大学生的这些生命困惑促使我们必须关注高校中生命教育的开展。

（一）生命耐挫力差

当代大学生大多为独生子女，没有经历过苦难与挫折的磨炼，生命耐挫力很差，表现出较弱的抗压力，心理素质也比较差。随着我国经济的发展，人们的物质生活水平逐渐提高，大学生从小就过着衣食无忧的生活，而计划生育政策的实施也使许多大学生成为家里的核心人物，从小就受到长辈的溺爱，几乎是在无风无雨的环境下长大，所有问题都由父母来解决，受不得半点委屈。他们一旦面对挫折，就会束手无策，不知道该怎么办，承受不住压力，一些人会因此而一蹶不振，甚至放弃生命。其实大学生经历的挫折没有几个能算得上是真正意义上的苦难，大多是初涉人生的小坎坷、不顺心，诸如失恋、专业不喜欢、同学关系紧张、学业压力、家庭贫困等等。但是这些问题却引发了大学生种种心理问题，甚至从心理障碍发展到心理疾病。而多年来，无论是学校、家庭还是社会，对学生智力的关注过多而忽视了对学生进行面对挫折的人文教育，忽视了对学生心理的了解。《中国青年报》的一份调查结果显示，14％的大学生出现抑郁症状，17％的人出现焦虑症状，12％的人存在敌对情绪，26％的大学生曾经有过自杀念头。因这些心理问题而引发的大学生出走、休学、退学以及自杀、暴力等恶性事件呈逐年上升趋势，大学生的健康成长受到了严重影响。

（二）生命情感冷漠

随着信息技术的发展，现代的通讯设施越来越方便，人与人之间的交流越来越快捷，但这些现代通讯方式渐渐地隐去了语言所蕴含的丰富的情感，也使人们失去了面对面交流中无声语言的传递与交流。大学生在享用短信、QQ 交流的好处时，已不习惯通信中的情感交流与沟通。许多大学生沉溺在虚拟的网络世界中不能自拔，一些缺乏自制力的大学生逐渐忘掉了真实的世界，不愿走进现实的生活，在生活中也是变得感情冷漠。人与人之间丰富的情感被网络割裂得支离破碎，亲情的淡薄、友情的冷漠、爱情的变质已经使大学生的情感走向荒漠化。

在大学生经历的传统的学校教育与家庭教育中，成绩至上往往被作为信条与原则，传统教育缺乏对学生的生命情感的关怀，学生的情感、心灵、个性必然会受到忽视，甚至被压抑。大学生无论是在学校还是在家庭，都缺少相应的情感交流与互动，更谈不上有他们自由发展的空间，他们过多地被灌输以各种各样的知识和技能，没有生命情感培育的空间，被训练成为缺少灵性的智能机器，生命情感淡漠得叫人触目惊心。然而更令人忧虑的是，这种冷漠的情感状态最终有可能激起种种暴力。正如罗洛梅所言："当个人的内在生活开始枯竭，感受力下降，冷漠感增加，个人无法影响或真正接触到另外一个人时，暴力便成为直接接触到外界的一种疯狂驱动力。"

因此，关心大学生的心理情感世界，加强情感教育，化解情感危机，就成了当前社会及高等院校的重要任务。

（三）生命意义迷失

人是寻求意义的存在物，生命的真正价值不仅仅是自我的存在，而是自我表现出来的生命意义。近年来，我国经济取得了举世瞩目的成就，人们的生活水平有了显著提高。然而，随着物质生活的丰富以及科学技术的发展，一方面使大学生享受到了社会进步带来的种种物质资源，另一方面，"面对瞬息万变及复杂多样的现代生活，不少大学生逐渐丧失了支撑其生命活动的价值资源和意义归宿，迷失在'存在性危机'之中，处于深刻的'和自然疏离'、'和社会疏离'、'和人自身疏离'的困境焦虑之中，寻觅不到人生的意义"。当一些大学生把生命的意义与价值建立在纯物质性金钱财富的基础之上时，必然被物化，丧失了其生命本身，忘记了精神追求，产生生命的无意义感和生活的空虚感。很多大学生精神上失落，感到茫然与困惑：为什么学习？生活的目标是什么？人应该怎样生活和做人？人生的意义何在？"空虚"和"郁闷"成了他们的口头禅，也成为他们真实生活的写照，一些大学生就在网络游戏和无休止的恋爱中打发着宝贵的青春时光。

（四）践踏生命现象严重

近年来，大学生践踏生命现象越来越频繁，屡屡见诸报端，这些触目惊心的悲剧不得不引起我们的深思。这些践踏生命的现象归结起来主要表现在两个方面：一是不尊重与伤害他人或其他生命的暴力事件。如云南大学学生马加爵杀人案件、天津医科大学学生马晓明杀亲案件、清华大学学生刘海洋用浓硫酸伤熊事件等等。二是大学生自我伤害与自杀。近年来，大学生自杀比例一直呈上升趋势，据南京危机干预中心对南京部分大学的调查发现，大学生的自杀率约为万分之二，比全国平均的自杀率高出一倍，这已成为大学生死亡的首位原因。2005 年，以北京某大学为例，仅仅四个月时间该校就先后有四起大学生自杀事件。2006 年 3 月 1 日凌晨，华南农业大学一名女研究生跳楼自杀，这是该校十天内发生的第四起自杀事件，前三起事件中自杀者分别是一名本科男生和两名女研究生。遇到一点挫折、打击，大学生就选择终结生命作为解决方式，如花似玉的生命骤然陨灭，光辉灿烂的未来戛然而止，这实在令人心痛。无论是伤害他人生命还是伤害自己的生命，都是对生命的不尊重，不珍惜，都是缺乏生命意识的表现。造成大学生生命困惑的原因是多方面的，有社会的原因、文化的原因，还有教育的原因，但高校中生命教育的缺失是其主要原因之一。因此，生命教育已经成为我们当代高校乃至整个教育中不容忽视的一个重要课题。

第二节 大学生生命教育内容体系的构建

一、大学生生命教育内容体系构建的原则

（一）坚持工具性目标与发展性目标相结合的原则

根据以往大量研究总结得出，大学生生命教育的教育目标，总结下来可分为两点：一是培养大学生珍爱生命的意识，减少和预防生命悲剧的发生；二是提升大学生生命的质量，创造美好的生活和未来。

首先是珍爱生命、减少生命悲剧。这一目标可以看作是生命教育的工具性目标。近年来，我国各院校开展生命教育的一大目标就是树立学生珍爱生命的意识，从而减少学生自伤、暴力、甚至漠视生命等现象的发生。通过让学生了解和认识生命引发对于生命的热爱和珍惜，通过确立科学的理想信念来帮助大学生树立正确的世界观、人生观和价值观，以期望他们能够在此基础上探索生命的意义，从而可以真正地理解生命，去保护和延续珍贵的生命。其次是提升生命、创造美好生活。这一目标则可以看作是生命教育的发展性目标。大学生生命教育在帮助学生树立正确的生命意识，减少生命悲剧发生的目标之外，还有其更深远的目标，那就是提升和激扬生命，让生命不断迸发出更积极向上的生命之光。大学生的生命是鲜活的，生命力是旺盛的，要激活大学生的生命潜能，让他们更积极更幸福地成长，生命教育有着任重而道远的责任，更是不可推卸的责任。大学生生命教育通过提高大学生的竞争力、培养大学生感受幸福的能力、帮助大学生探寻自我实现的途径来提升大学生的生命质量，从而创造出更美好的未来。

（二）采用循序渐进的阶段性原则

大学生生命教育是一个循序渐进的过程，有其独特的教育阶段划分，每个阶段之间都是环环相扣，前后呼应的。首先是树立生命意识。生命教育最基本、最重要的前提基础就是生命意识的建立。生命意识教育旨在帮助大学生形成科学、正确、完整的生命认知，并能主动珍爱、尊重、敬畏、欣赏自己和他人的生命，而且能够自觉维护生命的权利。只有树立了正确的生命意识，才能为生命教育整个体系奠定坚实的基础，才能为生命之花的开放铺垫出肥沃的土壤。其次是探索生命意义。生命意义的探索在整个生命教育体系中是个不可缺少的重要阶段，它起着承上启下的作用。对于年轻气盛的当代大学生来说，完全靠来自学校和书本的知识所形成的脆弱的价值观，当面对残酷的社会现实时，曾经坚定不移的理想信念便开始褪色、开始动摇。所以，生命教育要帮助大学生探索自身生命的意义，把自己的生命融入社会，在不断地探索中重拾自身的人生理想和信念。最后是提升生命质量。生命质量的提升，是生命教育整个体系的最终目标，也是根本目标。马克思·舍勒曾说过："人始终不能被现在所满足，从而不断地追求超越现实的渴望，来满足自己当下的自我实现。"大学生也正是在这种不断超越、不断自我实现、不断体现幸福的过程中提升自己的生命质量。

二、大学生生命教育内容体系构建的依据

（一）理论依据

1. 西方生命哲学和生命教育思想

在西方，对于生命哲学的思考和研究已经有悠久的历史了。在古希腊时期，毕达哥拉斯是最明确倡导生命和谐的哲学家，他主张要重视人的生命，在世间只有人的生命最珍贵，而且一切生命都是平等而神圣的。苏格拉底认为生命的最高价值和真正的意义完全在于人类自身心灵的富足与安宁，而其他一切都只构成生命的要素。到了文艺复兴时期，更是到了以人权反抗神权的巅峰时期，充分肯定了人的价值，恢复了人的尊严，强调自由、平等的人性主义，追求生命的和谐发展。在近期，生命哲学出现了空前的繁荣，尼采、黑格尔等人的思想也为现代生命哲学的构成奠定了坚实丰富的理论基础。

2. 我国传统文化中的生命哲学和生命教育思想

生命哲学思想早在古代就引起了人们的重视与探索，我国流传下来的典籍、著作中也大都蕴含着丰富的生命哲学思想。儒家思想旗帜鲜明地打出"天地之性，人为贵"的思想，尊重生命、敬畏生命也是儒家思想的集中体现。道家思想提倡在世界万物中，只有人的生命是最为尊贵的存在，个体的生命是有价值的，应该贵己重生，轻物重生。例如《道德经》中"故贵以身为天下，若可寄天下；爱以

身为天下，若可托天下"之类语句都充分体现了老子的生命哲学思想。佛教也提倡人们以一颗平常心去面对现实中的一切问题，去寻找生命的本质，去体会生命的充实和幸福，去感受和顿悟人生。

3. 马克思主义的生命价值观

马克思主义的生命价值观以辩证唯物主义的科学世界观为基础和指导，是追求人性的自由和全面发展的价值观，也是无产阶级科学的人生价值观。整个人类社会不断进化和发展的过程就是马克思主义生命价值观所蕴含的科学与批判性的辩证统一的体现。较具典型的思想就是马克思的解放全人类思想，这不仅是把人从自认的束缚中解放出来，更是把人从人对人的束缚中解放出来，使人获得真正意义上生命。因此，所有人的人生价值和意义都应当得到充足的发展和适当的实现，这是马克思主义生命价值观的核心价值，也是其生命价值体系建立的最终依据。马克思主义的生命价值观既强调个人对社会的尊重和满足，更强调个人对社会的贡献和责任，以共产主义为核心的马克思主义生命价值观，正确揭示了个人与社会的关系。

（二）现实依据

1. 开展大学生生命教育的必要性

改革开放以来，我国的经济、社会，百姓的生活等方方面面都发生了巨大的变化，社会物质经济由限量变成了无限满足，大学生就业由分配到了自由选择，似乎大学生生活在无限的自由空间。但现代社会对物质享受的追求远远超出了对精神信仰的探索，使得大学生缺乏精神信仰，内心生活匮乏，缺乏对社会和生命的归属感。与此同时，在空前的社会竞争下，大学生生活、就业的压力变得巨大。他们从小到大一贯学习优秀，生活在家人和老师为他们建立的温室中，承载着家人的期望，很少经历挫折，自尊心强。而当代社会的父母对子女的期望远远超过了其他以往的任何时代，家长们投入了大量的精力、时间，甚至金钱大力栽培，期望子女能有成龙成凤的一天，这种期望使我们的大学生不得不从小就生活在辛苦忙碌的应试教育之中。

考入大学也没能彻底免去他们肩上沉重的压力，反而空前增大了。以往的优秀不再，周围全是与自己一样优秀甚至更优秀的人，学习的压力，就业的压力，压得他们喘不上气。当他们一旦被这种压力压垮，就会选择各种方式来逃避、回击，甚至是通过伤害自己和他人的生命，通过如此极端的方式来挽回自己的尊严。大学生这些极端的行为令我们把目光投向了生命教育。大学生从小一直学习各种科学理论知识，社会地理知识，思想政治知识，却唯独缺乏对珍爱生命的生命教育知识的学习。他们从小到大一直被教育要见义勇为，却从来没人告诉他们要珍爱自己和他人的生命。他们从小到大一直学习要树立正确的三观，却没人告诉他们什么是正确的三观，要怎么探索生命的三观。因此，建立大学生生命教育内容体系，强化大学的生命教育，引导大学生树立正确的生命观极为迫切和必要。

社会诉求。近年来，世界各地学生轻视生命，他伤与自伤现象越来越严重。针对教育学生珍惜、爱护生命的呼吁，生命教育在世界范围内发展迅速，形成了一股新兴的教育发展浪潮，各国教育界对此都积极响应。美国在20世纪90年代时，中小学就已基本普及生命教育，其生命教育的实施已形成一套科学的、完整的体系。英国对生命教育的重视体现在大多数学校都已成立了生命教育中心，并配备专职教师和专业人员。澳洲于1979年成立了"生命教育中心"（life educational center：LEC），确切地提出了"生命教育"这一概念。日本在1989年新《教学大纲》的修改过程中，明确将生命教育定为德育教育的目标，并将尊重和敬畏人的生命定为生命教育的理念。我国的台湾从1998年开始，所有国中实施生命教育，各高中学校则于本年度的第二学期实施。在2000年中下旬，台湾成立了专门的"生命教育委员会"，并将次年定为"生命教育年"，正是这一年，台湾从义务教育开始，直至整个学校教育体系中都正式吸纳了生命教育的理念，使生命教育蕴含于整个教育体系之中。台湾的生命教育通过具体的、全方位的教育渗透，利用学科渗透、开设生命教育课程和生命体验课相结合，通过在学校设立生命化的教育环境，综合保证生命教育的最终落实。香港的生命教育则是通过专门的生命教育网站和其他出版物相结合，并于2002年12月效仿英国，成立了生命教育中心，协助中小学和家庭等，开展生命化教育。而我国大陆地区对生命教育的研究起步相对较晚，在20世纪90年代才刚刚引进生命教育，国内学者对生命教育研究较少，具体活动的开展更是凤毛麟角。但是我国大陆学生漠视生命问题愈加严重，所以生命教育亟待发展。

学生自身发展需求。大连工业大学的关丽和朱岩曾经对国内高校生命教育实施情况进行了调查，调查结果显示，当问到高校是否有必要开展生命教育时，有73.4％的大学生认为高校开展生命教育很有必要，而且会对自己产生一定的帮助；有77.3％的研究生认为高校应该开展生命教育，而且还表明了高校开展生命教育的必要性和紧迫性。从关丽和朱岩的调查结果中可以看出，我国高校学生正面临着包括就业、学业等诸多心理压力，而且他们自己已经明确地认识到这个问题，正在积极地寻求解决之道；生命教育已经逐渐进入高校学生的视野，并得到了比较理性的认识，学生们对生命教育寄予厚望，希望通过生命教育提升自身生命质量。但国内很少有高校对学生开展生命教育，即使有学校开展生命教育，也多是停留在对学生人生观、价值观、世界观的引导和培养的"三观教育"上，更谈不上进行系统、体系的生命教育。但随着社会的不断发展，学生的主体意识也在不断地加强，对生命教育的需求也在发生着变化。现代学生更多地希望生命教育能够针对其成长中的一系列问题，给予生命化的指导。这种指导应该不仅仅是生命中的"三观教育"，还应包括符合大学生生命发展的系统性的生命教育。所以我国高校应针对学生自身发展的需求，及时开展生命教育。

2. 开展大学生命教育所需条件基本具备

理论基础。生命教育自 1968 年提出以来，便在世界范围内兴起了一种新的教育思潮。近年来，我国教育界对生命教育的研究也越来越重视。自 2000 年至今十几年间，在中国知网上对生命教育的研究文献多达 58173 篇，对大学生命教育的研究文献达 1293 篇。这对将来我国在高校实施大学生生命教育，提供了可借鉴的理论基础。

生命教育主体。对于高校开展生命教育的主体而言，绝大多数的师生认为高校开展生命教育是必要的，也是急需的。例如王晓虹曾对大学生关于学校实施生命教育的渴求度进行问卷调查，调查结果显示：认为学校很有必要开展大学生生命教育的学生占总人数的 38.3%，认为比较重要的学生占到总人数的 47.9%；而认为其所在学校从未开展过生命教育及其相关教育的人数占到 56.2%。从 2003 年至今，我国各地对生命教育的发展均投入了较大的关注，也出台了一系列保证生命教育顺利实施的措施。例如，教育部把生命教育列入新课标；上海也把生命教育写进了教育指导纲要里；辽宁、湖南等地也开展了一系列相应的生命教育活动。综合来说，我国生命教育的实践与发展重点集中在中小学校，并且已经获得了较大的进展和成效，但针对于大学生的生命教育还处于讨论与起步阶段，今后还需给予更多地关注与重视。此外，媒体一直盯着高校这个事故的多发地，进而也引起了社会大众和舆论的高度关注，教育理论界的研究也开始慢慢兴起，为高校生命教育的发展铺好了温床。近年来各高校也开始逐渐意识到生命教育的重要意义，大力开展生命教育主题活动，鼓励教师参与生命教育的相关研究，为生命教育在我国高校的发展奠定基础。

3. 学生身心发展具备可接受性

学生认知发展水平适应生命教育。在发展心理学理论中，高校学生处于人生发展阶段中的成年前期阶段。皮亚杰的认知发展理论认为，当学生的身心发展进入成年前期时，其认知功能由原本的抽象水平占优势逐渐被辩证水平所取代。高校生命教育面对着辩证思维能力逐渐成熟的学生，所设置的教育内容和教育方法也要适应他们认知的新发展。

高校学生趋于成熟的人生观需要生命教育。人生在世必然会对生命和人生有一定的看法，或者有时还伴随着相应的态度。人们也会常常思考人活着的目的以及人生的意义与价值等问题，并会思考人与自然、人与他人和人与自我，久而久之会对此种关系形成固定的看法，以上所描述的一切都可以叫作人生观。个体的人生观萌芽于少年期，初步形成于青年初期，成熟或稳定是在青年晚期或成人前期。由此看出，在成年前期，个体的人生观是可以被引导和规范的，所以在高校施行生命教育，是在学生人生观发展的基础上，给予学生良性的生命化引导，为学生树立健康、积极的人生观做好重要的铺垫。

三、大学生命教育的内容体系

（一）生命意识的培养教育

1. 生命知识教育

选修生命知识教育等课程的学生占大学生总人数的 67.9％。但是相对于如此高度的需求之声，我国高校开展生命教育的师资、配套情况还是相对滞后的。

生命教育的前提基础就是关于生命的认知。大学生们只有真正地认识生命、感受生命，才能使生命教育有的放矢。大学生们是象牙塔里的精英，他们在书本上学习了生命的概念、种类和图像，对自然界的生命有了理论化的认识，但生命不是印在书本上的知识，生命是活生生的，充满活力的，想要象牙塔里的大学生对生命有最真切的感受，唯有让他们的学习由书本扩展到实践，真实地感受自然界中各类生命的盛衰荣辱，体会内心的生命情感。在生命的认知教育中，在体验自然界生命的组成、规律等问题的基础上，更重要的是让大学生认识到人和人性，并通过参观医院、小学、养老院等地，感悟诞生、发展与衰亡的生命全过程。以此促进大学生热爱生命、珍爱生命等生命情感的迸发。

2. 生命责任教育

生命责任教育最重要的目的是教育大学生要珍惜自己和他人的生命，同时要尊重其他生命及其独特性。生命是珍贵的，对每个人来说都是如此，生命虽然是属于自己的，但更关系到家庭、社会和国家，所以，那些轻视生命、轻言放弃甚至漠视他人生命的行为是一种极不负责任的行为。大学生生命教育就是要帮助大学生培养生命的责任，学会珍惜、爱护自己的生命，只有能够珍惜、爱护自己生命的人，才能去珍惜、爱护他人的生命，也只有能够珍惜自己和他人生命的人，才能珍惜、爱护一切自然界的生命。但只是珍惜和爱护生命还不够，生命的责任还需要大学生认识到生命与众不同的独特性，任何生命不论其优点还是缺点，都是其生命价值的所在，无论生命之间有多少不同，我们必须尊重他们，尊重他们的独特性。

3. 生命关系教育

首先，与自我和谐。一个生命要想与其他生命和谐，就必须自身先保持和谐，这里的和谐主要指保持身心一体的和谐。大学生不仅要有健康的体魄，还需要有与健康的体魄相应的健康心理，所以，心理健康教育和个体安全与保健教育应是生命教育的一个组成部分。随着经济的迅猛发展，社会竞争也变得空前激烈，大学生所面临的就业压力、学业压力、生活压力等也越来越大。持久的压力会对人的身心产生极坏的影响，若不能够及时调适，时间久了就会造成抑郁、焦虑，产生不良的心理，更甚者会影响个体生命、生活的发展。通过心理健康教育来帮助大学生学习各种缓解心理压力的策略和技巧，能够很好地促进大学生身心的良好发展。

其次，与他人和谐。人从小到大所经历的生命中的每个环节，基本都是与其他人密切交往和沟通交流分不开的，而人一生中所有的情感体验也基本都是在与他人交往的过程中感受到的。一份真诚热情、团结协作的人际关系，几个志同道合、互相理解的朋友，一份患难与共、相濡以沫的感情，足可以促进人的身心和谐、事业收获和生活的美满。生命教育必须包括人际交往和人际沟通等方面的相关教育。一方面要教育学生掌握人际交往的基本技巧和原则，另一方面还要培养大学生的人文关怀，学会接纳他人、欣赏他人、与他人和谐共处。

最后，与环境和谐。生命关系不仅存在于人类之间，还存在于自然和宇宙中的其他生命之间。对于生命的热爱不应仅仅停留在人类的生命上，应该热爱自然界缤纷绚丽的生命形式和宇宙。所以，与环境的和谐相处便是要教育大学生热爱自然及其生命形式，树立保护自然、保护宇宙的环保意识。

（二）生命意义与价值的探索教育

1. 生命价值教育

（1）审视生命的教育

审视生命是生命教育的前提，也是生命教育不可或缺的一部分。当生命知识被传授和理解之后，对生命的重新审视就顺其自然地进入大学生的视野，也无疑会引起他们对自我价值和生命意义的重新界定，从而对生命和生命的意义有了新的认识。了解自我的价值，了解生命的价值是一个人认识自我和接受自我的前提基础。在这个科技飞速发展的现代信息社会，人们的视角更多地被物质价值所占据，生命的价值的衡量逐渐被局限于物质基础、社会地位等方面，一旦没有取得良好的物质收入、没有获得社会的认可，我们的一部分大学生就会认为自身没有价值，自己的生命也因此没有任何价值，往往会轻易地选择轻生等道路。审视生命的教育让我们的大学生通过新的角度重新认识和衡量生命的价值，同时，也会对自我价值有新的定位，从而拓宽大学生自我价值和生命价值的衡量途径，促进大学生自我价值感的重新建立，帮助大学生树立正确的生命价值观。

（2）个人价值探索

在树立正确生命价值观的基础上，想要不断更新生命的价值、实现生命的价值，就要求大学生们不断地去探索生命的新价值。每一种独特的生命形式都源于个体对生命的不断创造，这正如每一个生命都具有鲜明的特色，每一个生命都拥有自身独特的价值。生命的使命便是不断地探索其价值，实现其价值。大学生生命教育中的生命价值探索则是在不断地探索与实现生命价值的同时增强大学生的自信心和自豪感，激发他们内在的成就动力，对自我拥有重新的明确认知，并使人格得到更全面的发展，从而在面临残酷的社会现实和巨大的生存压力时，能够始终明确自身的定位，并不断探索和发挥自身的价值。

（3）道德教育

为弥补我们在教育环节中的缺陷，当前中国高校的生命教育应在德育教育中渗透生命教育，确立生命道德教育理念。生命道德教育要以人文思维和人文精神作为自己的理念。德育教育强调学生对生命智慧的探索和德育精神的提高，重视人的价值并要求对人的生命和生活都给予积极的关注，最终帮助学生自觉维护生命权利，探索生命价值。我们要通过生命道德教育触及他们的心灵，感染他们的灵魂，使他们关心、帮助身边的每一个同学、感受生命的平等、生命的珍贵，正确面对现在的生活、学习状态，通过自己的努力，超越自己、改变自己。因此，生命道德教育应当是一种人性化的全人教育，强调对人的生命和生活的关注，而不应仅仅停留在品德、品格和道德的教育上。

2. 生命意义教育

（1）了解生命意义

人的生命是珍贵的，当一个人失去生命的时候，拥有再多的金银珠宝、豪宅名车都将失去意义。人一生中为了生存所做的事情仅占生命的一小部分，"人吃饭是为了活着，但人活着不仅仅为了吃饭"，人或者不仅仅是为了生存，而人生存是为了更好地生活，为了人生理想去奋斗，为了人生意义而探索，最终的目的是为了实现人生的价值。每个人都有其独特的生活方式，而生命就是生活的一种境界，一种为人处事的境界，一种奋斗努力的境界，一种自我实现的境界。人的生命不仅仅是为了活着，而应该是为了更有意义地活着、更加健康快乐地活着。生命意义的教育应使所有人都拥有适合自己的人生理想，都有不断地为了目标和理想而拼搏的精神，对生命有最真诚的认识，能够尊重自己和他人的生命。

（2）确立人生目标

心理学家将人生目标界定为：一个人想要在特定的时间内达到某一特定的行

为标准。目标能激发人的斗志和动力，让人变得有进取心。这种进取心有时候是来自外界，但更多的时候是来自内在的需要。英国有一句谚语："目标是行动的依据。"可以说没有了目标，热忱便会无的放矢，无处依托，使得许多能力得不到充分的施展，能量也白白耗掉，而一旦拥有目标，人就会拥有斗志，使其潜能得以开发，生命得以绽放。一个善于制订合理目标的人，不仅能反映其身心健康的水平，同时还能促进身心健康的发展。清晰的目标可以产生坚定的信念，目标愈清晰，信念也就越坚定。一个自我和谐的人生目标的制订首先需要了解自我，知道自己内心真正的需求；其次需要正确认识自身价值，清晰地把握自身的强、弱项，做到中肯地认识自己、评价自己、接纳自己；最后需要在制订目标时根据自身实际情况制订适合自己的合理、清晰的人生目标。

（3）端正人生态度

心理学研究证实，在看待一件事情时较多看到事情的消极方面的人，往往容易患上心理问题。由此可以看出，培养大学生善于发现事物美好的一面，对于大学生的心理健康和人生态度的建立具有积极的影响。良好人生态度的建立可以通过审美教育和爱的教育来实现。首先，帮助大学生具有认识美的觉悟、追求美的理念和创造美的能力，帮助大学生认识当生命处于挫折情境之中时，生命本身所迸发出来的积极生命意义。其次，爱的感受能够帮助大学生获得更积极的人生体验，帮助大学生学会在人生的每个阶段都能够去感受爱，去给予爱，包括爱自己、爱他人，甚至爱其他生命，将会对大学生积极人生态度的建立有着重要的作用。

3. 挫折与逆境教育

（1）挫折教育

在进入大学之前，很多学生都是在父母的羽翼保护下成长，父母为其提供了优越的生活和学习环境，每天除了埋头苦学，什么也不需要多想，经济上的宽裕、生活上的无忧使许多大学生一路顺利地走过来。当面对大学里激烈的竞争、沉重的就业压力、迷茫的人生追求和困扰的情感问题时，往往不能理性面对，有的学生甚至选择放弃自己年轻的生命。其实人活着肯定不可能事事如意，通常是不如意的事情占到整个人生的百分之八九十。如果我们不能抵抗挫折，不会调适情绪，就会给我们的学习、工作、生活带来消极的影响。加强对大学生的挫折教育成为高校生命教育的重要任务，一方面应使大学生认识到生活中挫折是无可避免的，它是人生道路上的必经阶段，所有人都应以乐观的态度去面对它，学会面对人生的困苦依然能够沉稳处置。另一方面，针对大学生的实际学习、生活情况，加强挫折抵抗力的培养，如对挫折进行正确的归因、增强挫折容忍力、学会自我心理调适等。培养大学生容忍力和宽广的胸怀，进而促进他们面对压力的承载力和挫折抵抗力，学会不良情绪的合理疏导，从而更好地适应环境，更好地与社会融合从而创造幸福的人生。

（2）死亡教育

生与死都是生命发展的过程，辩证地组成了人生的整个生命。想要谈论生命的教育，就离不开对于死亡的认知。所以不理解死亡，就不理解人生。在哲学家看来，"一切对于死亡的研究，都是为了能够更好地生活"。没有对于生命的渴望和追求，死亡的研究也终将缺乏意义。在生理意义上，生意味着死，生命的进展意味着死的临近。而死亡也意味着生，人是在不断走向死亡的过程中成熟的，人的价值也是在迈向死亡的过程中实现的。也正是因为生命有死亡，才有了人们不断与死亡的抗争，才使人在对抗死亡的有限的生命中活得更有意义。蒙田说：只有真正理解死亡，才能真正学会生活。以死推生的"倒计时"，使我们越发感到生命的短暂、珍贵，我们才会在有限的生命中真正地热爱生命、欣赏生命，坦然地面对生命的磨难，体味生命，享受生命。

（三）生命质量的提升教育

1. 生命力提升教育

（1）心理健康教育

高校心理健康教育大致可以分为积极心理培养、消极心理预防与矫治、心理危机干预三大模块，针对高校生命教育，在这里只着重谈论第一、二个模块。心理健康教育的核心价值是对于生命的关怀，而美好的人生则是以身心的健康为基础的。一个心理不健康的大学生，何谈旺盛的生命力与美好的人生。心理健康教育通过对大学生存在的消极心理进行预防和矫治，整合和拓展大学生心理素质，培养积极心理品质，促进其身心的和谐发展，最终使其生命的质量和境界得以提高。心理健康教育使人能够正确地认知自我，接纳自我，完善自我；心理健康教育帮助人树立坚强的信念，不会因为小小的失败而自暴自弃，坚强地面对人生中的各种磨难，永不言弃；心理健康教育使人能够对自身不良情绪进行合理的调控，恰当地表达自身的情绪和情感，积极自信，勇于拼搏；心理健康教育磨炼人的意志力，培养人的挫折忍耐力和抗拒诱惑的品质，面对生命中的失败能够正确归因。大学生生命质量的提升必须依靠生命教育与心理健康教育的通力配合，相辅相成，同时，也需要心理辅导教师与学校其他部门教师联合起来，拓宽教育渠道，从生活、学习、实践中不断提升学生的生命质量。

（2）疾病的防治与保健

生命质量的提升仅靠心理素质的培养是远远不够的，身体是革命的本钱，存在是生命的本质，只有保持生命健康的存在，才能使生命教育有的放矢，才算是生命教育富有成效的标志。威胁人类生命健康的最大因素就是疾病。正确地认识影响人体健康的各种相关疾病及其引发因素、学习抵御相关疾病的各种治疗办法、了解预防各种疾病以及提高人体活力和营养均衡的保健方法等将提升学生对疾病防治与自我保健的认识，为我们的学生培养健康身体素质提供有效的途径。一个身体健康的人才能有更多的精力关注心理健康，关注人生意义，关注生命的价值；也只有身心健康的人才能更容易拥有美满的爱情和幸福的人生，也才能更好地将生命教育付诸实践，促使生命教育更有成效地前进和发展。

（3）生命安全教育

人生发展和生命教育最基本的前提和基础就是生命的存在，掌握最基本的自我保护与维持生命安全的技能，是大学生命教育的重中之重。生命安全教育的最终目标就是要大学生学会最基本的生命自救技能，在遇到危难和灾难时能够及时采取切实有效的自我救护和互助救护。生命安全教育不可能单纯在教室内采用理论教学的方式去实行，就其本身的教育特质，要求生命安全教育必须配合实践体验课程。所以，我们可以教授学生在遭遇人身威胁、火灾、地震、溺水等情况下如何自救，在户外没有援助和生活必需品时要如何生存，但更要提供必须的实践体验场景，让学生去将所学理论付诸实践，在实践参与中贯彻、领悟。比如，我们可以带领学生参观消防队，让学生亲身经历并学习消防战士如何自救，或是在学校组织定期的消防演习等。

2. 幸福感教育

（1）幸福感的提升

狭义的幸福感是指良好的情绪体验和生活满意度，但还有一种广义的幸福感，即认为幸福感还包括一个人的积极的心理机能——也许生活永远尚具有不如意的方面，终其一生也只能满足一部分的需求，但当我们接受了幸福感的教育后，则会更加容易地体会到身边的幸福。如今物质生活的富足，让大学生们对幸福感已逐渐麻木，而大学教育中幸福教育的缺失更是使大学生对人生迷茫的罪魁祸首。尽管素质教育一直标榜学校要给予学生足够的人文关怀，应试教育却使得我们的教育理论很丰富，关怀很匮乏。大学生幸福感的缺失正是现今社会轻视生命的根源。所以，幸福感的提升，将是大学生命教育的一个重要内容。幸福感的提升可以通过改变归因、冥想体验、学习人际相处、确立人生目标、经营幸福爱情等多个模块来逐步实现。美国的朱迪丝·欧洛芙曾提倡通过十种积极的能量来让人变得更加积极，从而获得更多的幸福感。她提供了十个处方，分别是：直觉、冥想、能量情绪、饮食、锻炼与保健、发自内心的性爱观、创造性与灵感、欢笑、积极的环境建设、爱情，旨在通过这十个方面的改变，让人感觉生活更加幸福，生命更加积极。我们相信只有让大学生充分理解、重视自己和他人的生命，在生命的旅程中拓宽自己的幸福，将自己的幸福惠及其他人，民族的未来才真正有希望！

（2）审美教育

审美教育近年来开始逐渐被生命教育所重视，渐渐成为生命教育的一个重要内容，在生命教育体系中发挥着重要的作用。审美教育帮助学生善于发现身边的美和感受生活中一切美好的事物，促使学生人格的不断完善，最终形成乐观积极的人生态度。凡是轻生、自伤的人大多缺乏发现美的眼睛，他们只看到生活消极的一面。其实，只要他们转变一贯的评价方式，采用积极的眼光，去发现生活积极的一面，体会人生的美好与幸福，相信他们的人生也会变得更加积极而有活力。

（3）感恩教育

感恩教育的最终目的就是帮助学生学会感恩，懂得珍惜生命。感恩教育帮助学生发掘潜在的感恩意识，让学生对自己的生命以及周边的任何事都充满感激，并能够积极地珍惜生命和探寻人生的真谛。积极心理学研究显示，如果一个人把他所感恩的事表达出来，不管是告诉给别人还是自己写下来，都将会把自己的快乐放大。其实需要感激的事情有很多，例如：自己能够健康快乐地活着，自己身边有互相了解的朋友，能够接受良好的教育等等。让我们的学生学会感恩，让她们怀着感恩的心去看待一切，他们会逐渐感受到人生的意义与幸福。

3. 自我实现教育

（1）职业生涯规划教育

在竞争如此激烈的社会中，为什么很多高才能的人没有找到适合的工作来发挥自身的价值？究其原因，不难发现，他们的迷茫就如同在建造一栋没有图纸的高楼。只有有了合适的规划，生命的发展才能走得坦荡顺利。所以生命教育必须高度重视学生职业生涯发展的规划。在职业生涯规划教育中，我们应该针对学生自身特点，并结合社会现实来进行引导，不断地完善对职业的认知，明确自己未来的职业选择。首先，我们的学校、职业规划师、相关辅导教师要在相关的教学、生活等活动中引导学生树立正确的职业价值观，引导学生在择业时不要一味地关注收入、社会声望等，应该更加注重职业对于自身价值的实现、对社会发展的贡献，以及职业自身发展的空间。其次，还要对自己有合适的职业定位，针对自身实际情况，选择适合自己发展的职业。只有提前做好充足的职业规划，才能够使自己的才能有的放矢，也才能使自己的价值得以充分发挥，最终提高职业满意度。

（2）潜能开发

潜能的开发就是运用有效的方式和情景的模拟，将潜藏在个体内部的某些巨大的能量挖掘出来的过程。潜能的种类包括创造、感觉、社会、计算、空间五种。

科学家研究显示在潜能的开发过程中可以有助于培养人们具有高度的自信和坚定的意志。我们有理由相信，一个自信的人，一个拥有坚定的意志的人，是不会轻易放弃希望，放弃生命的。所以高校生命教育可以通过潜能开发来培养学生的良好心理品质。潜能开发的具体方法有冥想法、音乐疗法、内心圣殿法、镜子技巧等等。

（3）创造力培养

创造力是指产生新思想、发明和创造新事物的一种人类所特有的能力。其中包括基础因素的知识、创造性的思维以及创造所需的个人品质。优秀的创造能力具有明显的变通性、流畅性以及独特性。培养学生优秀的创造力作为教育的最终目的，旨在让人不断突破自我约束，实现自我价值，创造力不断激发的过程也是生命不断完善的过程。优秀的创造力能够以敏锐独特的视角观察平凡的事物，进而发现其独特之处，因而许多问题便可迎刃而解，破除各种困惑，使得人生的品质不断提高。优秀的创造力也是幸福感的来源之一，每一次创造性的活动都是自信的积累和自我的肯定。

综上所述，大学生生命教育内容体系中的三个阶段层层递进，缺一不可。生命意识的培养是大学生生命教育的前提，没有对生命知识的了解和生命情感的建立，生命价值的探索就会无的放矢，缺乏坚实的基础，生命意义的感悟就会成为空中楼阁；生命意义与价值探索是大学生生命教育的基础，担负着承上启下的重要作用，它既是对生命知识理论的具体实践与升华，更是提升生命质量不可省略的必经之路，了解了生命的价值与意义，才能更好地认知生命，也才能为生命的良好发展，打好坚实的基础；提升生命质量是大学生生命教育的最终目标，大学生生命教育的目标不止停留在其工具性的层面，而是要面向未来，把生命教育看作是一种可持续的全人教育，目的是将人的生命质量得到最大的提升，包括职业、生活等方方面面，要达到这一目标，生命意识的培养和生命价值的探索必不可少。所以，本文所构建的内容体系是一个循序渐进的体系，每一阶段都是为下一个阶段服务和铺垫的，三个阶段环环相扣，为大学生生命教育的实施做好基础准备。

第三节 大学生命教育内容体系的实施途径

任何理论的研究都是以服务实践为指向的，我们探讨高校生命教育的理论内容就是为了更好地在实践中推进生命教育的开展。如今，生命教育在中小学的开展已粗具规模，而高校中的生命教育还只是停留在理论研究阶段。因此，我们必须努力探寻生命教育在高校开展的可行路径，促进生命教育在高校早日系统展开。

探寻生命教育在高校中的路径既要针对生命教育的特点，注意区分生命教育与其他教育的不同，又要注意高校本身的现实情况，注意区分大学生与中小学生的区别。

一、建立"以人为本"的教育理念，积极推动生命教育的开展

（一）转变教育观念，建立"以人为本"的教育理念

更新教育观念，确立"以人为本"的教育理念是高校开展生命教育的前提。对于肩负着重要使命的高校来说，它的职责不仅仅只是单纯地向学生传授知识、培养技能，其更为重要的作用是为了使每一个学生能够健康地成长，在成长的过程中体会生命的价值与尊严。因此学校要改变以往只重知识的传播、忽视学生情感的错误价值取向，建立"以人为本"的教育理念；要饱含着对人的生命的关怀，实施人性化的教育；要强调教育的根本意义在于教会学生珍惜生命、热爱生活，以审美的态度实践自己的人生。高校教育的出发点应该建立在对个体生命的理解与尊重的基础上，关注学生个体生命的多样性、独特性和创造性，重视教育对学生的人文关怀，应把关注学生的生存与生命的发展状态作为教育的重点，确立生命教育的人文理念，关注学生人文精神的培养，引导学生对生命有更深层次感悟。

（二）高校领导层要积极推动生命教育的开展

在转变教育理念的同时高校领导层要采取措施积极推动生命教育的开展。首先，完善教学管理体制。学校管理作为学校工作的重要组成部分，应当将生命关怀的精神渗透到管理活动的各个层面，并由此推动学校管理进行"人本"的改革。倡导"生命观照的学校制度应该是一种人性化的柔性管理制度，这种制度要能体现对人的基本尊重和关怀，它的设置不是用来压抑人性、限制生命发展的多样性，而是用来保证人性的张扬，推动生命的健康成长"。其次，建立相应的指导机构，如"生命教育指导中心"。高校建立生命教育的指导机构可以引起所有教职员工及学生对生命教育的重视，并能够从宏观整体上指导生命教育在学校中的顺利开展。虽然现在大多数高校都设有"心理咨询中心"或"危机干预中心"等机构，但是这些机构仅仅是对学生进行心理咨询、危机干预等职能，并没有对学校的生命教育进行完整的引导与管理。因此，建立生命教育的指导机构是很有必要的。生命教育指导机构可由学校党政干部和共青团干部、辅导员等组成，负责生命教育的研究、组织、实施等工作。最后，积极开展生命教育学术研究。当前专门针对大学生生命教育的理论和实践研究还很少，而高校具有学术研究的优势，因此应加强生命教育的研究，以理论指导实践，应一手抓科研一手抓实践，以科研促实践，促进生命教育的深入展开。如鼓励教师申报有关生命教育的课题、编写生命教育教材，针对大学生的实际情况定期举办研讨会、交流会等等。

二、培养教师的生命意识，激发教师的关爱情怀

教师是生命教育的重要实施者，培养高素质的教师队伍是实施生命教育的重要保证。教育学家杜威认为所有教育改革都取决于从事教师职业者的素质和性格的改革。因此，开展生命教育首先要培养教师的素质。生命教育理念下教师除了具备专业素质外，还要培养生命意识，激发教师的关爱情怀。

（一）培养教师的生命意识

教师作为生命教育的具体实施者，必须提升自己的生命意识，热爱生命、尊重生命、关怀生命，对自己的生命充满热忱。教师要加强自我生命完善的能力，"关注自我的幸福体验，关注自我的生命质量，关注自我生命价值的实现，让我在实行教育的过程中享有完整的、发展的、愉悦的、健康的生命"。

在自我生命不断完善的基础上要用蓬勃的活力、积极的情绪感染学生，要善于与学生进行情感交流，与学生分享自己对生命的情感与体会，使学生充分感受到生命的活力与生命的美好。教师自身洋溢着对生命的热爱，才能够通过自身的人格魅力，以身作则来感染学生，传递积极的信息，使学生懂得珍爱生命。

（二）激发教师的关爱情怀

高校要努力激发教师的关爱情怀，培养教师爱的素质。爱是一种能力，一种品质，一种生命力，爱的素质比教师的专业素质更为重要。作为一个好教师的重要品质是热情和温暖，热爱学生、关怀学生、赏识学生，关注每一个学生个体，关注他们的成长以及在成长中遇到的问题。"充分唤醒每一个生命的生命意识，开发每一个生命的生命潜能，增强每一个学生的生命活力，提升每一个学生的生命境界，让每一个学生都能自由地、充分地、最大限度地实现自己的生命价值"，为学生创造一个温馨、和谐、充满生命活力的成长环境，从而使学生的兴趣、爱好、个性与创造性得到合理的张扬。对于生命教育的专业教师来说，除了具备以上提到的生命意识和关爱情怀以外，还应该对生命教育有一个更深入的了解和研究，对生命有一个更深刻的体悟与热爱。由于生命教育对我国来说还是一个新生事物，其在高校中的开展也是刚刚起步，没有什么经验可以借鉴，虽然国外的经验可供我们参考，但是毕竟很多现实情况不同，所以需要这些专业教师针对我国高校的现实情况进行积极的探索和实践。另外，高校辅导员与学生的关系最为密切，最了解学生个体的实际情况，对大学生的生命价值观有着重要的引导作用。所以要针对辅导员工作的特殊性对其加强生命教育素质的培训，激发他们对生命的热爱和对工作的热情，引导他们经常和学生交流谈心，及时有效地解决学生在学业、人际关系、就业等各方面出现的心理问题和矛盾，缓解他们的心理压力。

三、开设生命教育课程，强化其他专业课程的渗透作用

（一）开设生命教育课程是高校实施生命教育的基本途径

虽然生命教育可以通过很多课程渗透，但是独立设置生命教育课程也是一种必要的形式。正式课程的最大优点是具有连贯性，能将生命教育的基本内容系统、完整地呈现出来，能引起人们对生命教育的重视，将生命教育的基本内涵落实。高校开设生命教育课程可以借鉴台湾一些大学的做法。东海大学从 2004 年起开设生命教育课程，大二以上学生必修"生命教育概论"、"生命发展与关怀"、"自然科学与信仰"三门课程，同时还设立宗教、伦理、生死教育、自我成长与人际互动和服务 5 大领域的选修课程，修完这些课程者将获得"生命教育"课程结业证书。元智大学要求新生在暑假研习"生命伦理学"公共课程。辅仁大学将"人生哲学"课程列为必修课程，将人生哲学、大学入门与专业伦理三门课合成"全人教育"的基础课程。大陆高校可以借鉴以上做法，同时根据自己的实际情况，开设适合本校学生特点的生命教育必修课程和选修课程。

中国内地高校从 20 世纪 80 年代开始就通过思想政治教育课程进行人生观教育，这实际上也可以称为生命教育课程的萌芽。但是这种传统的人生观教育偏重政治、道德说教，内容较为抽象，缺少人文、情感性的东西，缺乏从生命本体出发探索生命，缺乏生命教育的实际内容。面对"人生是什么"、"人究竟为什么活着、怎样才能活得更有意义"、"人应该怎样度过一生"等现实问题，大学生感到困扰重重，甚至出现轻生或伤害生命的行为。因此，高校的人生观教育应当把关注学生的生存与生命的发展状态作为教育的重点，应把生命教育的具体内容、方式渗透进来，根据学生思想、心理的现实情况，采取不同的教育方法，加强对大学生人生观、价值观和世界观的教育和引导，从而使其发展成一门真正的生命教育课程。

（二）在其他专业课程中渗透生命教育

由于我国高校大学生的课程较多，生命教育课不可能占太多课时，而且生命教育内容广泛，单靠独立课程很难完成任务，所以应将生命教育渗透到各专业课程的教学中。通过与生命教育相关的课程讲授生命教育的知识，可以调动学校教师参与和关注生命教育，充分利用学校的生命教育资源，增强生命教育效果。在专业课程的教学中渗透生命教育，就能使生命教育成为日常教学活动的重要组成部分，成为学生的日常学习行为，其优点是可以使学生在耳濡目染、潜移默化中领会生命教育的精髓，将其化为自己的思想，也可以使学生从不同的专业角度，获得有关生命的多方面理解和启发，从而对生命教育形成全面的认识。因此，生命教育是每一领域和科目都应融入的课程、议题，任一领域的教学者，都应尽量使所授的内容带出有关生命教育的意蕴，达到生命教育的目标，使自己的教学具有生命力，能持续影响并启发学生的生命。比如历史专业课程中历史人物的思想和壮举可以激发学生对生命价值的理解和升华。在生物课程中，教师可以以生命为题解释动植物的生长、发育、死亡和人类的生、老、病、死，并可谈生命的成长、衰老的过程。在伦理道德课程中，可以讲授一些价值观、人生观知识，引导学生树立正确的理想和目标，还可以引导学生探讨安乐死、器官移植、自杀等问题。

另外，人文素质教育与生命教育有交叉关系，其与生命教育的终极理念是一致的，即生命的发展与完善。我们可以将生命教育的理念融入到人文素质教育中，通过人文素质教育课程渗透生命教育。哲学、历史学、美学、伦理学、艺术等人文素质教育课程能够提高大学生的人文素养，使大学生领略东西方文化的优秀遗产，认清自己在世界中的位置，形成对整个人类与大自然的终极关怀，成为一个能够适应现代社会发展趋势的人，从而实现人的生命全面自由地发展。人文素质教育课程可以发展大学生的人性、完善大学生的人格，从而实现大学生个体生命对真、善、美的追求。高校应本着"以人为本、发展人性、完善人格"的宗旨开设人文素质教育课程，引导大学生科学、正确地理解世界，理解动态发展的时代与社会，理解他人与自己的位置，不断在超越自我中成长。

四、在实践活动中体验生命，丰富生存感受，培养生命情感体验是生命教育的根本方法

生命教育不仅是传授知识、技能的教育，更是一种触及人的心灵、感染人的灵魂的教育。哲学家维特根斯坦说过，即使一切可能的问题都能够解答，我们的生命问题还是没有触及到。生命问题是关涉人的心灵深层的精神活动，它不能用科学的方法来认识和分析，只能通过对生命的真切体悟和对生活的深刻理解才能实现。雅斯贝尔斯认为："善与恶只有在人对它的生命意义和自我存在的深切体验中才能区分。"体验是人生命存在的基本形式，是人追求生命意义的方式。个体生命对生活的体验形成了人的生存感受，拥有丰富而又深刻生存感受的人才能够真正体会与直面生活的悲欢离合，领悟生活的真谛与意义，体验自己生命存在的意义。因此，体验是生命教育的根本方法。

在实践活动中体验生命，培养生命情感。人的体验的生成是基于人的生命活动、生命实践的不断展开而实现的，因此，生命教育要重视大学生生命活动的拓展，鼓励大学生到实践活动中去体验生命的存在与意义，培养生命情感。从某种意义上说，生命教育更是一种实践教育，可以通过多种形式的实践活动，使大学生在实践中掌握生命知识，形成正确的生命态度、生命意识。如开展野外生存训

练、拓展训练等，增进大学生对苦难的体验，加强大学生苦难意识和耐挫品格的培养，使大学生能够学习生存技能，更加珍惜自己和他人的生命；通过组织大学生参加公益活动，扶贫助困，引导大学生学会关爱与施予，从而增强生命的责任感，体验和感悟生命的快乐与价值；通过组织大学生到德育基地参观，如到烈士陵园、革命纪念馆、名人故居等地参观，让大学生学会欣赏生命，懂得生命的价值和意义；组织大学生参观看守所、戒毒所或一些戒毒、预防艾滋病的展览，树立法律意识，增强学生自我防范意识，维护生命的尊严；组织与人类终极状态有关的教育活动，如参观丧葬礼仪，组织学生到敬老院、医院重危病房等，对临终老人或病人进行身心照顾，开展临终关怀活动，促使学生反思和完善人生追求，从而能够正视死亡，树立科学的死亡观。

五、构建关爱生命的生命教育环境

人是环境的产物，环境对人的影响是潜移默化的，生命教育要想取得满意的效果，需要有良好的校园文化环境和学校教育、融洽的家庭关系和积极向上的社会风气，因此，构建关爱生命的生命教育环境十分重要。

（一）建设充满生命情怀的校园文化环境

学校是生命教育开展的主要场所，营造充满生命情怀的校园文化环境是开展生命教育的基础。苏霍姆林斯基所说的"善于教育的老师可以让学校的每一面墙壁都说话"，就是指校园文化环境潜移默化、耳濡目染的育人功能。建立充满生命情怀的校园环境，首先，要营造关爱生命、尊重生命、发展生命的良好人文氛围，创造一个生命舒展、生命涌动的校园文化环境。在这样的人文环境中能使学生获得丰富而真实的生存感受、培养学生丰富的生命情感、提升学生的自我价值感。生命教育要把教育融入到校园生活中去，校园的生活应该是一种文化的生活，应该充满人文关怀、爱和理解。校园的生活应该是一种幸福的生活，应该使学生能够快乐地、有尊严地、有意义地生活和学习。其次，要注重校园优美环境的改造。优美环境能够陶冶人的情操，塑造人的人格，要让学生在美的环境里快乐学习、健康成长。

（二）营造充满爱的家庭氛围

家庭是学生个体生命存在的主要场所，是塑造人品格的第一所也是最重要的一所学校，家庭中的日常生活处处蕴含着生命教育的因素。父母的价值观、行为方式对孩子的影响是终生的，家庭教育是其个性和人格形成的首要条件和重要因素。在家庭中，要营造温馨、关爱、欢乐、宽松、民主的氛围，给孩子带来快乐、幸福的生命体验；家长要多与孩子沟通交流，关注他们内心世界的变化；努力创造和谐的家庭关系，家人之间要相亲相爱，互相尊重，让家成为孩子的避风港，情绪的调节剂。父母应多对孩子进行生命关怀，让他们在遭受挫折或者心灵困顿的时候感受到家庭的温暖，亲人的爱抚，体味到存在的幸福。同时，家长在孩子成长的过程中要教育孩子学会认知生命现象和生命的价值与意义。

（三）建设关怀生命的社会环境

生命教育不仅是大学校园里的课堂教育，更是一项全面的社会系统工程，没有全社会营造的一个关爱生命、尊重生命、保护生命的氛围和环境，生命教育将失去坚实的土壤。一个健全的社会，应该是始终把人的发展放在第一位的社会，应该尊重人的生命，给人的生命实现留有广阔发展空间的社会。现代社会应注重人文关怀，以人为本，给生命以理性的终极关怀。大学生渴望了解社会，接触社会，也无时无刻不在关注社会。但是，社会大环境里各种负面现象在侵蚀着大学生的思想意识，暴力文化通过影视、网络等媒介的传播对大学生造成了严重的不良影响，因此，必须对日益泛滥的暴力文化进行遏制，给大学生创造一个关怀生命的社会环境。同时，我们还可以通过网络、电视、电影、报刊等传媒宣传对生命的存在的价值与意义的认知，在全社会形成一股浓厚的珍惜和尊重生命的高尚风气，全社会形成合力致力于营造良好的社会大环境。

当代大学生作为未来的接班人，肩负着重要的历史使命，祖国未来宏伟蓝图等着他们去描绘和建设，而这一切的前提就是生命的存在。因此，加强大学生对生命的意识和对生命存在价值的关注，便显得尤其重要而紧迫。高校生命教育的开展必然能够增强大学生的生命意识，必然能够引导大学生珍爱生命、尊重生命、完善生命，最终必然能够使大学生的个体生命走向真、善、美的和谐。

第三章　大学生野外生存训练的教育价值

第一节　大学生开展野外生存训练的意义

一、开展野外生存活动的意义

一只螃蟹，或者是一只昆虫可以在被羁绊时，通过弃掉一两只步行足的方法来逃生，却不会因为"失血过多"而死亡，因为它们是"开关式循环"，根本没有血压。

海水鱼细胞里的水和体液几乎与淡水鱼相同，它的身体是需要淡水的，但是，它们每天大量吞下的海水，却没有将它们变成"咸鱼"，因为它们可以通过鳃来排出多余的盐分。

爬行类动物可以几个月，甚至一年不进食，而不会饿死，因为它们可以极大限度地降低它们的新陈代谢强度。

事实上，所有的动物都有自己独特的生存本领，这就是它们能在自然界里繁衍生息，并保存到现在的原因。

人类的本能几乎是所有动物中最差的。我们既不会"弃肢"又不会喝海水后"排盐"，更不可以绝食一年，然而，人类却成为这个自然界的主宰，高度发达的大脑使人类在漫长的进化道路上成为动物界的灵长。

也正是人类在进化道路上的厚此薄彼，才使我们人类失去了许多也许是很有用的器官和技能，或称本能。如消化纤维的盲肠；抖动皮肤驱赶蚊蝇的皮肤肌；识别领地和区分敌友的敏锐嗅觉等。

逐渐地，人类向不使用现代工具就没办法生存的方向进化了。这固然是人类的文明，但是，从某种意义上讲，这也是人类的悲哀。也许正是因为许多人都意识到了这一点，"野外生存"这个专有词汇才在今天被不断提及。

人类本身也是动物，而动物本来就应该能够在野外生存的。

（一）科技进步与人类生存能力的下降

我们无意诋毁人类在进化历史上的进步，但是，进步所带来的优裕生活使人类生活能力不断下降却是不争的事实。

当然，这里也有人类进步之外的主观因素。就像现在青少年生活能力的下降不能仅仅归咎于人类社会的进步一样。仅从这一点上分析，我们现在提及野外生存的意义就不只是局限于抗灾救险了。

历练现代人的意志，发掘现代人的潜能，提高现代人的环境意识，增强人们的体质，也许是开展野外生存训练更大的价值所在。

在科学技术突飞猛进的今天，人类的生活每时每刻都在发生着巨大的变化。传统的手工劳动不断被现代机械所替代，许多以前十分复杂、繁重的工作或体力劳动，现在只需要按一下按钮就能完成。而这些进步的另一个"副产品"是：生活在大城市里的白领阶层，离开了先进的现代科技几乎无法生存；年轻一代更是成了脆弱的"都市宝贝"，经不起任何的"风吹草动"；本来应该处于"七八岁，讨狗闲"的小学生，成了一个个步履蹒跚的小胖子。

科技的进步无可非议，然而，人类对其赖以生存的自然环境的无节制的开发和日积月累的破坏，使得"自然"灾害层出不穷，严重地威胁着地球和人类本身。在地震、火山爆发、森林大火、洪水、泥石流、暴风雪等自然灾害面前，人类越来越多地依赖专业人员，那种全民抗险救灾的场面已经逐渐成为过去。

近年来，人为的"突发事件"也不断地出现，而在一次次的"突发事件"面前，许多人已经是束手无策。

如果科学的进步真的到了让人类高枕无忧的境界还情有可原，可悲的是现代科技尚无能力完全认识自然，更不能彻底地改造自然。而现存的政治体系也无法杜绝恐怖活动。所以，人类原始的逆境生存本领绝对没到可有可无的程度。因此，发掘和发挥人类的生存能力应该重视起来。

现代的高科技也并不排斥原始的生存技能。许多国家的特种部队都必须接受野外生存训练，他们要学会如何在野外靠太阳、恒星、森林植物等来辨别方向；如何寻找食物和水；怎样在野外建立临时庇护所；骨折、皮裂、烧伤、冷冻等不良事件发生时，他们还要进行救护与自救；通讯设备失灵时怎样与外界取得联系；甚至还要学习与毒蛇、猛兽进行搏斗的本领。

（二）野外活动有益于身心健康

人类的健康标准不仅仅是体质上的，心理健康也是重要的生理指标。而野外活动，尤其是野外生存训练不仅可以达到锻炼身体，增强体质的目的，更重要的是活动和训练也是磨炼意志，陶冶情操，放松自己的过程。

自古以来，人们都知道把休养所、疗养院设置在远离城市的郊区，其目的就是为了最大限度地接近大自然。而大自然的"疗效"也的确非常显著，甚至发生奇迹。

作者单位有一个癌症患者，术后化疗使身体和精神都处于非正常状态，而且已经被医生判了"死刑"。他一生没有别的爱好，只喜欢钓鱼。家里人为能让他高兴地度过医生预言的几个月时间，就联系好郊区一家水库，租了一块地，盖了一间简易房。在妻子的陪同下，他每天钓鱼、拾柴、采集野菜，过着半原始的农家生活。结果，谁也没有想到，他远远超出了医生预言的存活期限。5年后，他们夫妻还生活在那个水库边上，而且丝毫没有要回来的意思。

也许上面的例子没有普遍性，作者也没有在此介绍癌症治疗方法的意思，只是想表达一个思想：一个人如果能放弃杂念，与大自然融为一体，他的身体和精神一定会处于最佳状态。

置身于野外，或安步当车，或跋山涉水，都会使你放松精神、缓解压力、增强体质。简单的饮食，简陋的"家居"，加上原始的生活方式，更会使你体会到人类的另一种原始本性。在条件恶劣的环境里你可以更清楚地认识自己，尽最大的努力来发掘自己的潜能，同时学会懂得相互依赖、团结协作，并增进彼此友情。

（三）野外是人生最好的课堂

大自然本身就是一本最好的教科书，人类除了本能之外的所有知识、技能都是从大自然中学到的。她能教会你什么叫物竞天择，什么叫适者生存，甚至可以教你怎样对待工作，怎样对待人生。

有些事，听起来也许会令人感到很滑稽。在野外，我经常在一个地方一蹲就是几个小时，目的只是为了去看一只粪金龟（屎壳郎）推动一个粪球。尽管粪金龟那小小的身躯在硕大的粪球面前显得非常渺小，但它们却是那样努力。有时候，为了过一个只有几厘米的小土坎儿，它们不知道要经历多少次失败。

可能是由于专业的原因，我一直想知道粪金龟在经历多少次失败以后才会选择放弃。我用堆石子儿的方法记录着：1次、2次、3次……20次、21次……突然，我下意识地鼓起掌来。在这种情况下，如果是许多人一起观看，大家一般会同时发出"耶……"的欢呼声。

粪金龟也有怎么也过不去的时候，这时，它们通常会有三种选择：休息一会儿，继续工作；换个方向试试；找个同伴帮忙。然而，我们始终没有看到过有哪个粪金龟放弃。

野外生存体验还可以激发你热爱祖国、爱惜生命，珍惜动植物资源，保护环境的热情。

我从小就经常受到各种形式的爱国主义教育，决心书也写了不少，口号也喊了许多。但是，我的爱国情怀真正被激发出来是在野外，就是我第一次登上长城的时候。至今，我还能清楚地记得登上长城时的那种不一样的感觉。

那是1988年的深秋，蓝天上高高地飘荡着稀疏的白云，能见度很高的清洁环境令视野尤其开阔、深远。树上的叶子早已经被秋风吹落，放眼望去，广袤的原野到处是一片片由黄、褐、红组成的浓重的秋色，一种萧瑟、凄凉的情绪笼罩着整个身躯，但几乎是同时，另一股力量马上在体腔里升腾，那是一股悲壮、豪迈和自豪……

从那时起，我再也没有去喊什么口号，只是时刻在心里告诉自己，我是中国人，有机会我要教外国人说汉语。

人类有一种普遍的心理，就是入乡随俗。当你身处在一个卫生条件十分恶劣的环境时，兴许你也不愿意遵守通识的卫生准则。但是，如果你到了一个卫生模范区域，你将会自觉不自觉地注意起来。

原始状态的自然环境里，几乎没有任何人类的"痕迹"，在那里，不用标语，也没有老太太监督谁乱扔烟蒂，但是，你忍心在那样的环境里留下垃圾吗？

经常去野外的人，尤其是经常去原始环境里的"野外人"，绝大部分都是或者逐渐变成环保主义者。

（四）生存训练与自我拓展

在野外生存训练中，每个队员不仅要学会如何生火、搭建帐篷、寻找食物、打绳结、定向、救护等基本的野外技能，还要去做一些自己从来没做，或自己早已经确定根本不可能做的事情。训练师会在确保安全的情况下，你怕什么，他（她）就偏偏让你干什么。例如，对于那些胆小、内向的队员来说，没有多少人相信自己可以从十几米甚至几十米垂直的悬崖上下来。但是，训练师有办法让你不得不尝试，而且在你成功以后，你的自信心和胆识都会得到提升。

心理学家发现，一个人是否能够成功，抛开其他因素，就个人因素而言，虽然与他们的智商有直接关系，但他（她）对情绪的自我控制能力（情商），在众多成功因素中所占的比例更大。

在对许多曾经在野外遇险的人进行调查后发现，在意外发生时，心理的压力往往比身体上的压力大得多。正因为如此，许多国家在训练特种人员时都把心理训练摆在首位。而心理训练正是自我拓展训练的重点内容。

人类的头脑和身体内部蕴藏着没有开发的巨大的能量——潜能。由于人们在长期按部就班的工作、生活中，已经形成了固定的思维模式，对自己也基本定位，很多人甚至不相信自己能够做到经过潜能训练后才可以做到的事。而这些事本来是他们完全可以做到的，拓展训练只是帮助他们认识到这一点而已。

如果你留意那些经常参加野外活动的"野外人"，也许你会发现，他们大部分都具备乐观、向上、大度、积极、勇敢等性格特征。而且，他们的思维方式多是光明的，工作也多是高效率的。因为大自然使他们宽阔、大度、包容；危险使他们懂得生命的可贵，利益的渺小；恶劣的环境使他们必须积极、乐观、勇敢地面对。

野外生存活动还可以培养人的团队精神，因为在危险随时都可能发生的探险活动中，有时，只有大家的力量才可以战胜困难。例如，在雪山上，为了防止坠落，大家是用一条绳子连接在一起的，大有生就同生，死便同死的气概。所以他们比较容易与他人合作，并懂得在合作中尽量做好自己的工作。

野外生存训练还可以培养或者发掘一个人的领导才能。因为在野外极端环境里，大家有时候要做出一个要么东（前进），要么西（后退）的选择。而这种选择又经常是决定团队命运的时刻，甚至选择的本身就意味着生或者死。在这时，队员们往往是七嘴八舌，这便是最能够体现领导者的才能和素质的时刻。

由于每次的野外生存训练都或多或少地使参与者获得身体、心理上的收获，所以，这项活动目前有着比较好的口碑，也越来越受到各界人士的重视，越来越多地为人们所喜爱。

二、高校开展野外生存训练课程的意义

"野外生存训练"课程作为高校体育课程的拓展形式，是实现我国体育课程目标的有效手段，是高校体育实现科学化、社会化、生活化的有效途径。目前我国学者对野外生存训练对大学生的意义具体观点归纳起来有以下几个方面。

（一）高校开展野外生存训练体现现代教育理念

建立以人为本的教育观，实现教育的人性化和个性化已经成为当代世界各国教育改革和发展的普遍趋势。我国高校体育新理念的主要内容为坚持"健康第一"的指导思想，促进学生健康成长，激发运动兴趣，培养学生的终身体育意识。以学生发展为中心，重视学生的主体地位。高校体育教学要适应现代教育理念，必须充分发挥学生的积极主动性，在教学活动中给学生一些自主权，让他自己去选择；给学生一些机会，让他们自己去体验；给学生一点困难，让他自己去解决。野外生存训练教育作为高校体育课的内容，通过在大自然中具体的、有组织的活动，通过大学生亲自参与实践对客观事物变革和大自然的感知，唤起学生对社会和自然的关心；在亲身体验中，掌握生活中必要的习惯和技能。野外生存训练教育学习内容丰富、实用、贴近生活、形式灵活、环境复杂，它不仅能提高学生学习的兴趣，而且在教学活动中再也不是教师示范、学生模仿了，而是教师组织、学生参与、主动思考、独立完成。整个教学过程有着开放性强，时空转换快，学生之间的互动机会多、困难多且能控制等特点，通过师生间、同学间频繁、直接的教育性交往，体现由教师单向传导的教学过程转为师生共同合作。

（二）开展野外生存训练的教育符合高校体育课程改革趋势

几十年来，我国高校体育课程内容绝大多数是常规的竞技性运动项目，如田径、体操、球类项目、武术、游泳。虽然目前我国部分高校已对这些运动项目内容进行了一定程度上的改造，但其仍然摆脱不了体育课程资源集中在学校的现象，难以调动学生的学习兴趣。新体育教育理念要求高校体育课程符合学生身心发展，形式活泼，能激发学生学习兴趣，具有健身性、知识性和科学性，对增强体能、增进健康有较强的实效性。大学生喜欢追求新兴、时尚的运动项目，而野外生存训练教育则包含了野营、野炊、负重行军、攀岩、岩降、定向漂流、涉水、穿越丛林、搭绳过涧、野外自救、觅食、觅水等内容丰富、精彩的活动，学习过程是体验性的，在学习过程中要活用 6 种感觉（视觉、听觉、味觉、触觉、嗅觉、直觉），学生通过运动参与、学习运动技能，增进身心健康和社会适应性，既完善和丰富了高校体育课程的内容，又充分体现了高校体育课程健身育人的功能。

（三）开展野外生存训练是实现高校体育课程目标的有效手段之一

新体育课程理念的目标中要求高校体育课程培养学生体育兴趣，发展学生体育能力，开发学生智力，养成终身体育锻炼的习惯。要求把有目的、有计划、有组织的课外体育锻炼、校外（社会、野外）活动、运动训练等纳入体育课程，形成课内外、校内外有机联系的课程结构。野外生存训练教育将课堂教学与课外体育活动有机结合，使学校与社会紧密联系在一起。让学生在同自然的接触中，加深对自然的理解，培养了在艰苦环境中生存的能力。野外生存教育途径多样、方法多种、形式灵活、内容丰富，能满足不同学生的个性需要，在各种多变的自然环境中，突出学生学习的主动性、积极性和创造性，激发学生的学习动机，培养学生的学习兴趣，挖掘学生学习的潜能，发展学生的个性和创新性，在知难而进、超越自我的意识中体会团队精神，树立集体主义观念，提高社会适应能力。

（四）开展野外生存训练顺应大学生的体育价值观

受当前社会环境、个体身心特征、体育宣传和教育以及学生高度发展的自主意识和认识能力的影响，结合时代及未来的社会发展要求，当代大学生体育价值观与过去的传统体育价值观相比，发生了根本性的转变，超越了传统体育的基本范畴。除了具有强身健体、促进智育、德育的发展等共同价值外，大学生已将运动娱乐、丰富生活、提高生活质量、培养社交能力以及培养竞争意识、能力作为他们的主导要求。

野外生存训练教育离开了大学生熟悉的生活圈子，通过各种艰苦环境的直接体验，让大学生尝试到从未有过的经历，大大地丰富了学生们的生活，学生们可以发现自身的长处和能力，唤起对余暇体育活动的兴趣，形成健全、丰富的生活方式。野外生存训练教育过程中更多的是人际关系的学习，自己和他人的关系，他人之间的关系，人和生态间的关系，人类生活和环境的关系等，在这样的活动中，要求自己的事情自己做，和同伴齐心协力做，帮助他人做等，通过这样的活动实践对大学生自主性、协调性和社会性的培养起着很大的作用。

（五）开展野外生存训练符合大学生身心发展的要求

随着现代社会的城市化，生活在高楼大厦"丛林"中的大学生们，与野外的接触越来越少，在艰苦环境中锻炼的机会越来越少，生存能力较差。因此，如何与大自然和谐相处，如何在激烈竞争的社会中与他人友善相处，对当代大学生而言是十分重要的。大学生们普遍好胜心强、求知欲旺盛、渴望与外界交往，追求表现自我、挑战自我的机会。野外生存训练教育让大学生们在崇山峻岭或人迹罕至的荒山丛林中，徒步穿越、丛林探险、悬崖速降、徒手攀岩、野外采集等，让大学生们在摸爬滚打中苦心智、劳筋骨，在不断体验欢乐与痛苦、成功与失败的过程中感受生命的可贵，在考验自我、相互鼓励、克服困难的过程中，培养坚忍不拔的毅力和信念，满足大学生们不断挑战自我、挑战极限的人生追求。

第二节 大学生野外生存训练的挫折教育价值分析

一、大学生进行挫折教育的意义

（一）挫折教育的实施是高校实现人才培养目标的必然要求

中共十六大明确地提出了新世纪教育的目标任务，就是要"全面贯彻党的教育方针，坚持教育为社会主义现代化建设服务，为人民服务，与生产劳动和社会实践相结合，培养德智体美全面发展的社会主义建设者和接班人"；《中华人民共和国高等教育法》第一章第四条也明确指出："高等教育必须贯彻国家的教育方针，为社会主义现代化建设服务，与生产劳动相结合，使受教育者成为德、智、体等全面发展的社会主义事业的建设者和接班人。"而《中共中央关于进一步加强和改进学校德育工作的若干意见》（1994年8月31日）已将学生的心理健康教育正式列入其中。该《意见》第9条指出："要积极开展青春期卫生教育，通过多种方式对不同年龄层次的学生进行心理健康教育和指导，帮助学生提高心理素质，健全人格，增强承受挫折，适应环境的能力。"挫折教育增强了大学生的抗挫折能力，提高了大学生的心理素质，是实现高校人才培养目标的必然要求。

（二）挫折教育能够提高大学生心理健康水平，是预防心理障碍的有效措施

从发展心理学的角度出发，大学期间是人一生中心理变化最大的时期。由于大学生的心理发展尚未完全成熟，面对一系列生理、心理、社会问题时，心理冲

突频繁发生。尤其是当代中国大学生，为了在竞争激烈的高考中胜出，几乎每个学生都全身心投入到学习中去，家长过分的保护，学校对应试的过分重视，使得这些学生的生活经历十分简单，这样就造成了当代大学生心理脆弱、依赖性强、意志薄弱、缺乏挫折承受能力的后果。进入大学后，学习、情感、社交等方面的小小挫折都能够使大学生难以承受，以至于出现心理障碍、心理疾病，甚至自杀等过激行为。

挫折教育作为大学生素质教育的一个重要方面，已列入高校思想品德教育计划之中（见《中国普通高等学校德育大纲〈试行〉》）。挫折教育通过教授学生认识挫折，学会应对挫折的方式，使学生能够承受挫折，化解各种心理冲突，调节自身的不良情绪，有效控制自身的行为，从而达到提高大学生的抗挫折能力的目的。挫折教育将思想品德教育与心理素质培养有机地结合在一起，弥补了传统大学生思想教育的不足。

（三）挫折教育能够提高大学生社会适应能力

我国正处于重要的社会转型时期，随着社会主义市场经济体制的进一步完善，社会经济生活的节奏不断加快。随着全球化的进一步深入，人们的世界观、人生观以及生产、生活方式都发生了巨大且迅速的变化。中国已经步入了竞争激烈的时代。大学生们将面对的是一个充满激烈竞争，同时也充满危机的社会。国家、社会的发展都要求大学生具备良好的社会适应能力，在思想观念、知识技能、心理素质等方面能够迅速适应新的要求、新的挑战。但是，目前还有许多大学生并没有具备应有的社会适应能力。当代大学生都是经过高考"残酷"洗礼之后，才得以进入大学，而十年寒窗苦读则使得大学生的生活经历比较单一，缺乏必要的社会经验，进而导致大学生的社会适应能力较差，无法适应快速变化的环境。大一是心理问题发生较为集中的一个时段，而其中的大部分问题都是由于大学生无法适应大学的学习和生活所导致的。

心理学研究表明，由于挫折造成的学生在情绪、人格、人际关系等方面的问题，会直接影响大学生的社会适应水平。可以说，没有良好的抗挫折能力，就无法拥有良好的社会适应能力，无法在现代社会中生存。挫折教育一方面通过培养大学生的抗挫折能力来提高大学生的社会适应能力，另一方面则通过多种手段和方式，使大学生能够更加深入地认识社会，丰富自身的经历，从而提高自身的社会适应能力。

二、生存训练的挫折教育价值分析

为了加强大学生的社会适应能力，近年来，许多高校纷纷举办了"都市生存训练"的实践活动。作为高校社会实践活动和就业创业教育新方式的大学生生存训练，是新时期下大学生思想政治教育的新途径，是提高大学生全面素质和就业竞争力的新载体。同时，生存训练也具备极大的挫折教育价值，能够弥补传统挫折教育的不足。

（一）生存训练具有转变观念、强化意识的作用

据近年来各种不同规模的相关调查研究表明，大学生在价值观上，存在着严重的知行脱节的现象。一面是满脑子装着空洞抽象的有关理论概念，一面却是对自身文明素质的下降和不道德行为熟视无睹。有些学生甚至知法犯法，学纪不守纪，没有将学到的相关理论转化为良好的个人素养。自律能力差、缺乏责任意识、缺乏诚信等现象较为常见。生存训练是一种体验式学习，它将大学生置于一个真实的社会环境中，通过大学生自身的亲身经历，弥补传统挫折教育中理论过多、实践不足的缺陷。生存训练过程中，大学生以主动的学习态度代替传统的被动接受学习模式，在艰苦的求职和就职等真实经验的作用下，真切地体会到生存的不易，树立了正确的价值观和积极的信念，进而在今后的生活中，能够正确认识和了解社会，妥善处理理想与现实之间的矛盾，正确对待坎坷和挫折，增强承受挫折和应对挫折的能力，最终战胜挫折。

生存训练增强了大学生团队合作的意识和技能。当今大学生大多数都为独生子女，具有自我意识过强、追求自我、突出自我、实现自我的个人主义倾向。因此，他们总是在学习、生活中表现出我行我素、按照自己的想法做事，不考虑他人的看法与感受。生存训练要求参与的大学生以5～6人组队的形式进行生存。大学生协同合作，相互扶持度过了一个个难关，完成了一个个任务，也在这个过程中碰撞出了许多火花。比如，一组参与生存训练的大学生就尝试以出售团队策划作为生存的主要方式，开创了生存训练的先河，同时也为企业带来了良好的收益。大学生们在生存训练的过程中，意识到只有学会谦虚、学会参与、学会尊重他人的意见，把个人积极地融入到各自的团队之中，从团队中汲取营养，从团队中获取力量，改善自己的工作，才能实现团队利益的最大化，才能充分展现自身的能力。生存训练是对大学生团队精神的一次良好的教育，而团队合作意识和能力的提高，不仅提高了大学生战胜挫折的能力，更为大学生提供了丰富的社会支持资源，使大学生在面对挫折时，能够获得精神和物质上充分的支持，从而减少挫折对自身心理健康的影响。

生存训练增强了大学生的责任意识。通过生存训练，大学生有机会接触到社会各个阶层，通过自身的实践，学习知识和技能，掌握社会行为方式，把符合社会要求的观念和规范内化为自己的认识和生活准则。同时，也让大学生明白自身的社会责任，并意识到个体想要在社会立足，必须对社会有所作为，以自身对社

会的贡献来换取社会对个体价值的认可。生存训练使大学生认识到了社会对人才的确切要求，明白了自身肩负的责任以及今后应该努力的方向。而责任意识的增强则能够完善大学生的社会化进程，正确认识挫折，以积极的心态面对挫折。

生存训练也让大学生意识到诚信的重要性。从胡锦涛总书记提出的"八荣八耻"到社会各界对于诚信的强烈呼唤，诚信已成为当代公民必备的一项重要品质。大学生是未来社会建设的主力军，其诚信程度将直接关系到我国未来的发展和建设。政府、学校及社会各界都在积极地通过各种教育措施来提高大学生的诚信意识。而目前的诚信教育还仅仅停留在书本中的案例上，大学生无法深刻体会到诚信的重要性，因此生存训练弥补了这一不足。在生存训练中，许多大学生都得到了生动的"诚信教育课"；有的大学生因为自己的诚信而保留了一份工作，得以继续生存；而有的大学生则因为自己的不诚信，拖累了其他的队员，甚至丢掉了得来不易的工作，得到了深刻的教训。生存训练使大学生不再对诚信无动于衷，自己艰难的经历使他们领悟到了诚信的重要性，促使大学生在今后的学习和生活中能够继续保持诚信意识，树立积极的信念，从而以更好的心态面对挫折、战胜挫折。

（二）生存训练能够促进大学生社会适应能力的形成，提高应对挫折的能力

不论是基础教育，还是高等教育，我国的教育都存在一个很大的问题——重知识传授，轻能力培养。尤其到了高等教育阶段，由于各方面因素的制约，大学生们能够接触现实社会的机会很少，他们只能呆在"象牙塔"里读着"圣贤书"。与现实的脱节，使大学生在面对企业提出的各种针对能力的要求时无所适从。而缺少相应的社会经验，也使大学生的社交能力有所不足，从而导致了就业中的一系列不适应问题。生存训练是大学生进入社会前的一次"预演"，大学生们脱下了自身的光环，被置于一个真实的环境中，通过与社会的互动，促进了自身社会适应能力和专业能力的形成和提高，进而提高自身应对挫折的能力，同时也减少了挫折产生的几率。

生存训练促进了大学生社会适应能力的形成。为了能在大城市中立足，生存队员们必须自谋职业，承受求职时遇到的一切挫折和困难。生存的强烈愿望和压力使大学生不得不正视社会现实，摆正自身的位置，及时重新定位。通过社会现实的衡量，大学生有机会审视自身的条件和优势，不再自视甚高，不再满足于通过学校的考试，或是获得英语四六级证书。生存训练的过程中，大学生学会了如何更好地与人沟通，学会了如何主动与他人建立信任，共同友好地相处与合作。有的大学生在校园里我行我素，以藐视权威为荣，结果却在生存训练中因为没有处理好与其他员工之间的关系而得到了深刻的教训。同时，大学生也从生存训练

中了解并遵从了各行各业的社会规范和风俗习惯，掌握了必要的人际交往技巧，锻炼了自身的社交能力，同时也增强了自身的适应能力，避免由于人际关系不和谐以及适应不良而产生挫折心理。

生存训练也促进了大学生专业能力的提高，同时深化了大学生的职业道德水平。在学校里，大学生学习的仅仅是专业知识，他们很少有机会能进入到企事业单位中实践自身的专业能力。生存训练则给大学生提供了一个很好的机会。为了能够体现自我价值，同时实践自身的专业能力，每个参与生存训练的大学生都努力寻找与自己专业符合的职业，发挥自身所长，体现自身价值。不仅如此，大学生还在一些简单的体力劳动中发挥了自己的专业能力，提高了自身的工作绩效。比如，一位在保洁企业打工的大学生曾利用自己的数学知识，简化了清洁地板的步骤，大大提高了完成工作的效率，获得了老板的好评。生存训练为大学生提供了一个很好的平台，使他们能够施展自己的才能，并能够进一步了解社会对专业人才的具体要求，正确认识自身的专业能力和技能，从而回到学校后能够端正自己的学习态度，认真地从大学学习中汲取养分，弥补缺陷，激发自身多方面的职业潜能，实现个体的奋斗目标和社会价值。

（三）生存训练加快了大学生素质的提升

大学生生存训练紧密结合创新和实践等素质教育的要求，针对我国高等教育实践环节薄弱、学生社会化不足等问题而设计。实施一种切实可行的培养方式，是新形势下学生素质教育及人才培养的新模式。生存训练作为具有挑战性的实训活动，为大学生设置了一个真实的情景，为大学生参与实践提供了机会。大学生在充满竞争的现代化大都市生存，接受来自现实社会的严峻考验，在极端艰难的条件下，克服来自生理、心理和社会等各方面的压力，在实践中实现锻炼成才的目标。生存训练让大学生走出校园，置身于陌生的环境，用自己的智慧和身体学会生存。生存训练从真实情境出发，为大学生搭建锻炼的空间，全方位地考察和提升大学生的素质。在生存训练期间，从训练前的宣传、策划到生存中，仅凭一张地图和一双脚，在短短的时间内，要把自己推销出去，从事家教、服务员、推销员等各种各样的工作，还要熟悉地形、做义工等等，都由参与生存训练的大学生完成，而这一切也是大学生在学校里很难拥有的经历。生存训练突出了素质教育的基本特点，培养了学生的务实精神和表达、交流、处事、耐挫、创新等能力，促进了大学生素质的提升，着力塑造适合时代发展需求的高素质人才。

三、生存训练反思

作为人才培养和挫折教育的一种新模式，生存训练具有传统挫折教育无法比拟的优越性，能够很好地弥补传统挫折教育的缺陷。但不可否认，目前的生存训练也存在一些不足，需要加以改进，从而发挥更大的作用。

生存训练应该推广到整个大学生群体中，而不是只给部分学生"开小灶"。目前，生存训练还只是作为精英教育的一部分，因此，生存训练的参与者都是经过笔试、面试、考察三道关从成千上万的学生中挑选出来的，仅仅局限于一些品学兼优的学生干部或具有一定特长的学生，而没有扩大到整个学生群体。鉴于生存训练具有良好的教学效果，对高校挫折教育具有良好的弥补作用，学校应该考虑将这种教学形式进行一定的调整后推广到整个学校，使全体学生都能够受益。生存训练自身所带有的情境性不利于学生将所学应用到自己的现实生活中。生存训练是对未来生活的一种模拟，但是这种模拟却带有一定的情境性。以找工作为例，生存训练就像一个实验，这个实验为参与者设置了许多人为的障碍，如一个陌生的城市、没有社会关系、没有学历学位证书、工作时间短等。而学历学位证书等条件与大学生在现实生活中的求职是无法剥离的。那么生存训练这种强烈的情境性，是否会使一些参与者产生这样的想法呢：生存训练的 15 天并不是我自己真正的生活，我只要坚持过完这 15 天就行了。生存训练结束后，一切又故态复萌。虽然工作不是生存训练的主要目的，但也许主办方应该在设置整个活动的过程中，把这些可能影响结果的负面因素都考虑进去，使得生存训练能够发挥更大的作用，为大学生带来更多的提高。

生存训练应加强对大学生就业能力指导的针对性。由于人为设置了许多障碍，大学生在生存训练的过程中，只能找到一些依靠体力的简单工作，并没有很好地锻炼自身的专业技能。以浙江师范大学 2008 年生存训练数据来看，61 名生存队员中，只有 1/4 的队员找到了与专业有一定联系的工作，其他队员还是以服务生、促销员等工作为主。生存训练的内容和方式应该因地制宜、灵活多样，坚持"干什么，学什么，缺什么，补什么"的原则，这样更有实效和现实指导意义。师范院校的学生，应该着重培养其语言表达、沟通、交流能力，适应环境的能力，以及自我约束、控制能力，而不仅仅是做促销员或到餐馆等做杂工。学校在设置活动地点与环节时应该考虑到如何最大限度地锻炼学生的专业能力，发挥学生的专业特长。

第三节　大学生野外生存生活训练课程体系

一、野外生存生活训练课程的教学目标

野外生存生活训练选项课程的教学目标主要在于，通过使学生掌握野外生存生活的基本理论知识、生活技能和活动技能，了解最基本的生存常识与技能，培

养学生参与野外体育活动的兴趣，掌握利用自然环境资源和体育教学设施进行健身锻炼的原则与方法，重视野外活动中的安全保障意识和掌握基本的伤害处置方法，初步掌握组织开展野外生存生活训练的原则与方法；促使学生养成积极向上的生活态度，提高学生的心理品质，学会正确处理个人、团队之间的竞争与合作关系。

二、野外生存生活训练课程的组织方法

以浙江林学院为例，浙江林学院是教育部建立"中国大学生野外生存生活训练实验基地"的三所高校之一，于2002年成立了野外生存生活训练课程研究小组，对普通高校开展野外生存生活训练的组织形式进行了专项研究，至今已先后组织了60多次不同季节、目的、规模的野外生存生活训练实验研究，并于2003～2004学年开始将野外生存生活训练纳入体育课程，开设了野外生存生活训练选项课程和选修课程。通过调研得知，普通高校开展野外生存生活训练的组织形式主要有两种：教学形式、俱乐部（社团）形式。

（一）教学组织形式

野外生存生活训练课程对实践教学的环境、装备、任课教师野外活动资历等有较高的专业要求，学校可以根据实际情况来选择开设必修课或选修课。无论开设哪种课程形式，组织者应针对普通高校体育教育的目的任务以及野外生存生活训练的特点，科学地设计以下三个方面的内容。

1. 教学内容

（1）野外生存训练的理论教学内容

根据普通高校体育课程的特点，和《全国普通高校体育课程指导纲要》精神，利用自然资源，开展大学生野外生存训练课，理论课包括野外生存训练的基本知识方面，包括：①"大学生野外生存训练"的目的和意义。②我国的自然资源、人文景观状况。③生态平衡、自然保护知识。④野外活动的分类与要求。⑤基本装备与基本设施。⑥野外安全防护知识。野外生存训练的基本技能方面，包括：①野外行军技术。②野外攀爬技术。③野外渡河技术。④野外上升下降技术。⑤野营野炊技术。⑥野外安全救护技术。此外还包括野外生存训练发展概论，心理品质与团队协作精神等内容。所有的理论知识通过认知和体验两个途径来实现，认知主要通过课堂讲述，体验是指把理论传授体现在实践教学过程中，让学生在野外生存训练实践中掌握知识，体验知识并体现在行为中。

（2）野外生存训练的实践教学内容

实践课整个教学过程一般分为两部分，即常规教学和野外综合实践。常规教学以理论课、实践课的形式在教室、操场以及学校附近可利用的自然环境中进行

教学；野外综合实践既是提高学生野外生存生活能力的训练课，又是对学生野外生存生活的综合考核，须在野外环境中进行。实践教学内容以野外生存技能、野外生活技能、野外安全急救和体能训练为主。根据野外生存训练特点，野外生存技能包括定向运动、登山行走、绳索的打结和捆绑、攀岩和速降、溯溪漂流、搭绳过涧、溜索、扎筏泅渡等；野外生活技能包括安营扎寨、搭灶烧饭、野外用具制作、识别动植物和野外基本设备的使用、识别天气等；野外安全急救包括出发前的安全教育、险情处置、伤病的自救与互救、应急措施、求救信号的发放与接受等。野外综合实践可根据学习进程设计成初级、中级、高级等不同难度。活动形式可分为基地式、穿越式、混合式。

2. 野外装备与教学环境

野外生存生活训练课程的教学内容需要配备专业的野外装备和与大自然相似的教学环境作为设施保证。野外装备主要应配备野外生活装备（背包、帐篷、睡袋、防潮垫、炊具等）、野外活动装备（主绳、辅绳、安全带、上升器、下降器、扁带、安全帽、指南针等）、配备野外生存生活训练的个人装备（风雨衣、登山鞋、水壶）。

野外各种专项技能教学要求在与野外环境相仿的场所进行，学生必须通过大量的野外实践才能真正完成本课程的教学目标。野外活动具有一定的安全隐患，因此，野外生存生活训练课程的教学过程应力争安排在自然环境或模仿自然环境的教学基地中进行，使学生从接受课程教学开始就能够清晰地意识到野外生存生活训练的趣味性、艰苦性、危险性，同时也利于有针对性地安排技能教学。

（二）俱乐部（社团）形式

野外生存生活训练近年来激发起普通高校学生浓厚的兴趣。在高校里出现了野外生存生活训练俱乐部和学生社团两种形式，通过宣传、推广野外生存生活训练。这些活动极大地丰富了高校学生的课余活动内容，并能提高参加活动者的日常生活能力，养成积极的生活态度，学习并提高生存意识与能力。

1. 俱乐部形式

野外生存生活训练俱乐部（社团）是以野外活动爱好者为主体、以倡导热爱大自然，培养文明、健康的生活方式为主旨的非赢利性学生组织。俱乐部的宗旨是推广和普及野外活动，保障野外活动的安全进行，促进身心素质、社会能力的全面发展。

为了确保开展野外训练的安全，俱乐部在组织开展各类野外生存生活训练实践活动时，必须预先对整个活动进行全面的精心设计与安排，应制订活动计划、配置装备、准备食品、落实交通、了解气象状况、设计应急方案，并进行合理的人员分工和必要的短期培训。

2. 社团形式

普通高校学生出于满足兴趣、好奇、探险、锻炼、交往等需要，经常会在周末或长假期间，自发地组织周边的同学、朋友，或者组织类似野外俱乐部形式的松散型学生社团，开展各种野外活动。这些活动对学生的体质健康、心理状态、人际交往等都有非常显著的积极影响，但由于学生自身经验、能力方面的欠缺，或自然环境不可预测的变化，这种自发性的野外活动往往伴随着极大的安全隐患，学校对学生自发开展的野外活动应采取规范的组织管理。

三、野外生存生活训练评价体系

评价方法的合理与否是本课程的重要体系之一，也是影响课程发展的重要因素，因此设立一个与时俱进的，人性化的评价方法尤为重要。在评价过程中可采取学生自评、学生互评、教师评价等相结合的方法，把理论知识考核、体能与技能评价、学习态度与心理素质、学生之间的交往与合作等能力纳入学习成绩评价的范围。

四、师资力量

和国外相比，如美国、加拿大、日本、澳大利亚等开展野外生存生活训练课程比较早的国家，我国在这方面的师资力量还比较薄弱，调查访问得知，目前我国已开展野外生存生活训练课程的高校专门配备此专项的老师还不多，大多数都是以前从事田径的老师转行教此课程，所以说，国家、地方政府以及各有关单位应加大力度宣传、培训。

五、存在的问题

第一，我国贫困地区虽然地域较广但经费严重缺乏，而沿海地区及发达城市虽然经费不缺但地方较小，这两种情况都对开设"野外生存生活训练"课程带来一定的影响。

第二，野外生存生活训练装备较贵，还不能满足人人都能体验亲临大自然的感觉。

第三，由于起步较晚，师资力量不够雄厚。

第四，课程资源、教学内容及评价体系还不够完善。

六、对野外生存生活训练课程的教学建议

（一）培养合格的师资

野外生存生活训练课程作为一门新兴的体育课程，高校体育教师此前从未接触过这门课程，也没有一所专门培训机构来培训这方面的师资，造成高校体育教

师在该课程中的总体知识结构和综合业务素质不完善。因此，高校体育应采取自学和参加该课程的培训，获得相关的知识、理论与方法，提高自身的专业素质，掌握该课程所必需的技能，成为一名合格的野外生存生活训练课程教学的教师。

（二）根据学校特点选择教学内容

我国地域广阔，人口众多，有 1000 多余所高校，而各院校（其）专业都有各自的传统与特色，地理位置与气候条件也不同，因此，在选择教学内容时应充分考虑各院校、专业的特点，并根据各院校所在地理位置与气候条件，充分利用自然环境资源作为该课程的资源加以利用。

（三）根据不同层次学生开设野外生存生活训练课程

在学生自愿报名参加的前提下，通过体能和心理测试，根据学生的具体情况，可将学生分为初级班、中级班和高级班。初级班在教学中培养学生对健康的理解和认识，了解野外生存生活训练价值，掌握野外生存生活训练运动技能，进行团队合作意识与能力培养。中级班在以上基础上，培养学生运用野外活动知识和技能，进行自主锻炼的习惯与能力，初步掌握组织与策划野外生存生活训练的能力，进一步培养学生的团队协作能力。高级班在熟练掌握初中级阶段知识、技能、能力的基础上，使学生更全面地掌握野外生存生活技能，提高勇敢顽强的意志品质和创新进取精神，培养团结合作勇敢竞争的意识和组织野外活动的策划能力，加强野外安全急救知识和措施教育，增强学生的野外活动安全意识和环保意识，最终达到增进学生身心健康的课程目标。

（四）加大经费投入，保证野外生存生活训练课程教学的需要

由于各院校办学层次、经济状况以及所在地区经济发展程度不同，在开展野外生存生活训练课程中都遇到了经费的困难。就目前情况来看，除"211"工程院校稍好一些以外，一般本科院校在经费上都处于紧张状态，不愿意拿出更多的经费来开设该课程，因此，各院校主管体育教学工作的校级领导和教务部门领导，要提高认识，积极支持和重视，用战略的眼光看待高校开展野外生存生活训练课程，在教学基地建设、教学装备购置和教师培训等方面予以大力支持，这样才能保证野外生存生活训练课程教学的顺利开设。

第四章　野外生存训练

第一节　心理训练

心理学家对许多野外遇险又成功生还的人调查后发现，在野外遇险时，最大的难题往往不是技术，而是心理。按照问卷结果排列，在野外遇险时，最大的麻烦依次为：恐惧和焦虑、烦躁和孤独、受伤和疾病、饥渴和劳累、严寒和酷暑。正因为如此，许多国家在训练特种人员时都把心理训练摆在首位。

不仅是在野外，在日常生活中，心理因素对一个人行为的影响也非常明显，因此，现代人衡量健康的标准早已经不再是单纯的生理指标了，心理健康越来越受到人们的普遍关注。

我们在生活中，不难发现这样的实例：一些经验丰富、学识渊博的人，往往不能很好地发挥自己的才能，完成本来凭自己的实力可以胜任的工作；许多身体健壮，很有运动天赋的运动员，在比赛时，往往不能取得平时训练的平均成绩（更不用说是最好成绩了），甚至经常出现失误。这一切都是由于心理素质不好，至少是心理不稳定所造成的。

心理咨询、心理门诊、心理治疗是当今国内很时髦的词汇，也确实有人在治疗中提高了心理素质。

在我们认识的许多野外工作者或者是爱好野外活动的人当中，绝大部分都具备乐观、向上、大度、积极、勇敢等特征，思维多是光明的，工作也多是高效率的。这种现象，引发了我对人类行为与心理特征相关性的思考，为此，我也曾经做过定量的统计和分析，并与相关人士进行交流。

究竟是野外活动可以影响人类的心理，还是有这样心理特征的人都喜欢野外活动？就像先有鸡还是先有蛋一样，一直没有人能用几句话就说清楚，直到我们以俱乐部的形式组织顾客开展野外生存活动的这段时期，我才理清了混沌的思路，并通过特别设计的训练科目验证了心里那个一直没有证据的判断：野外活动能够优化人的性格，生存训练可以提高心理素质。

在本节里，我们向大家推荐一些目前在国内外比较流行的训练方法，介绍几个我们自行设计并尝试过的训练项目。

一、自我突破（自信心训练）

让一个人去做自己从来没做过、又自认为根本不可能做到的事情，对一个人的鼓舞是巨大的，有助于他（她）自信心的建立或强化。

在训练项目开始前，训练师应该了解受训学员的具体情况，这一点可以通过填问卷或表格的方式进行，然后，根据学员的具体情况制订训练计划，安排具体训练科目。

在确保安全的情况下，尽量做到：怕什么，就让他（她）干什么。

训练结束后要让受训学员自己分享刚才的感受，这个环节是不可以省略的，因为从心理学角度讲，感受经过表达（尤其是书面表达）后，会被强化。例如，很多人只有在讲述或者书写自己的感受时才会流泪。

（一）走夜路

这是一个简单易行的野外训练项目，效果却非常不错。由组织者在野外宿营前，事先设计好路线，在天黑以后，找一个充分的理由，让他（她）不得不独立穿越这条漆黑的山路。

训练步骤：

1. 扎营时，另外选择一个与营地距离约 500 米的开阔地带做炊事基地，通过这条路时应该穿越一片树林或者草丛，营地为黑暗环境，炊事基地有篝火。

2. 晚饭是天黑以后，每个人都要独立去炊事基地就餐。

3. 两边用对讲机联络，第一个队员到达后，炊事基地向营地报告，营地领队同时派出第二名队员。

4. 有心理障碍的队员放在最后，领队在其身后保持一定的距离，根据情况确定距离的大小，返回时，距离加大，或让其独立返回。

结果与讨论：夜行，尤其是在野外单独夜行，可以锻炼一个人的胆识，突破懦弱、胆怯的心理障碍。

此训练可以重复进行，每天的距离适当加大。

注意事项：为了保证安全，沿途要有人在暗中保护，终点要有人接。确定这条路线及其附近是安全的（没有坠落、溺水、野兽伤害的可能）。

对于有心理障碍的队员，鼓励是必要的，但尽量不要强求，可以让另一个吃完饭的队员陪他（她）同行，但不可以把饭带回来给他吃。第二天再继续鼓励他，如果还不行，就再让另一个人（不可以是第一天那个人）陪同，而且要与他保持一定的距离（陪同的次数越多，距离越应该加大），同时当面安排好以后几天的"值班"表。

（二）独木桥

在一个宽约5～10米的河道上，架起三根木头组成的小桥（木头长度不够，中间可以加个"桥墩"），让每个队员依次单独通过。

本训练成功的关键是：

1. 河水要急，看上去很恐怖；河水要浑浊，看不到底儿，不知道河水到底有多深。

2. 选择适度的河道，保证掉下去不会有危险，但会弄湿衣服。

3. 保护员跪在河道里，给过桥者造成河水很深的感觉。

从开始的三根木头有保护，到最后的一根木头没有保护，过程是短暂的，对一个人心理的影响是长久的。

（三）悬崖下降

即使是有保护，也没有多少人相信自己可以从十几甚至几十米垂直的悬崖上降下来。但是，到了现场，看到了专业的下降工具，并目睹有人从悬崖上下来，很多人都会产生降一把的冲动，结果，真正上了悬崖顶，往下一看，大部分人又开始退缩了，这就是一般人的心理变化过程。

用悬崖下降的训练方法来对自信心缺乏或懦弱者进行强化训练效果非常明显（悬崖下降方法参照下面的野外活动项目）。

有一次，我们带领的团队中有一个52岁的老大姐，她那次去野外的目的仅仅是为了给大家准备食品，顺便也散散心。由于经不起年轻人的一再鼓动，终于勉强穿上了安全带，结果她几乎是被大家推搡着来到悬崖口，硬着头皮降下去的。

总结会上，她第一个要求发言：我从到了50岁那天起就开始以为自己老了，心情一直很失落，今天的活动使我又有了自信，看来只要心不老，永远都年轻！

她的发言引起的掌声是最热烈的。

（四）甲地到乙地

这个训练项目比较适合人数在60～100之间大型群体，不分组，全部在一起参加训练。

本项训练要求有一名训练师，四名工作人员，无须任何器材和工具，对场地也没有什么要求，树林、草地、山坡、雪地、沙滩等任何野外环境都可以进行，十分适合集体外出的企事业单位。

训练开始时由训练师宣布规则和奖惩办法。

训练步骤：

1. 训练师在地面上画出两道线，分别做起点和终点，两点之间的距离是10～15米。

2. 所有人排好队，一个一个地经过由训练师指定的一段路线（草地、林地均可）。

3. 通过这段路的方法可以是走、跑、跳、爬、滚、退，也可以边走边做动作或者发出声音。

4. 每个人必须用不同的方式通过，如果你采用的方式是前面有人用过的，则宣布违例，须重新通过，但不是马上再来一次，而是要排到排尾。

5. 四个工作人员两人在起点，两人在终点，每人监视一项，即：动作、声音、道具、顺序。四名工作人员每人手里拿一个树枝，树枝举起即表示违例，必须是四名工作人员都没有举树枝，才能算通过。

结果与讨论：一般情况下，前10人比较好通过，从第11人开始有点难度，20人做完以后就基本上处于停顿状态，而30人过去以后一般很难再有人成功通过。这时，没过去的队员开始怀疑，并打算放弃（这也是工作、生活中人们经常放弃的习惯性思维）。

训练师这时必须出来讲话，内容既有激励又有启发，顺便也讲一下为什么很多人总是不相信自己，有困难就想到放弃。

训练师讲完以后，会再度出现一个小的成功高潮，大约还能过去十几个人。这时，训练师要再一次做总结，并强调刚才想放弃的那些人现在已经有许多人通过了。

我们训练人数最多的一个队伍是深圳的一家保健品公司，120人用6个小时全部通过，最后通过的那些人当中有许多人都流了泪。

排在最前面的几个人，非常容易就可以通过，他们的感触并不很深，训练师也不要忘记利用他们举例：我们可能发现有些人没有经过太大的努力就获得了成功，那是因为他们就像今天的训练一样，排在了最前面。同样，这些人没有经过压力，也就没有太多的感受，就像今天先通过的人一样，而且这些人毕竟是少数。我们无法要求自己永远是少数的一部分，但是，我们可以通过努力，同样到达终点，就像今天最后通过这条短暂而又漫长的10米草地的人一样。

人们的思维在长期的按部就班工作生活中，已经形成了固定的模式，对自己也基本定位，许多人虽然有理想抱负，但并不相信自己能做出已经看来是不可能的事。

此项训练虽然简单，但对人的启发是巨大的。

二、压力释放（发泄训练）

（一）心灵独白

这是一个必须在野外才可以进行的训练科目，而且一定要在天黑以后进行，因为这个时候谁也看不清谁。

训练开始前，先统一思想，在大家都表示希望参加这个活动时再宣布开始。

训练步骤：

1. 由训练师发给每个人一个编号，这个编号只有训练师知道，其他人只知道自己的，不可以互相知道。

2. 所有队员必须全部蒙上眼睛，蒙好眼睛后，开始放音乐（引发思绪的音乐）。

3. 在训练师的引导下，每两个人组成一组并分散开（保证各组之间互相不会干扰），两个人互相通报自己的编号。

4. 要求对方互相讲一件事，内容可以是自己最不知道该怎么办的、最痛苦的、最有压力的、最感动的、最难忘的等。

5. 进行完以后，在训练师引导下把所有组打乱，拿下面罩，解散，并要求每个人根据刚才听到的故事给对方写一封信，封好，注明几号收。

结果与讨论：每个人心里都会有压力，但往往苦于无处述说，因为难为情。事实上，如果有一个地方可以把这些压力或者痛苦说出来，而且可以得到对方的建议，重要的是对方还不知道你是谁，很多人都是愿意说出来的，因为即使不能得到帮助，最起码也可以放松放松。

本训练必须在互相不熟悉的情况下进行，使对方不能通过声音来判断对方是谁。即使周围另一组有人听见也不知道是谁对谁述说。

整个训练过程音乐不要停止。

（二）遥远的对话

在两个互相可以看见对方的相对高地，互相讲一个故事，声音不大，对方就不可能听到具体内容，人在大声说话后，压力会得到有效释放。

训练时间为 20 分钟，对方互相讲一个故事，内容长度 10 分钟。

三、团队训练（培养团队精神）

（一）背摔

此训练以十二人一组为好，由十个人分成两列，两人一对儿，面对面，双手交叉并互相抓住对方手腕，五对儿队员相互靠近，形成一个用手臂搭起来的担架。另外两个队员一个负责保护，一个接受测试。

在训练师的引导下，受试者站在 1 米以上高的土台或架子上，背对其他队员，保持身体笔直，以双脚为轴倒向 10 名队员用手臂搭建成的担架。

结果与讨论：任何人笔直地向后倒下都需要极大的胆量和勇气，害怕受伤、不相信其他队员能够接住自己是主要的心理障碍。一旦做过这样的尝试，受试者心里会产生极大的震撼，他（她）可以从中体会被保护的感觉，感受团队的力量和在集体中的安全感，从而更愿意与他人合作，渴望建立良好的人际关系。

在整个训练过程中，可以发现：先做过的人在搭建手臂担架或负责保护时，态度极其认真；开始不认真的人，在做过背摔尝试后，态度也会马上转变。

本项训练可以培养团队精神，增加队员之间的感情，对性格懦弱、孤僻、胆小的人效果更佳。

注意事项：

1. 组对儿搭建担架的人要摘下眼镜、手表、戒指等装饰物，以免擦伤他人或自己。

2. 搭建人体担架时，应尽量保证身高相同的人在一起组对儿，并让个儿矮的排在靠近土台或架子的地方，个子高的排在土台的远端。

3. 受试者准备好后，说一句"请朋友们保护我"。担架队准备好后集体回答："请你相信我们！"然后再由训练师向受试者发出开始的口令。

4. 如果遇到队员胆怯，可以先让他（她）组担架，并不断在进行中鼓励他。如果大家都非常胆怯，可以先降低土台或架子的高度，甚至在平地进行。

5. 训练结束后，一定让每个队员分享自己的感受，这一点非常重要。

（二）穿越封锁线

此项目比较适合大队人马（60～90人）进行训练，以10～15人一组为好。组织者根据受训人数，事先用绳子编成长6米，高2米，有大小不同网眼的不规则网子，大网眼可以通过胖子，小网眼只能够让瘦小的人钻过，网眼的数量应该比每组队员多3～5个，并设计1～2个谁也无法通过的网眼儿。网上挂满反应敏感的铃铛。

训练开始前，由训练师说明训练规则：

1. 每个网眼只能使用一次，无论是否成功过人，此网眼即宣布作废，并用细线封闭。

2. 穿越过程中，只要铃铛发出声音，即宣布本次穿越失败，但训练仍然可以继续进行。

3. 比赛优胜标准可以设定为：在相同时间里，通过最多队员的一组获胜；或者是全体队员成功穿越，用时最少的组获胜。

4. 观众可以为自己喜欢的组或者队员呐喊助威。

5. 本项训练除了设有集体奖外，还设有个人奖，奖励成功穿越的个人。个人成功得5分，集体成功每人得4分。

结果与讨论：此项训练最能检验一个集体是否有团队精神，因为个人分的设立使队员纷纷争先选择比较容易通过的大网眼儿，剩下的小网眼往往都留给了胖子，结果整队无法集体穿越成功。

此项训练还能够发现具有领导才能的人，因为要想集体成功穿越，必须按照组员的体型、重量来合理分配大小不同的网眼，由专人负责指挥，先通过中间的网眼过去两名队员，再把上面的网眼儿留给体重较轻的队员，并把他们举起来，运过去（先过去的队员负责接住空中穿越过来的人），最后几个队员从最下面的网眼爬过去。

注意事项：

1. 此训练规则在进行时容易出现纷争，应该请每组选举一名"执法人员"，大家共同监督，最后由训练师根据大家的意见定夺。

2. 第一次进行训练，几乎很少集体成功，可以进行第二次、第三次，并在实践中总结经验，建立团队精神。

3. 此训练在野外进行效果最好，但要注意场地清理，移走网子周围所有石头、树枝，以免发生意外。

4. 我们的经验是：训练结束后，不要马上总结，可以把训练安排在宿营前，扎营以后，大家围在篝火边总结刚才的训练，由于扎营过程中，大家已经有过交流，体会会更深入。

总结会上，不要忘了一定让获得个人奖，而没有获得集体奖的队员发言，效果极佳。

（三）红黑GAME

这是一个能够揭露人性丑陋面的极具震撼力的训练，是日本"魔鬼训练"中的重要内容之一。但是，本训练对训练师的要求很高，要求训练师具备引导、旁白、总结的水平和口才以及敏锐的洞察力。

根据作者本人的训练经验和体会，此项训练如果成功，能够在学员心里产生深远的影响，如果失败，也能将几天成果一笔抹杀。

训练步骤：

1. 让所有学员按照志愿的形式每两人组成一组，前提是通过几天的相处，你们关系最要好的，并准备将来做好朋友的。

2. 集合队伍，两个朋友手拉手排成两排。

3. 训练师将队伍分成两组，使刚才拉手的朋友全部分开，这样就形成了好朋友都被分开了，不在同一个组。

4. 将两组分别开会，训练师表情严肃地宣布：我们现在出了一点麻烦，必须有一半人去面对，为了公平，一会我们做一个游戏决定，大家做好准备。

5. 每组发给 6 个牌，三红三黑。分别在两个组宣布游戏规则：游戏分三局，每局出一张牌。按照出牌的结果计算成绩，如果是红对黑，则出红牌的得 5 分，出黑牌的扣 5 分；如果是红对红，则各扣 3 分；如果是黑对黑，则各得 4 分。最后，得分高者为胜，但必须是正分，如果双方都得了负分，则没有胜利者。

第一局成绩按实际得分计算；

第二局成绩按实际得分的 2 倍计算；

第三局成绩按实际得分的 4 倍计算。

每组的出牌计划通过举手表决的形式决定。

6. 两组距离较远，互相听不到对方的讨论，出牌通过工作人员传递，并马上向双方分别公布。

7. 游戏结束后，双方集合，宣布比赛结果。

结果与讨论：这个游戏从日本引进，到目前还没有胜利者，双方的结果都是负分。

训练师在这个时候开始发挥，内容主要是讲解心灵之窗。并做人性的分析，世界上大概可以归纳成四种人：

第一种是希望你好我不好；

第二种人是希望我好你不好；

第三种是希望你好我也好；

第四种是希望我不好你也别想好。

分析完心灵之窗之后，让学员对照心灵之窗找出自己属于那种人。

最后，从今天的游戏中总结人类的弱点，在关键时刻，朋友的概念究竟是什么。训练师一定要从刚才他们还是好朋友手拉手，现在已经是两败俱伤中做文章。

最后让他们再手拉手，一般情况下，他们这个时候都会拥抱在一起。

注意事项：

1. 本训练必须在其他训练结束后进行，最好是训练时间在 5 天以上才进行这样的内容，因为本训练要求队员之间有一定的了解，并在野外建立了初步的友谊或感情。

2. 本训练必须要求学员不知道训练结果，开始训练前，应该事先向学员询问，如果有学员做过，请他回避，或做后勤服务。

3. 如果前几天的训练效果不理想，学员纪律不佳，此训练不宜进行。

（四）大挪移

本训练适合 20 人左右的团队训练。分成两组，每组发给两块木板，每个木板上可以站 10 人左右。

在地面上画出起点线和终点线（距离 15 米左右），在不许任何队员离开木板的前提下，从起点线到达终点线，整个过程中，如果有一个队员下了木板就宣布这个队违例。

结果与讨论：在不许任何队员离开木板的前提下，必须是在木板上移动另一块木板，大家稍微不小心就会有人掉下来。所以团队里必须有人指挥，大家必须齐心协力才能成功。

本训练一次不容易成功，可以进行多次，直到成功为止。训练师可以要求他们必须完成训练，而这样的要求一点也不算为难他们。一般情况下他们自己也都很不服气，往往主动要求重来。

木板的大小一定是正好能站下 10 个人，而且木板要有一定的承受能力，不怕重，他们拿得动（10 个人，从侧面移动）。

第二节　耐力训练

耐力训练是所有训练项目里最不受欢迎的训练方式，因为这些训练项目往往十分枯燥，没有多少技巧，也没有乐趣。

但是，耐力训练是野外生存训练的重要组成部分。很多登山名将和探险家在大型探险活动之前都要进行几个月的耐力训练，因为这种训练方法不仅可以增强体质，也能磨炼人的意志。

一、干渴训练

此训练适合在没有水源的山地、沙漠进行，训练时间可以是一天，也可以两天。早晨出发前，允许受训人员喝水，然后，每人发给一个水壶，水的数量要相等（一般每天每人发给一升水）。

晚上回来后，指定时间，统一回收水壶，检查水壶中的剩水量：水壶空者为不及格；剩 1/3 水者为合格；剩 1/2 者为优秀；剩水最多者为冠军。

干渴训练可以和其他活动同时进行，但是，不宜进行体力消耗过大，出汗过多的项目，食物和负重也与其他活动相同。

整个训练过程要有专人监控，杜绝违例、犯规，并防止出现意外。

除非是特种部队，此训练不要在比较炎热的天气里进行，以免中暑。

二、悬挂

双手手指交叉起来，握在树枝上，把整个身体悬挂起来，是一个非常简单的训练，在野外很容易进行。关键是训练师如何引导，受训者是什么样的训练态度。

结果与讨论：这个项目最关键的地方是在学员即将坚持不住的时候，训练师如何和大家一起鼓励，这个时候是最考验耐力的时候，多坚持一秒都是好的。

这是一个看起来简单的训练，真正做起来，非常考验人，没有耐力的人做完以后没有太大反应，认真做的人手臂要两个小时后才能正常使用。

三、定力训练

人体皮下有许多敏感的神经末梢，并形成许多感觉细胞，其中，以分布在腋窝、两肋、脚心等处的感觉细胞最为敏感，此处皮肤在受到刺激时会出现奇痒的感觉，令人很难忍受。但是，这种感觉更多的是心理因素，而非生理忍受的极限，通过这种刺激，可以检验一个人的自我抑制能力。

可以让同性在受训者身上抓痒，并记录时间，看看谁坚持的时间最长。

如果受训者不同意接受如此直接的接触方式，可以采集一些细草茎或草穗（禾本科草穗，俗称"毛毛狗"），在受训者面部、颈部等处轻轻滑动，同样可以达到训练效果。

当然，人类先天就会有个体差异，有人天生就怕痒，这多少会对测试结果有一定的影响。但是，此训练项目并不是比赛，而是通过训练，让大家明白心理作用对肌体的影响。我们在野外经常进行这样的训练，受训者都有很多感受，经过训练师的总结，这个小小的活动会让每个人都有很大收获，虽然他们在一开始都觉得滑稽。

四、体能训练

这是一个不需要太多技术的项目，只要在训练中符合运动生理要求，避免肌肉拉伤、脚趾起泡、中暑等伤害就可以了。

单纯的训练可能会很单调，可以结合一些有意义、娱乐性或有奖品的方式进行。

在野外，最方便的体能训练项目是冲顶比赛（找一个海拔 800 米左右的小山）、沙滩竞走（在沙滩上竞走最能锻炼脚趾和小腿的肌肉）、徒步（有意识地提前下车，把进入目的地的徒步距离加长，这是队员不得不参加的体能训练项目）。

第三节　技能培训与考核方法

生火练习、搭建帐篷、寻找食物、打绳结、定向及救护等基本的野外技能，应该是在理论与实践相结合的教学模式下进行的。

下面所介绍的都是野外生存的实习课，大部分可以在野外，也可以在室外进行，有几个项目则必须在野外进行。训练的方式可以是分组的，也可以是单人的逐一训练或考核。作者在教学时采用的是分组累计成绩的方式，即把学生 5～10 人分为一组，下面的各个项目每项都以 10 分为满分，60 分合格。

一、生火练习（待考核）

（一）室外取火

在操场上，将学生分成小组，每组发给相同的取火工具（如凸透镜）。火绒也是相同的（纸、干植物纤维、棉花、锯末、干草、羽毛等），但是不分开，这样可以由学生自己选择用什么样的火绒，并永远记住用什么火绒取火比较容易。

用秒表计时，根据耗时多少评定成绩，在规定时间内取火成功的组基本分数是合格。

（二）野外生火

主要练习快速生火的方法，包括燃料收集、柴草堆放、点火地点的设置和清理以及篝火效果等。

在相同的野外环境里，只发给火种，其他材料均由学员自己解决。

考察、评分标准：燃料是否可以安全燃烧 1 分；取柴是否符合环保要求 2 分；点火地点的设置是否合理 2 分；火场是否清理到安全程度 2 分；柴草堆放是否合乎要求 1 分；燃烧效果 2 分。

开展此项训练前，必须征求当地主管部门同意。

二、搭建帐篷

（一）室外搭建帐篷

对帐篷的了解程度，使用的熟练程度，决定了是否可以在恶劣环境下迅速地搭好帐篷，减少气候造成的伤害。

主要训练和考核项目包括：搭建帐篷的顺序 2 分；撑帐篷的方法 2 分；收帐篷的顺序 1 分；帐篷折叠方法 1 分；附件是否有遗失 2 分；耗时 2 分。

（二）野外搭建帐篷

在野外搭建帐篷重点是安全，其次是牢固程度和搭建速度。

主要训练和考核项目包括：营地选择是否安全 3 分；帐篷位置是否合理 2 分；帐篷的方向是否正确 1 分；牢固程度 2 分；排水沟情况 1 分；耗时 1 分。

三、寻找食物

这是学员最愿意参加的项目之一，大家在寻找食物时都表现出积极态度和兴奋的情绪。

在理论内容讲述以后，找一个指定的野外区域（非保护区，有农民采集野菜、蘑菇的山地），分组收集可以食用的野生动植物食物。训练时允许学员参阅图谱和教材，考核时允许或不允许均可。

开始训练并考核前，做好环境教育，并强调在规定的时间内，必须返回。

评分标准：营养价值高、适口性好又符合环保要求的食物每种得5分；营养价值高、适口性差，但符合环保要求的食物每种得2分；营养价值一般、适口性好又符合环保要求的食物每种得2分；营养价值、适口性都一般但符合环保要求的食物每种得1分；没有食用价值但无毒而且符合环保要求的食物不得分。不符合环保要求的食物每种扣5分；不宜食用的食物每种扣5分；有毒食物每种扣10分。

每组选出10种食物参评，不足10种的只按具体种类数计算得分多少，每组最高分为10分。

评定时，将所有组集合在一起，当面给成绩，并说明得、扣分原因。这样可以在评定的同时再次进行讲解和复习。

注意：1. 在野外进行此项活动，组织者一定要重点强调环境保护。

2. 食物在没有鉴定前，学员不得擅自食用。

3. 经过鉴定的可食用野外食物，号召学员继续采集，并作为补充食物在野外食用。

四、打绳结

这项训练可以在课堂上进行（但在野外进行的效果更好），三个人一组练习。一个人说出绳结的名称，一个人打结，一个人检查。三个人的角色互换，保证每个人都能有充分的练习机会。

考核时，同样像上面那样分组，开始考核前每组发给5条两米长的绳子，现场练习，最后抽查验收。每组打10个绳结，每个1分，尽量使每个学生都能亲自打一个。

五、定向方法

定向方法包括徒手定向和工具、仪器定向，野外生存培训更着重培训徒手定向的方法。徒手定向的训练及考核地点最好选择在野外进行，因为只有那里才可以找到苔藓、原始残雪、向性生长的植物，而野外的夜晚也要比市内更容易观察天空。另外，野外环境也容易制造迷失方向的场面。

在考核时，一般只要能在野外用一两种方法基本明确地指出南（北）方，就应该是合格，可熟练掌握各种方法（必须是当时、当地可能用得上的方法，因为有时没有雪，有时没有太阳）的可以得到 10 分。

有条件的组织训练者也可以发给学员罗盘或 GPS，让学员在野外结合地图实地操作。

六、救护练习

救护理论讲述后（第五章野外救援），让学员分组进行演练。由组内学员轮流模仿伤员，并感觉同学的手法轻重和熟练程度。

开展此项训练时，男女同学会有一定的为难情绪（尤其是口对口的人工呼吸方法和心脏按摩术），可以考虑男女分组练习。

演练的主要项目包括：四肢骨折固定方法（此项目尽量选择在野外进行，以考验学员选择固定材料的能力。此时，组织者不提供任何材料，一切由学员自行解决）；三种常用的人工呼吸方法；运送伤员的各种方法（包括一对一、二对一、多对一；背法、扛法、抬法、架法）；简易担架制作方法等。

此训练为集体考核项目，每组考核 1～2 项，小组得分即是每个成员的得分，最高分 10 分。

七、地图使用

地图是野外穿越的依据，识图是最基本的野外技能。一般的人对地图上的图例、比例尺、经纬度等基本知识都有了一定的了解，所以，训练本科目的重点内容应该放在识别等高线、测量地图距离并换算实际距离、利用坐标格等方面。考核的内容也应该把重点放在怎样从等高线上分析地形、利用坐标格快速回答某点的大致位置、如何换算出地图两点之间的距离等项目上。

我们在活动中曾经互相测试过根据等高线绘制地形剖面图的能力。

考核本项科目时，可以要求学员绘制一张局部地图（可以是校园、工厂、市区、野外局部等），地图上出现两次以上的标志物一律不许标明汉字，一律使用图例。由于仪器的限制，地图上不要求比例尺和等高线。

八、信号及仪器使用

要求学员每人至少掌握 5 种发出求救信号的方法，包括：地对空；上对下；火光信号；烟雾信号；图形信号；声音信号；旗语等。肢体语言和莫尔斯代码比较复杂，除了特种人员外，一般不要求掌握。

作为一个野外人，除了应该掌握徒手求生的一切方法、手段外，如果有条件，还应该熟练掌握各种野外常用工具与仪器的使用方法，包括：反光镜、信号枪、信号发射器、雪崩求救器、对讲机、移动电台、车载电台、卫星电话、海拔仪、记步器等。

第四节　综合生存能力训练

一、归队

这是一个考验并锻炼综合能力的训练，训练主要内容是要求学员在身无分文的情况下，穿越一座城市。这个训练可以在野外和城市交界处进行，是训练应变能力，提高综合素质的好项目。

训练步骤：

1. 将所有参加训练的学员请上一辆大客车，上车前，必须保证每个人都身无分文。

2. 将车开到城市外围的郊区，最好是接近野外环境（距离城市中心 30 千米左右），并围绕着这座城市环行，每行进 3 千米放下去一个队员，什么也不和他（她）说，只交给他一个大信封。整个过程训练师都始终不说一句话。为了尽量保证每个学员的机会相等，先把车开到距离城市较远的地方，这样可以保证先下去的学员虽然路途遥远，但比后下去的学员有更多的时间。

3. 车在围绕城市环行的过程中，逐渐将所有的学员全部放完，同样每个人都得到了一个大信封。

4. 下车的学员不知道为什么自己被扔在半路上，看着手里的大信封必然会打开看。原来，信封里有一封信和三个锦囊。

信上的内容是这样的：

你现在参加的是综合能力训练：在你身无分文的情况下，一个人处于荒郊野岭，但是你必须在 6 个小时（根据距离和环境，组织者可以适当调整这个时间）之内回到出发地点，否则，你将被当作"逃兵"处理，并自动退出这个队伍。现在你只有三个锦囊，但尽量不要使用它们，即使使用它们也最好不要全部打开。除非是万不得已，打开锦囊的顺序是 1、2、3（锦囊上要事先标好序号）。

要求：不许告诉任何人你的训练计划；不许打电话向任何人求助；不许有任何破坏及违法行为。请你本着对自己负责的态度，自觉遵守训练规则，我们相信你一定能按时到达。

记住：我们在出发地点等着你。

5. 第一个锦囊是给一些简单的提示；第二个锦囊是回去最简单的路线图和方法；第三个锦囊里装有回去的乘车费用和一个保证安全返回的安慰性纸条。

6. 学员回来后，训练师仍然不要说任何话，集中后，让他们自己一个一个地上台发言。

7. 根据返回时间、是否使用锦囊、打开锦囊个数判别优胜、合格和不合格。

结果与讨论：从距离、路况熟悉程度上看，学员不可能在规定的时间内"走"或"跑"回去，但是，他们又身无分文，无法乘坐交通工具。可奇怪的是，从我们多次的训练结果来看，几乎每个学员都能回到出发地点，而且大部分可以在规定的时间内返回。

当学员打开第三个锦囊时，一般都会受到很大的震动，并激励他们按时返回出发点。有时，因为已经超时而想到退却的队员就是因为第三个锦囊才努力赶回来的，尽管他们是迟到了的。

此训练项目最感人的一幕是学员在总结会上的发言。

二、定点集合

这是一个必须在野外进行的训练项目，要求学员在规定的时间内找到事先设在野外的大本营。

要求：本训练应该在学员有了一定的野外生存、穿越技能后才可以进行。

训练步骤：

1. 组织者事先选择一个有环形公路的野外大本营，大本营距离公路的距离应该在 20 千米以上（组织者也可以根据地形和学员的具体情况设定这个距离）。

2. 将所有参加训练的学员请上一辆大客车，上车前，说明本次训练的要求，并发给每个学员必要的备品和工具，包括个人生存用品、地图、指南针等。客车围绕着盘山道环行，每行进 2 千米放下去一个队员。

3. 在下车时，将大本营的特征，包括地形、植被、高度等也以书面的形式发给每个学员。

4. 每个学员背包里有一个包裹，从外面无法知道里面是什么（那是两天的给养和报警器材，但要求不得使用，到大本营时要逐个检查，那是预防发生意外的），并告诉学员发生意外时才可以打开。

5. 早晨下车，日落前到大本营。

结果与讨论：此训练项目可以强化个人穿越、定向、识图等技能，培养个人独立"作战"能力，并战胜焦虑、急躁、恐惧等情绪或心理倾向。受训学员一般都有多方面的收获，包括心理上和技术上的。

开展这样的训练项目，要求有强大的后勤支持，包括交通、通讯、救援等系统保障，工作人员多，开销大。

三、寻宝

这是我们小时候去野外踏青时，老师带我们玩的野外游戏，我们在训练中把它改头换面，并增加了一些技能方面的内容，结果很受成年人欢迎，也能够达到野外生存方面的训练目的。

训练步骤：

1. 组织者事先把"宝"安排在虽然隐蔽，但经过努力也能够找到的地方。宝藏地点应该在营地附近 5 千米范围之内，分别分布在不同的环境里，每个地点可以有 2～3 个"宝"，每组只可以取走一样，这样可以保证后来的组不走冤枉路。

2. "宝"的内容包括：火种、炉具、炊具、燃料、食品、饮料、工具、宿营用品、奖品等。炉具、炊具的数量要比组数少一套，保证至少有一组没有做饭的家什。而食品总体数量必须够用，但从包装上也要比组数少一套。

3. 按照学员人数，把学员分成 2～4 组，每组 6～10 人。

4. 把各组集合在一起，公布所有宝藏的信息。宝藏信息包括：海拔高度、周围环境、方位、距离、位置（地面、地下、树上、石头、水下、草丛等）、宝藏名称等。例如：北、偏西 15 度；距离 3 千米；海拔 185 米；河道内弯，水下；炉具一套。

5. 每组一套地图（事先绘制的营地周围局部地图）、罗盘、海拔仪、记步器等。

6. 中午开始寻找，晚饭自己解决，任何人不许向工作人员寻求帮助。

结果与讨论："宝"的位置安排很有学问，既不能太隐蔽，无法找到，也不能太容易，没有训练效果。我们有一次在训练结束后，即将返回时，还把"宝"留在那里，因为工作人员也找不到了。这样既不利于训练，又不利于环境保护，希望组织者在开展这项活动时特别注意。

每次的结果都是有的组没有食品，而有的组没有炉具；有的组什么都有，却没有火种；有的组很不幸，什么都没有找到……总之，想办法让各组都无法独立完成晚饭的制作过程。而晚饭是要求他们自己完成的，组织者并不提供，也不参与他们之间的分配问题，只管自己做饭，并暗地观察每个组、每个人的表现，留做最后总结发言的素材。

这个训练的结果每次都不一样，五花八门，非常有意思。但最后总结的话语都落在同一个角度：即付出和收获的关系（能力也是事先的付出）；个人与团队关系。

此项训练不仅可以增强学员的野外定向、识图等技能，也可以检验队友之间的团结合作精神，培养团队意识。

四、野外生存

一定的食物、备品，生存时间最长为胜利。

此项目应该是野外生存训练的结业项目，只有在所有训练项目结束，并且考核合格者才有资格参加。

训练步骤：

1. 事先联系好可以点火、采集、砍伐树木等人为活动的野外环境。这种环境一般是处于非保护区的有多用途林的山地，而且应该选择在非防火期进行。

2. 划定生存区域，制好地图，超越范围的以违例处理。

3. 按照体重分配给养，所有食物种类一致，各种食品均按照体重的1‰配给。

4. 备品让队员自己选择，因为每个人对工具、仪器的使用偏好不同，只要运用得当，备品没有必要统一，而且这也是考验他们准备生存备品的方法。

5. 宿营地点，由队员自己选择。

注意事项：划定的生存区域应该是没有大型动物的地方，因为这不仅对动物保护不利，对所有队员也不公平，因为遇到动物的几率是不同的。

必须保证通讯联络，以免发生危险。要求队员定时打开通讯工具，至少每天报告一次。对于 12 小时没有报告的必须及时派人查询。

给养、装备等生存用品一次性发放后，不再补充，但是通讯设备及耗材必须保证供应。

为了保证安全，巡查员必须经常在划定的生存区域巡逻。

第五章　野外生存训练活动项目

第一节　远足与野营

一、远足

（一）远足的概念

远足，顾名思义，是较远距离的足行运动。远足，俗称"行山"或"健行"，可以理解为"长途步行运动"，也有可能包含"翻山越岭的长途步行"。并不是通常意义上的散步，也不是体育竞赛中的竞走项目，而是指有目的地在郊区、农村或者山野间进行长距离的走路锻炼，远足也是户外运动中最为典型和最为普遍的一种。由于短距离徒步活动比较简单，不需要太讲究技巧和装备，而远足被认为是古代人民经常采用的一种休闲娱乐的活动形式，也是一种最经济、实用的锻炼身体的好方法。

作为一种运动，远足有它的独特之处。首先，远足并不需要特别技巧，也不用花时间去学习，只要人们认识它的健身功能就可以随时随地开展活动。当然，去远足必须有经验的人领路，不然就会出现危险，没有经验的远足者受伤的机会也会大得多，但与其他运动相比，远足的受伤几率还是很低的，即使受伤也不会很严重。其次，远足并不是一种需要很大运动量的活动，参加者可因自己的能力去调节步伐，所以适合不同体能的人们参加。最后，远足是一种持久性的运动，一般需要数个小时才能完成，所以远足不但可以有效地锻炼心肺功能、腿部和脚部肌肉，而且可以锻炼人的毅力和耐力。

远足也是一种很健康的休闲活动。首先，远足的路线通常都在郊区或野外，同时还能呼吸一些新鲜空气，欣赏美丽的大自然景色，不但对身体有益，促进健康，更能缓解日常的生活压力，增加生活情趣。另外，生活在繁华城市里的人们，很少有机会认识野外生态，通过远足，去到郊野不同地方，不但能欣赏到不同的景色，也能接触到不同的动植物，认识不同的生态和自然环境，了解当地的风俗文化和风土人情，也不失是一种良好的公民教育。

（二）远足的分类

根据穿越区域的不同，可以分为城郊、乡村、山地、丛林、沙漠荒原、雪原冰川、峡谷、平原、山岭、长城、古道、草地、环湖、江河远足等。但是远足在大多数情况下是在城郊和乡村间进行。

根据距离的不同，通常15千米内的称为短距离远足，15～30千米的称为中距离远足，30千米以上的称为长距离远足。

根据锻炼需求的不同，可以分为徒步远足和负重远足。

根据活动目的不同，可以分为休闲式、郊游式、交友式、健身式、观光式等远足。

（三）远足的锻炼价值

1. 远足能获得一定的锻炼效果

远足是一种低强度、高密度的体育活动方式。参加远足活动并不需要进行过多的专门训练，即使在参与活动的整个过程中，由于步行的速度适中，可以根据个人的情况增加或放慢行进速度，因此不易使人感到过大的运动负荷。同时，远足活动一般进行的时间比较长，步行的距离也比较远，这样产生了一种以低强度进行运动的持续效应，对人体的机能活动有显著的作用。特别是对心血管系统和呼吸系统有很好的促进作用，如血液循环速度在较长的一段时间里得到适当提高，从而产生了更好的清除体内垃圾的作用。呼吸系统同样在参加远足活动的整个过程中得到良性的刺激，呼吸的速度适当地加快，肺泡的通气量有了一定的提高，新陈代谢功能进一步增强。远足运动对全身各部分肌肉都有一定的锻炼作用，尤其对下肢的锻炼作用相当显著，在行走过程中，身体各部分肌肉能较长时间地协同进行运动。这种持续长时间的微量负荷，达到了一定的能量消耗，对身体各部分多余脂肪的消耗都很有利。

2. 远足能达到松弛身心的良好效果

远足的价值不仅在于对身体的锻炼，更重要的还在于远足对参与者心理健康的意义和作用。参加远足活动，一般都带着休闲轻松的目的，并没有强烈的竞争愿望，通过远足活动，可以松弛一下紧张的神经系统，适当减轻一些生活、学习、工作带来的压力，调剂一下生活的节奏。因此，参与者可以随心所欲地漫步在大自然中，让自己的思绪随着时光而徜徉，获得心理上的极度放松。

3. 远足能增进人们对环境的认识

漫步在山间小路、田野树木之中，不仅能获得良好的心情和精神上的放松，还可以使我们对身边的生态环境有进一步的认识，从而增强我们的环保意识。

二、野营

（一）野营的概念

野营是指在野外环境下，以露宿为中心的活动方式。也有人认为野营是指不依赖旅社、房舍等固有人工设施，利用自己准备的营具在野外生活夜宿的活动方式。野营是较长时间的野外生存过程中在野外宿营、休整的阶段，也称为露营。野营是野外生存训练过程中必不可少的环节，对于野外生存者来说，野营为参与者带来更多的情趣。近年来，已经成为人们喜爱的一项专门的旅游活动。节假日，既有一家人在河滩上烧烤，其乐融融，也有年轻人在野营场地架起遍地色彩鲜艳的帐篷。随着人们生活水平的提高，享受野营乐趣的人与日俱增。此项活动深受广大青少年的喜爱。

（二）野营活动指导

1. 野营活动应有明确目的和主题

目的是行为的指南，是对活动基本动机的追求和归宿。目的明确了，活动就有主题了，也就可以据此进行策划设计活动方案和做相应的各项准备工作。活动主题是根据活动的主要目的、内容，经过概括、提炼而提取出来的精确的、简洁的主题词语，也可以用口号式的词句来表达。明确的主题，既有号召力，又具亲切感，可以激发人们对活动的向往和情趣。例如，以享受大自然，体验野外生活为主要目的，则可以"回归大自然，做大自然的主人"为主题；以欣赏田园风光，体验农家生活为主要目的，则可以"农家乐"为主题等。

2. 合理地选择活动地点和安排活动日程

野营活动的地点往往与活动目的、内容联系起来考虑。要达到什么目的，就选择相应的内容、适宜的地点，日程安排要细致，列出详细的日程安排表。

3. 丰富的活动内容

整个营地的生活与活动应该是有节奏、有秩序、健康、安全、丰富多彩的。为使各种活动能顺利进行，要事先进行必要的学习和准备，还要有专人负责，制订周密的计划。下面介绍几种常见的营地活动。

（1）采集与标本制作

在营地上组织队员去采集和制作植物标本，对接近大自然、了解大自然很有帮助，是一项极其有意义的活动。

（2）野餐

野营生活中的野餐，不仅直接影响到野营的营养和健康，野营者还能在操作中学到许多野外合理摄取营养的知识和野炊的本领，大家齐心协力做出一顿丰盛可口的饭菜，会使人感到回味无穷、终身难忘。要使野餐的饭菜更加可口，最好在制订日程时，就订出详细的食谱和所需的材料，以免饭菜不足或剩余。

（3）各种作品的展示和评选

在营地可以举行各种各样的作品展览和评选，如对每个人烹调的菜，制作的小用具，采集、制作的标本等进行评比。可以组织一个评选小组来制订规则，大家根据规则来进行评选。

（4）篝火晚会

野营中的篝火晚会是一项富有浪漫色彩的活动，其规模可大可小，通常在晚会上伴随唱歌、跳舞、讲故事、讲笑话等活动。组织好篝火晚会应注意以下几点：

①篝火晚会应选择在比较开阔的地点进行、绝对不能在禁止烟火的地区进行。

②时间不宜很长。

③要有专门负责人和燃料管理的人。

④要有一定的内容准备，有主持人。

⑤要特别注意防火，有防火措施。

（5）其他活动

根据营地周围的地理条件，还可以进行如游泳、赶海、划船、看日出、钓鱼、放飞机模型、放风筝、定向登山、攀岩等多种多样的活动，大家要根据自己的条件和爱好去选择，使野营生活更富有诗意，充满乐趣。

4. 野营活动前的准备

野营前要进行活动策划、体能训练、野外知识和技能训练、心理准备和物质准备。

第二节　登山运动

一、现代登山运动的产生和发展

人类的生活、生产劳动实践是体育运动产生的基础与渊源，登山运动也是如此。登山技术的产生与发展，首先是来自于人们生活、生产劳动实践。世界上许多地方都有山，有高耸云霄的喜马拉雅山，也有海拔只有几百米的小山。整个人类的生活与山有着密切的关系，登山也就由此而不断得到了发展。

中国很早以前就有登山运动，汉代《史记》记载了最早的雪山是天山；张迁、班超曾越过帕米尔高原；北魏宋云西去取经，曾过葱岭（现今帕米尔高原）；《宋云家书》记载：山上有毒龙，看久了以后，目不视物。这是世界上最早高山雪盲的临床记录；唐代玄奘立志西去取真经，以平佛、道之争，他最高到了6200米。在我国，民间还流传着许多登山的传统习俗，如人们利用九月九日重阳节登高来进行健身和旅游活动，许多文人墨客也非常热爱登山游览以尽情享受"会当凌绝顶，一览众山小"之壮观。

（一）现代登山运动的诞生

现代登山运动诞生于18世纪欧洲西部的阿尔卑斯山区。阿尔卑斯山横贯奥地利、瑞士、意大利和法国等国家。阿尔卑斯山的主峰是在法国境内的勃朗峰，海拔4810米，是西欧第一高峰。1786年8月8日，巴卡罗与巴尔玛结伴登上勃朗峰顶峰，在登山史上，这一年被定为现代登山运动的诞生年。一年后，德·索修尔率领一支20多人的队伍再次登上了勃朗峰，巴尔玛、德·索修尔等人成为世界登山运动的创始人，从此揭开了现代登山运动的序幕。由于现代登山运动兴起于阿尔卑斯山区，因此，登山运动又被称为"阿尔卑斯运动"。

1. 阿尔卑斯黄金时代（1786～1865年）

1857年，世界上第一个国家性的登山组织——英国登山俱乐部成立。1865年，英国登山运动员文培尔等人，登上当时被人们认为无法登顶的玛达布险峰（4505米）。至此，以阿尔卑斯山为中心的登山运动达到了它的高潮，这期间称为"阿尔卑斯黄金时代"。

（2）阿尔卑斯白银时代（1890～1917年）

1890年7月，英国登山家马默里首创钢锥、铁索、绳结等登山工具，以用来制造人工支点（即手可抓握，脚可蹬踏的支撑点），使人与保护工具灵活地连接在一起。由于创造了上述的工具和装备，使简单的登山运动提高为技术性很强的登山活动，马默里用新的技术登上了一些针状山峰，使登山运动在技术上有了重大突破，开创了"技术登山运动"的时代，把登山运动从西欧阿尔卑斯低山区引向喜马拉雅高山区。因此，人们又把"登山运动"叫做"马默里运动"或"马默里攀登法"。这个时期在世界登山运动史上被称为"阿尔卑斯白银时代"。

（3）阿尔卑斯铁器时代（1918～1938年）

继马默里之后，各国运动员不断改进和研制新式登山装备和工具。各种各样的钢锥、冰镐、冰锥、岩石铁锤、金属小挂梯、钉鞋、铁架背包等相继出现，这些装备和工具为登山运动增加了大量的钢铁制装备，这是马默里时代所无法比拟的。因此，人们把这一阶段称之为"阿尔卑斯铁器时代"。

（4）喜马拉雅黄金时代（1950～1964年）

1953年5月29日，英国登山队的埃德蒙·希拉里和丹增·诺盖从南坡登上了珠穆朗玛峰，这是人类登山史上首次登上了世界最高峰。1964年5月，中国登山队许竞、王富洲等10名运动员首次成功地登上完全坐落于我国境内的唯一一座8000米以上的高峰——希夏邦马峰，创造了10名队员集体登上8000米以上高峰的世界纪录。1950～1964年14年间，为国际公认的地球上14座海拔在8000米以上的高峰已全部被人类征服。在世界登山史上，这14年被称为"喜马拉雅黄金时代"。

（5）喜马拉雅白银时代（1964～1979 年）

意大利登山家梅斯纳、奥地利登山家哈贝尔两人不使用氧气瓶从东南山脊上登上了珠穆朗玛峰，打破了过去认为不使用氧气不能攀登 8000 米高峰的理论，开创了人类攀登珠峰的新纪元。这一时期的登山活动为 20 世纪 80 年代世界登山新浪潮起到多方面的准备作用，在世界登山史上称为"喜马拉雅白银时代"。

（6）喜马拉雅铁器时代

在 20 世纪 80 年代，各国登山队在攀登 8000 米以上高峰的活动中，连创奇迹。日本、意大利、美国的登山家先后突破了喜马拉雅山区的"严冬季节禁区"、"路线禁区"。日本、波兰、意大利、南斯拉夫、苏联、美国等登山队又开辟了 6 条攀登珠峰的路线，还出现了高水平的"高山纵走"（沿着一条山脊上山，连续登上在同一条山脊上的两座或两座以上的山峰的登山活动）的攀登方式。这些就汇成了 20 世纪 80 年代的登山高潮，世界登山史上将这段时间称为"喜马拉雅铁器时代"。

（7）我国登山运动的发展

中国自 1955 年诞生第一批登山运动员开始到 1975 年的 20 年间，登山运动有了长足发展。这期间，中国登山运动员成功登上了数座 7500 米以上的高峰，其中特别引人注目的是于 1960 年和 1975 年两次从中国一侧登上了世界最高峰珠穆朗玛峰，开创了人类从北侧成功登顶珠穆朗玛峰的纪录。以中国 1964 年在世界上首次登上海拔 8012 米的希夏邦马峰为标志，人类最后完成了对世界 14 座 8000 米以上高峰的首登，使登山运动跨入新的时代。

2005 年 5 月 22 日，在珠峰测量高度和中日女子联合攀登珠峰活动中，西藏登山队的 8 名队员（其中两名女队员）成功登上珠穆朗玛峰顶峰。这次活动一方面是重新测量珠峰高度，另一方面是为了纪念女子攀登珠峰 30 周年。为重新测出珠峰的高程做出了重大贡献，测得珠穆朗玛峰的新身高是 8844.43 米。

奥运历史上海拔最高的火炬传递 2008 年在珠穆朗玛峰顶峰进行。北京奥运火炬接力珠峰传递中国登山队经过两年多的精心准备和艰苦努力，克服重重困难，排除各种干扰，圆满完成了奥运火炬接力珠峰传递任务，充分展示了中华儿女自强不息、奋发图强的精神面貌，深刻诠释了奥林匹克运动"更快、更高、更强"的目标和"和平、友谊、进步"的宗旨。当中国登山队员罗布占堆从火种灯中点燃了取火棒，用取火棒点燃了第一棒火炬手吉吉（女）手中的火炬，随后经过王勇峰、尼玛次仁、黄春贵的传递后，第五棒（也是最后一棒）火炬手次仁旺姆（女）在珠峰顶峰 8844.43 米处展示了手中的"祥云"火炬。这是奥林匹克运动历史上的一次壮举，是中国人民献给奥林匹克运动、献给全人类的一份厚礼。

二、现代登山运动的分类

根据登山的难度，高度及是否使用登山装备，通常将登山运动分为高山探险登山、竞技登山运动、攀岩运动和普通登山活动四大项。

（一）高山探险登山

高山探险登山是登山者在各种登山技术装备的辅助下，经受各种恶劣自然条件的考验，以攀登高峰（一般指雪线以上的山峰）峰顶为目的的登山活动。

（二）竞技登山运动

竞技登山运动又称技术登山。它是运用熟练的攀登技术和各种技术装备，专门攀登悬崖或冰壁的登山活动。目前，在攀登技术上有两种不同风格类型：一种是力量型，一种是技术型。两种类型平分秋色，但技术型更具魅力。有人将技术登山称为"高山上的芭蕾"。

（三）攀岩运动

攀岩运动是运用攀登工具，仅依靠手脚和身体的平衡攀登陡峭岩壁或人造岩壁的竞技性运动项目。通俗来讲，攀岩运动就是在岩壁上比赛攀登本领的一项活动。根据竞赛规程，攀岩比赛可以分为难度攀岩（比攀登的高度、技巧）和速度攀岩（比赛攀上陡壁的速度）两种。

（四）普通登山活动

由于登山技术装备和登山技术等各种条件的限制，广泛开展竞技类登山比赛是不可能的。但是，与旅游和群众性体育活动相结合，组织一些难度较低、装备条件要求简单的登山活动和攀岩比赛还是可行的。普通登山活动有两种：旅游登山和定向登山比赛。

1. 旅游登山

旅游登山是一项旅游和登山相结合的活动，历史悠久。20 世纪 80 年代以后，西欧、美洲各国和日本的旅游登山活动非常活跃。在我国，由于中国登山队取得的成就及其在野外科学考察中的特殊贡献，激发了大家对登山运动的热情，而且登山运动本身又能锻炼人的身体和意志，因此，群众性的大型登山活动也随之逐步开展起来。1984 年 9 月，中国登山协会、全国体育总会群众部、宣传部联名发出倡议，为了进一步丰富广大人民群众的业余文化生活，把"九九重阳登高"这一传统节日逐步恢复起来，并以此带动广大群众因地制宜地开展多种多样的群众性登高游山等体育活动。

2. 定向登山

定向登山是目前国际流行的运动项目之一。通常要事先选定一座山峰，攀登难度不宜太大，以登顶为目标，将参加比赛的登山者分为若干个小组，从一个出发点同时出发，按事先规定的路线越过草坡、山间河流或小溪（难度稍大时还会有冰雪坡），选择宿营地点，攀登岩石峭壁等，登上顶峰后下山返回原出发地点或指定地点。在线路上，每一段特殊地形，如渡河点、峭壁、宿营地等处，都设有裁判员。裁判员对各个小组通过特殊地形时的路线选择、通过方式、技术装备的使用、攀登技术的运用、宿营地点（地点选择是否安全、生活方便与否、帐篷搭设是否合理等）的选择进行评定。这种登山比赛要求参加者受过一定的较为系统的训练，因此，多在大专院校的学生和军队中进行。

三、登山运动技术指导

（一）登山技术

登山技术是指在登山运动中为克服遇到的各种地形上的困难而采取的各种技术手段和科学的操作方法。在登山时会遇到各种地形困难，它是登山者攀登的障碍和威胁。登山过程，也就是登山者不断排除这种威胁和障碍的过程。面对同样的困难，是战胜它而夺取胜利，还是受阻不能继续前进或坠入险境而酿成事故，一般来说这些都与登山者的技术状况有很大关系。攀登技术将在第八章做详细叙述。

（二）登山过程需注意事项

登山是朝着目标山峰一步步行进和攀登的过程，若山峰较高、攀登难度较大、攀登时间较长或遇到不利的天气、地形情况，登山者登到一定阶段就必须进行休息调整、能量补充，等体能恢复后继续行军，当登山者所需休息时间较长时就需要一个安全、舒适的地方进行露营。因此，从攀登高山的整个过程来看，在登山实践中，可分为攀登、休息（短时间）和露营（长时间）等过程。

登山时不像在平地走路那样简单，尤其是在恶劣天气和复杂的地理条件下，攀登更为困难。因此要注意以下事项：

1. 必须了解登山区域的地理和气候状况

了解登山区域的地理和气候状况，对于登山的安全保障是非常重要的。为避免迷失方向，节省体力，提高行进速度，应力求有路时沿路走，没有路时则应尽量在山脊、山梁、林木稀疏的地方、河流小溪边缘行进，这些地方地形相对简单，视野较为开阔。

2. 坚持走梁不走沟，走纵不走横

不要走纵深的深沟峡谷（除非是探险科考）和草丛繁茂、藤竹交织的密林、灌木丛，力求走梁（山峰凸起的地方）不走沟，走纵不走横。由于山梁地势高，展望好，便于确定站立点和保持行进方向；高处通风、干燥，荆棘、杂草、虫害及其他危险少。

3. 注意控制行进的节奏与速度

节奏以呼吸频率为准，步调与呼吸合拍。如果步调比呼吸快，就会使人感到难受，很快就容易疲劳，假如出现上气不接下气的情况，就要放慢步速或稍微停留一下，以调整呼吸。无论下山还是上山，行进的速度都要因人而异，太快或太慢都会造成疲劳。在身体未适应步速之前，最好慢行，步幅要小。

另外，在攀登海拔较高的山峰时，尤其要坚持"缓慢攀登"的原则。这是由于攀登过快是各类高山病（头痛病、呕吐、软弱无力、失眠和嗜睡等）的主要致病因素。训练有素的登山者在攀登高海拔的山峰时，大多数情况下，在突击高山前，先用大量时间生活工作于 4000～5000 米高的山前，或攀登到较高处建立高山营地以对气候进行充分适应，这样可以尽量避免高山病等出现。如果登山时高山病等不适症状一出现，攀登者就应放慢速度，停止前进，甚至下撤，状态改善后再行攀登。

4. 大步走

在行进时应遵循大步走的原则。如果将步幅加大，三步并作两步，几十千米下来，就可少迈许多步，节省很多体力。俗话说："不怕慢，就怕站。"意思是在行军疲劳时，应用放松的慢行军来休息而不要停下来，站立 1 分钟，慢行则可走出几十米。另外，在行进过程中，登山者应脚掌着地，尽量不用脚蹬，腰要稍弯，上体稍前倾，身体重心要随着落地脚的支撑而左右摆动，切忌用脚尖行走，以防踢落滚石造成危险。

5. 登山过程中的组队和优化组合

在登山过程中通常要采用一定的组队方式：走在最前面的是富有经验的副领队，应准确地掌握步调和路线，按计划率领队伍前进，第二、三位置是组队行军时的最佳位置，应让给缺乏经验的、体力较弱或负荷较重的队员，做到优化组合；领队应处在能掌握全队的位置。如果队伍人数较多，可编成 5～6 人一组的小队，但应以不影响到达目的地后帐篷搭建、营地建设和炊事工作为标准进行分组。

（三）休息

休息是为了恢复体力，也可进行行装调整、喝水及进餐等活动。为了确定登山者所在的位置和辨认周围的地形，也可做短暂的停留。在休息时，应注意以下几点：

1. 合理地掌握休息时间

对于休息时间的掌握，开始行进 20～30 分钟后，为了调整行装、整理鞋袜、增减衣物等可以进行第一次休息。以后每行进 50～60 分钟休息一次，每次休息 5～10 分钟。另外，一天行程中休息时间的分配，还要与行军时间的分配相同，要结合路线难易情况、队员身体情况、天气情况及全程所需时间来考虑决定。

2. 短暂的休息

登山途中的短暂休息，是为了调整呼吸、解除疲乏、恢复体力。如果是非常短暂的休息，不要轻易坐下，也不必解下身上的背包。只需手拄登山杖、弯曲上身，将上体重量移到登山杖上，便可使肩部和腰部得到暂时的放松。但一定注意要将登山杖拄稳，不能胡闹，否则便不安全。如要坐下，一定要在臀部下垫上防潮的垫子，不要让地上的潮气侵入身体，否则很可能使身体不舒服，或导致局部肌肉痉挛。

3. 休息时间较长的活动安排

在登山途中有时要做较长时间的休息，以便较好地恢复体力和进餐。这时就需要宿营或露营，以放松僵直的身体，然后再进行其他项目和进餐。理想的休息场所不仅景致好，而且要安全。垃圾要随时集中起来进行处理，防止污染环境，爱护大自然是每个公民的职责。

四、登山运动的装备

登山装备是登山活动中集体和个人所使用的专用装备、保障装备和日用装备的总称。它与登山食品、燃料一起，构成登山活动的整个物质保证。

随着科技的进步、物质材料的丰富，登山运动不断向前发展，登山装备也越来越精良。法国人第一次登山时，使用的一根主绳其重量达 20 千克，而现在一根主绳的重量已减到 1～5 千克。服装已发展成轻便耐用、保暖防水的鸭绒和尼龙制品。氧气装备也有所改进，非常轻便、耐用。此外，高山抗寒靴、袜以及高山宿营装备等在设计、选材、用料、制作方面也向更加轻便、坚固、高效和多用的方向发展。

登山运动装备主要包括登山专用装备、保障装备和日用装备三大类。

（一）登山专用装备

登山专用装备即直接与登山活动有关的必须匹配的装备。包括被服装备、技术装备和露营设备。

1. 被服装备

主要是常用的保暖、防护等一系列的物品。如岩石衣裤、岩石鞋、御寒服装、风雪衣、高山靴、行囊及防护眼镜等。

2. 技术装备

主要是进行技术操作时的必备装备。如冰镐、冰爪、铁锁、安全带、主绳、辅助绳、雪崩飘带、钢锥、铁锤、雪铲等。除此之外，可根据每次任务的具体路段情况，改进、制备一些相应的增效技术装备，如上升器、下降器、走雪橇、金属梯、小挂梯和滑车等。

3. 露营装备

主要是提供休息、饮食的装备，如帐篷、睡袋及灶具等。

（二）保障装备

保障装备，不是登山运动专用，而是为了应付各种意外情况而备用的一些器材和用具。如氧气装备、通讯器材、摄影器材、自卫武器、交通工具、观测仪器、救护器材和一般用品等。保障装备的种类和数量配备，要根据任务性质和队伍规模而定；有时要从简，有时则要加强。其中，较重要的有氧气装备、通讯器材、摄影器材。

3. 日用装备

日用装备及生活用具和用品。有些登山活动，运动员在高山区活动时间较长，有时可达两个月，各种用品必须携带齐全。日用装备包括起居用品、卫生用品、简单工具、常用药品、辨向图仪、娱乐用品、纸张文具、缝纫用品、灯火照明和体育用品等。

五、登山前的准备

国内外登山运动的经验告诉我们，登山前的准备工作十分重要。如根据高山地形制订合理的登山路线、设置理想的营地；根据高山气候的实际情况，选择攻克险路、突击顶峰的时机；由于高山缺氧，还要做好适应性锻炼和高山供氧。同时，技术、装备构成及物资运输也是必不可少的。

（一）登山前的筹划

1. 确定登山的路线

确定路线指选定通往顶峰的宏观路线，也就是宏观地选定一条在一次登山活动中通往顶峰的攀登路线。从登山运动的角度来看，一座高峰往四面八方延伸的山体都可被视为通往顶峰的路线。宏观路线的选择主要是由登山活动的目的所决定的，而能否成功登顶则与对攀登山峰的认识程度和主观技术力量状况有关。根据登山活动的目的，路线的选择共有两种情况：

（1）攀登处女峰：即攀登未曾有人攀登过或攀登过但未成功的山峰。

（2）攀登别人或自己已攀登过的山峰：选择一条新的路线，攀登者可在难度上向自身提出挑战。

在路线选择中，无论属于上述哪种情况，都要注意分析、研究所登山峰的历史资料。尤其是首次攀登的高峰，要尽可能提前做实地侦察（为了详细地查明情况，攀登前的侦察往往要进行多次），对进山交通、基地的位置设置和攀登路线概貌进行初步考察。

2. 设置营地

设置营地是指设置登山队员适应性休息和运输物资所需要的营地。一般设置一个基地营地和一个突击营地，在基地营和突击营地之间，设置若干个中间营地（7～8个）。营地之间的距离要适中，既要满足不同高度的山间环境对人体各器官的基本要求，又要能满足必需物资的运输需要。营址必须有水源而没有危险（即营地附近无发生冰崩、雪崩、滚石和泥石流等的可能），并尽可能使之避风和有较长的日照时间。

（1）基地营。基地营又称大本营，是登山活动的现场指挥总部和后勤供应总站，也是登山队员经过适应性行军后突击顶峰之前进行休息、调整的总营地。其位置是该次登山活动中高度最低的一个营地。选择基地营的位置时应考虑任务性质、装备条件及安全性，周密计划交通运输、后勤保证、医疗急救、气象保障、联络等各方面的问题。如便于观察攀登目标路线，地势平坦、避风、日照条件好，能以机动车辆与交通路线相联系等。

（2）突击营地。这是所有营地中海拔最高的一个营地，也是离顶峰最近的营地。

（3）中间营地。在有的探险登山中，还把位于路线中、下部的某个营地，作为重点营地加以组建，从接应力量、物资贮存、生活保障等方面加强长期性配备，使之起到第二基地营的作用。

3. 突击顶峰

突击顶峰是指登山者从突击营地出发向顶峰挺进的安排。突击主峰是整个登山活动重要的最后阶段。为了保证突击过程的顺利，应注意以下几点：

（1）充分安排好突击人员。在实施最后突击时，必须根据当时主、客观情况修正任务，要求并调换突击队中的人选。

（2）选择和利用好天气。

（3）摄取确认登顶资料。在顶峰活动时要紧紧围绕摄取确认登顶资料这一中心，运用照相、电影、录像等手段迅速进行工作，停留时间不宜过长。

（4）保存体力安全下撤。下撤中一定要加强组织，注意安全。

4. 拟订时间、团队计划，合理准确地选择登山时机

制订活动开始的时间和周密完善的计划是非常重要的。选择登山时机时，首先要考虑登山活动季节和具体天气形势。各山峰所在地区的天气情况因其所处的地理位置不同而有很大差异，但一年中都有好坏季节的交替变化。一般都要避开该山区降水（雨或雷等）、低温和大风的季节，而选在山区天气情况最好的季节进行。由于高峰所在地区不同，天气情况存在很大差异，但一般而言，春秋两季是

最适宜登山的季节。

（二）体能储备和生理适应

1. 适应性锻炼

严重缺氧的高山自然环境是登山者最大的威胁，为了战胜高山缺氧，常常采取使用氧气装备和进行适应性锻炼这两种方法。登山者要战胜高山缺氧，主要应通过实践锻炼逐步适应。适应能力的取得，主要依靠高山适应性锻炼。适应性锻炼是指登山者通过高山实地活动来调节生理机能，逐步取得对缺氧环境的适应能力。因此，通过积极锻炼取得较高的适应能力，不仅具有生理上的意义，而且是使其他战术真正发挥作用的可靠保证。适应性锻炼的方法有以下三种：

（1）波浪式锻炼

波浪式锻炼是指从基地营出发，登到一定高度，作一定时间的停留和居住，然后返回基地营，即完成了一次适应性锻炼。在基地营休整数日后再出发，越过前次到达的高度，到一新高度，作一定时间的停留和居住，再返回基地营。往返适应性锻炼的次数则应依攀登山峰的高度、全队原有适应性水平、物资运输和体力消耗情况而定。波浪式锻炼方法的优点是把适应性的过程拉长，更符合循序渐进的原则，而且还可以结合选定高山营址、侦察路线、物资上运等工作进行；缺点是所用时间较长，不利于充分保证突击顶峰的有利时机，体力消耗也较大。

（2）间歇式锻炼

间歇式锻炼又称台阶式锻炼，是指从基地营上升到一定高度．不再返回，就地适应一定时间；然后再上升到另一高度，适应一定时间，这样循序渐进从而使适应的高度不断向顶峰靠近。其特点是，结合突击顶峰同时进行适应性锻炼。与波浪式锻炼方法相比，这种方法在时间上大大缩短，并且较前者节省体力。但规模较大、适应性水平较低的队伍采用这种方法要慎重，因为它的适应性效果不如前者，另外在高山露营、物资上运等方面也会出现一定困难。

（3）波浪式与间歇式锻炼相结合

在攀登高峰的过程中，通常用波浪式锻炼与间歇式锻炼相结合的方法以达到适应高山环境的目的。波浪式锻炼可安排在刚进山前，如结合建营、侦察、运输等项任务，在基地营及其以上附近地区进行持续数天的适应性锻炼。适应一段时间后，再采用间歇式锻炼。如多建高山营地，多进行适应性锻炼，循序渐进，以利于取得高山适应性。但锻炼次数过多，又会严重影响登山队员的体力。要做到既取得一定的高山适应性，又保持相当的体力，就必须适当掌握适应性锻炼的次数和每次攀登升高的高度。

2. 高山供氧

高山供氧主要是指在高山缺氧条件下使用氧气装备供氧，从而使人身体素质下降的速度放慢，延长在高山区停留的时间，有利于节省和保存体力，以保证登山者在缺氧条件下不断攀登的措施。从人体的生理需要来讲，在高山上使用氧气装备供氧的高度越低，用氧量越能接近平原地区。在攀登 8000 米以上的高峰时，一般是从 6000～6500 米的高度开始使用氧气较为合理。一般来讲，用氧方式主要有三种：

（1）连续供氧。从开始用氧高度起，夜间睡眠和突击顶峰的行进中不间断地用氧。

（2）间歇式供氧。夜间睡眠和突击顶峰行进中的休息时间用氧，行进中不用氧。

（3）突击供氧。在突击营地夜间睡眠和突击过程中连续用氧。

供氧遵循的原则：

（1）用氧数量要精打细算，节约使用。

（2）用氧高度要考虑安全和节约的原则，一般认为从 6000 米的高度开始用氧气比较合适。

（3）用氧方式，对突击营地以下的定量氧气，有的间断使用，有的集中一次使用。前者用氧效果稍好，但对负重不利；后者效果稍差，但可提前甩掉空氧气瓶从而减轻负重。

（三）服装与装备

1. 登山服装

登山服装包括贴身衣裤、保温衣物、帽子、手套、袜子和睡袋。

2. 登山装备

（1）宿营装备。主要包括帐篷、炊具、寝具和各种燃料等。

（2）技术装备。主要包括登山绳、氧气装备、测量仪器、高度仪、升降器、挂梯、滑车和雪铲等。

（3）个人装备。主要包括登山服装、登山鞋、高山靴、头盔、电筒、手套和防护眼镜等，特点是轻便易携，简单耐用，便于拆卸。

第三节　攀岩运动

一、攀岩运动的概述

（一）攀岩运动的定义

攀岩运动是攀登者借助于技术装备和同伴的保护，能够在不同的高度和角度的岩壁上，在有限的时间内选择自己认为最佳的、最合理的线路上准确地完成腾挪、窜跳、引体等惊险的技术动作，依靠自身顽强的意志、体力和思维能力，直至完成整条线路的攀登。

攀岩运动是从登山运动中派生出来的新兴项目，也是登山运动中的一项主要的竞技运动项目，集健身、娱乐、竞技于一体，既要求参加者具有勇敢顽强、坚忍不拔的拼搏进取精神，又需要参加者具有良好的体能、节奏感和攀岩技巧。攀岩运动以其特有的惊险性、技巧性、刺激性、竞争性和趣味性吸引着越来越多的人参加，素有"岩壁上的芭蕾"的美称。

（二）攀岩运动的起源与发展

攀岩运动是由登山运动中派生出来的现代竞技体育运动项目。它起源于18世纪末期的"阿尔卑斯运动"，即登山运动。曾有一个美丽的传说：在欧洲阿尔卑斯山区海拔3000～4000米的悬崖峭壁上，生长着一种珍奇的野花——"高山玫瑰"，采摘这种野花是很困难的。据说很久很久以前，阿尔卑斯山区一直流行这种风俗：当小伙子向姑娘求爱时，为了表示他对爱情的忠诚，必须战胜重重困难和危险，勇敢地攀上高山，采来"高山玫瑰"，献给自己心爱的姑娘。直到今天，阿尔卑斯山区的居民仍然保留这种风俗。攀岩运动也就由此而来。

由于攀登高山对于普通人来说是相当困难的，为了让人们了解登山运动，体会登山运动的魅力，让人们有更多的机会去参与这项运动，一些热爱登山运动的登山家把惊险、刺激且具有非凡观赏性的攀登悬崖峭壁的技术、方法移到郊外的自然岩壁和室内的人工攀岩壁。攀岩运动作为一项体育项目起源于20世纪50年代的欧洲，主要以攀登自然岩壁为主。世界攀岩运动在20世纪60年代末兴起并得到迅速发展。在此之前，1947年举行首届世界杯攀岩比赛，1948年举行首届攀岩锦标赛。这之后举行了各种形式的攀岩赛事，都是以自然岩壁为主。但由于场地、天气、交通等因素的限制，攀岩运动没有得到很好的发展，直至1985年法国人弗兰西斯·沙威格尼发明了可以自由装卸的仿真沙子（由石头、玻璃纤维和其他原料混合制成），实现了人们要把自然中的岩壁搬到城区的设想。

早期的攀岩比赛形式是结组攀登，以速度为主。随后，发展到以个人速度赛为主，采用上方保护。人工岩壁出现以后，主要是以技术为主的难度赛。1987年，国际攀登联合会规定，国际比赛必须采用人工岩壁，同年在法国举办了首届人工岩壁比赛。1989年，首届世界杯攀岩分站赛分别在法国、英国、西班牙、意大利、保加利亚和苏联举行。1991年举行了首届攀岩锦标赛，1992年举行了首届世界青年攀岩锦标赛。在亚洲，攀岩运动开展较晚，1991年1月"亚洲竞技攀登联合会"在香港成立，标志着亚洲攀岩运动进入了一个新的阶段。1992年9月，在韩国汉城举办了第一届亚洲攀岩锦标赛。

由于攀岩运动的特殊意义，这项运动在国外深受青少年朋友的喜爱，并得以快速地发展和普及。

我国首次全国攀岩比赛是 1987 年 10 月，在北京怀柔大水裕水库自然岩壁举行的。1990 年，在怀柔登山训练基地举行了第一次全国人工岩壁比赛。1993 年，第一届全国攀岩锦标赛在长春举行，以后每年举行一次。攀岩比赛在 1995 年被国家体育总局列入正式比赛项目。从 1997 年开始，攀岩赛事由以前的每年一次发展为多次全国或国际性比赛。成功举办这些大型赛事，对提高我国攀岩水平起到了促进作用，同时提高了我国攀岩运动在亚洲及全世界的地位。目前，我国攀岩竞技水平与亚洲、世界水平相比差距仍很大，但是经过多年的努力已经取得了新的突破，正在逐渐缩短这一差距。

（三）攀岩运动的分类

攀岩的分类方法很多，按照不同的方法可以将攀岩分成很多种。

1. 按保护方法分

（1）先锋攀登。先锋攀登是从岩壁底端开始，一边攀登一边把保护绳挂入保护点。

（2）顶绳攀登。保护绳从上端已经挂好，只有上方一个保护点的保护方式。

2. 按攀岩场所分

（1）人工场地攀登。在人工制作的攀岩墙上进行攀登。

（2）自然场地攀登。在天然形成的岩石上进行攀登。

3. 按使用器械分

（1）运动攀登。在有非常安全保护点的线路上进行的攀登，危险很低。

（2）自由攀登。只利用手握脚踩支点进行攀登，绳子等器材，只用于保护。

（3）器械攀登。要借助绳子、铁锁、上升器等器械进行的攀登。

（4）传统攀登。自己设置途间保护点的攀登。

（5）无保护攀登。不用任何保护的攀登，如果脱落会有生命危险。

（6）大岩壁攀登。通常要连续几天进行攀登。

（7）抱石攀登。非常难的短线路攀登。

4. 按比赛形式分

（1）难度赛。难度赛是攀岩运动最主要且历史最悠久的比赛，通常在高 15 米的人工岩壁上举行。比赛前，每名选手有 6 分钟的观察路线时间，此后，选手回到隔离区，再以抽签顺序依次出场比赛。隔离制度意味着选手在出场前不得观看其他选手攀爬，以维持比赛的公平性。比赛时，选手必须采用先锋攀登的方式上攀，每名选手仅有一次攀爬的机会，时间限制则是 6～8 分钟不等。最后，比赛成绩将以每名选手攀爬的高度来计算。难度赛强调的是选手的耐力与判断路线的能力。

（2）速度赛。速度赛其路线难度相对比较小，在无失误的情况下，每名选手皆能顺利攀完，因此速度赛考验的是选手攀爬的速度。比赛时有两名选手分别在两条难度相当的路线上攀爬，先到顶者获胜。速度赛的规则与跑步或游泳的规则十分类似。

（3）抱石赛。抱石赛是在 20 世纪 90 年代中后期才在全球攀岩界兴起的一种比赛形式。攀岩者在无绳索保护的状态下攀登不超过 6 米高的石壁。抱石运动与传统攀岩运动的区别是前者不用设置绳索保护，只是在所攀岩壁下方铺一张抱石垫以防攀岩者脱落。除抱石垫、攀岩鞋、镁粉以外，攀岩者不需要绳索、安全带、快挂等其他装备。经过长期实践和总结，抱石赛成为攀岩赛中继难度赛、速度赛之后的第三种比赛形式。抱石赛每场赛事都有 4～6 条线路，每条路线设置"中继点"与"完攀点"，依攀完或抓到中继点的数量与次数评判计分，比赛规则较复杂，主要考验选手的爆发力。

5. 按照完成线路的方式分

（1）首攀。攀岩者在没有得到相关信息的情况下，对路线的第一次尝试就以先锋或传统攀登的形式进行，以不落地完成路线为目的。攀岩者在攀登之前只能从地面上对路线进行过观察，即没有看过其他人在此路线上的攀登过程，也无从其他人或文章中得到有关此路线的描述或难点信息（完全不了解线路）。

（2）看攀。攀岩者在攀登之前可以通过看其他人对此路线的攀登过程，了解支点的形状和大小，知道有关此路线的状况描述或难点信息。

（3）极限攀。攀岩者反复熟悉了路线后，以先锋或传统攀登的形式，边攀登边放置保护点，完成整条路线。攀岩者一旦脱落，此次尝试即告失败。将主绳抽下来，将所用中间保护点都撤掉，才能进行下一次尝试（可重复无数次，直到登顶）。

6. 按照完成线路的长短分

按照完成线路的长短可分为单段攀登和多段攀登（结组攀登）两种。

（四）国际和国内赛事

世界攀岩锦标赛。世界上最具竞争力的攀岩赛事，每两年举行一次。设有难度赛、速度赛和攀石赛项目，16 岁以下的运动员不允许参加比赛。

世界杯攀岩分站赛。世界最大规模攀岩赛事，每年共有 10 站，参赛运动员必须在 17 岁以上。运动员参加在各地举行的比赛，然后根据每站比赛的得分进行年度总排名，总成绩最好者即为世界杯得主。

世界青年攀岩锦标赛。世界青少年最高级别赛事，参赛选手主要是 14～19 岁的青少年，每年举办一次。比赛项目分难度赛、速度赛。

亚洲攀岩锦标赛。亚洲最高级别赛事之一，每年举办一次。

亚洲杯攀岩比赛。亚洲最高级别赛事之一，每年举办一次。

亚洲青年攀岩锦标赛。亚洲青少年最高级别赛事，每年举办一次。

全国攀岩锦标赛。国内最高级别赛事，每年举办一次。

全国青年攀岩锦标赛。国内青少年最高级别赛事，每年举办一次。

二、攀岩装备

攀岩装备分保护性装备和辅助性装备两大类。保护性装备包括攀岩绳、安全带、绳套、铁锁、保护下降器、上升器和头盔等；辅助性装备包括攀岩鞋、攀岩服装等。

此外，在进行先锋攀登或自然岩壁攀登时，还会用到岩锥、岩石塞、岩栓、岩钩和快挂等。保护性装备关系到攀岩者的生命安全，在购买和选用时必须注意质量。一般来讲，通过国际攀登联合会标准或欧洲标准的装备都能保证安全。辅助性装备可凭自己的感觉和经济条件挑选。

三、攀岩运动保护技术

为了防止攀登者在攀岩过程中脱落或其他意外险情的发生而采用的保护措施及保护方法，称为保护技术。攀岩者是在保护人通过攀岩绳给予的保护下进行攀登的。攀岩绳的一端通过铁锁或直接与攀岩者腰间的安全带连接，另一端穿过与保护者腰间安全带相连的铁锁和下降器，中间则穿过一个或多个固定的安全支点上的铁锁。保护者在攀岩者上升时不断送绳（或收绳），在攀岩者失手时，拉紧绳索制止其坠落。攀岩者发生突然坠落时，冲击力是很大的，若保护者直接手握绳索很难拉住，而利用攀岩绳，可以通过绳索与铁锁及下降器的摩擦力抵消冲击力。由于在保护支点上有很大的摩擦力，所以体重较轻的人是可以保护体重较重的人的，但保护者必须具有熟练过硬的技术、强烈的责任心。

保护的形式一般按保护支点的相对位置分为上方保护和下方保护。它是根据岩壁的条件，运用相应的保护装备、结绳方法、保护装置进行各种安全保护操作程序及解决办法。

四、岩壁攀登技术

岩壁的攀登技术可以简单地定义为攀岩者在没有外力的帮助下靠自身的力量利用手和脚向上攀登的过程，或在松弛的绳子帮助下向上攀登的过程。

出于技术、经验及心理等多方面的因素，初学者刚涉足攀岩时，很容易疲劳，这并不代表身体素质不好或力量不够，是因为技术还不够熟练。要学习和掌握良好的攀岩技术，必须有四个过程。一开始的时候，应该注意手脚的配合、全身的协调，身体的平衡能力、灵巧性和柔韧性等；然后，学会用脚来支撑自己的体重；其次，有效的休息也是攀登过程的关键；最后，完善自身技术。

攀岩很容易让人认为是一项主要凭借上肢力量的运动，其实并不是这样。好的攀岩者可以很好地利用腿部力量，发挥脚的作用，并不时调节身体的姿势，使手臂有机会伸直，避免长时间的弯曲造成力竭。当手点较大时可以进行休息，放直手臂，降低重心，直立或采取下蹲的姿势，使双脚承担大部分体重，使其得到放松。要注意的是，休息时，两脚点间距不要过大，否则不利于进行下一步的动作，还可能失去平衡；但也不能过近，这样不会得到充分的休息，而且移动范围变小。手点的高度最好在头部附近，太高或者太低都不利于身体的舒展。

第四节　沙漠探险

一、沙漠探险的定义及发展

沙漠探险，英语叫"Desert Adventures"，是指探险者对沙漠的发现、调查、穿越和其他科学考察研究及探险旅游等活动。

近年来，沙漠探险受到越来越多的人的青睐，沙漠探险是一项"古老而又年轻"的探险运动，说到"古老"是因为人类早在几千年前就有游牧民族生活在沙漠边缘，那些民族对沙漠了如指掌，"年轻"则是因为沙漠探险不管是从实践上还是在理论上都是很少涉及的，有待于我们在沙漠探险上做出更多的工作，使得这方面的探险事业能得到安全良好的发展。

沙漠，是指沙质荒漠，地球陆地的1/3是沙漠。因为水很少，一般以为沙漠荒凉无生命，有"荒沙"之称。与别的区域相比，沙漠中生命并不多，但是仔细观察，就会发现沙漠中藏着很多动植物，尤其是晚上才出来的动物。沙漠地域大多是沙滩或沙丘，沙下岩石也经常出现。泥土很稀薄，植物也很少。有些沙漠是盐滩，完全没有草木。沙漠一般是风成地貌。

沙漠里有时会有珍贵的矿床，近代也发现了很多石油储藏。沙漠少有居民，资源开发也比较容易。沙漠气候干燥，它也是考古学家的乐园，可以找到很多人类的文物和更早的化石。

全球的沙漠化发展态势，全世界陆地面积为 1.49×10^8 平方千米，占地球总面积的29%，其中约1/3（4800×10^4 平方千米）是干旱、半干旱荒漠地，而且每年以 6×10^4 平方千米的速度扩大着。而沙漠面积已占陆地总面积的10%，还有43%

的土地正面临沙漠化的威胁。

我国八大沙漠的具体情况如下。

1. 塔克拉玛干沙漠

塔克拉玛干沙漠，在维吾尔语中是指"进去出不来的地方"，人们通常称它为"死亡之海"。它位于南疆塔里木盆地中心，面积 32.4×10^4 平方千米，是中国最大的沙漠，仅次于非洲撒哈拉大沙漠，是全世界第二大流动沙漠。

在世界各大沙漠中，塔克拉玛干沙漠是最神秘、最具有诱惑力的一个。沙漠中心是典型大陆性气候，风沙强烈，温度变化大，全年降水少，风沙活动频繁，沙丘形态奇特，最高达 250 米。最奇妙的是两座红白分明的沙丘，名为圣墓山。山顶经风蚀而形成"大蘑菇"。由于地壳的升降运动，红砂岩和白石膏构成的沉积岩露出地面，形成红白鲜明的景观。沙漠四周，沿叶尔羌河、塔里木河、和田河和车尔臣河两岸，生长发育着密集的胡杨林和树柳灌木，形成"沙海绿岛"。特别是纵贯沙漠的和阗河两岸，长生芦苇、胡杨等多种沙生野草，构成沙漠中的"绿色走廊"，"走廊"内流水潺潺，绿洲相连。林带中住着野兔、小鸟等动物，为"死亡之海"增添了一点生机。考察还发现沙漠中地下水储存量丰富，且有利于开发，有水就有生命，科学考察推翻了"生命禁区论"。在浩瀚的沙漠中，迄今发现的古城遗址无数，尼雅遗址曾出土东汉时期的印花棉布和刺绣。

2. 古尔班通古特沙漠

它是中国第二大沙漠，位于北纬 $44°15' \sim 46°50'$，东经 $84°50' \sim 91°20'$，地处准噶尔盆地的中央，面积为 4.88×10^4 平方千米，由 4 片沙漠组成，西部为索布古尔布格莱沙漠，东部为霍景涅里辛沙漠，中部为德佐索腾艾里松沙漠，其北为阔布北——阿克库姆沙漠。

准噶尔盆地属温带干旱荒漠。年降水量 $70 \sim 150$ 毫米，冬季有积雪。降水在春季和初夏略多，年中分配较均匀。沙漠内部绝大部分为固定和半固定沙丘，其面积占整个沙漠面积的 97%，形成中国面积最大的固定、半固定沙漠。固定沙丘上植被覆盖为 $40\% \sim 50\%$，半固定沙丘上植被覆盖度达 $15\% \sim 25\%$，为优良的冬季牧场。沙漠内植物种类较丰富，可达百余种。植物区系成分处于中亚向亚洲中部荒漠的过渡。沙漠的西部和中部以中亚荒漠植被区系的种类占优势，如白梭梭、苦艾蒿、白蒿、囊果苔草和多种短命植物等；在沙漠东部和南部边缘，亚洲中部植物区系种类较多，如梭梭、蛇麻黄、花棒等。古尔班通古特沙漠的梭梭分布面积达 1×10^4 平方千米，在古湖积平原和河流下游三角洲上形成"荒漠丛林"。

沙漠的沙粒主要来源于天山北麓各河流的冲积沙层。沙漠中最有代表性的沙丘类型是沙垄，占沙漠面积的 50% 以上。沙垄平面形态呈树枝状。其长度从数百米至十余千米，高度 10～50 米不等，南高北低。在沙漠的中部和北部，沙垄的排列大致呈南北走向，沙漠东南部呈西北—东南走向。在沙漠的西南部分布着沙垄——蜂窝状沙丘，南部出现有少数高大的复合型沙垄。流动沙丘集中在沙漠东部，多属新月形沙丘和沙丘链。沙漠西部的若干风口附近，风蚀地貌异常发育，其中以乌尔禾的"风城"最著名。

沙漠中风沙土广泛分布。沙漠南缘平原上发育灰棕漠土，1949 年后已大量开垦。人为活动破坏了天然植被，造成沙漠边缘流沙再起和风沙危害。沙漠西缘有甘家湖梭梭林自然保护区，为中国唯一以保护荒漠植被而建立的自然保护区。

3. 腾格里沙漠

位于阿拉善盟阿拉善左旗西南部和甘肃省中部，东抵贺兰山，南越长城，西至雅布赖山。腾格里为蒙古语，意思是像天一样浩渺无际。腾格里沙漠海拔达 1200 米以上，总面积 3.67×10^4 平方千米。沙漠上沙丘、湖盆、山地、残丘及平地相互交错，其中沙丘占 70% 以上，多为新月形沙丘链，高 10～30 米，常向东南移动。腾格里沙漠还有大小湖盆 400 多个，多为淡水湖，可供人畜饮用，周围植物生长茂盛，为主要牧场，适合于开展沙漠探险、观光等旅游活动项目。

4. 乌兰布和沙漠

它位于内蒙古西部、宁夏东部、黄河西岸的乌兰布和沙漠，横跨阿拉善盟和巴彦淖尔盟，面积为 1.4×10^4 平方千米，历史上曾是"人民炽盛，牛马布野"、"将军塞外游，杏花撒满头"的绿油油的富庶草原。现在的土地类型由沙丘、沙荒地、耕地和小片草原组成。这里的沙丘形态异彩纷呈：堆状沙丘分布在敖包图、敖包鲁格、吉兰泰地区；垄岗沙丘分布在白云敖包；格状新月形沙丘分布在契里盖、傲伦布鲁格、敖包图；新月形沙丘分布在哈腾套海一带。

位于内蒙古乌海地区的乌兰布和沙漠部分与黄河漠水相连，每当夕阳西下，粼粼碧波，"长河落日"、"大漠孤烟"，构成一幅瑰丽多姿的塞上风景画。

5. 库布齐沙漠

库布齐在蒙语中意为"弓弦"。它长 400 千米，宽 50 千米，沙丘高 10～60 米，像一条黄龙横卧在鄂尔多斯高原北部，横跨内蒙古三旗。库布齐沙漠是中国第六大沙漠，也是距北京最近的沙漠。令京城人谈之色变的沙尘暴的源头之一就是库布齐沙漠。

6. 浑善达克沙地

浑善达克为蒙古语，意为"孤驹"。相传成吉思汗西征时，所骑之马为其最心爱的"孤驹"，"孤驹"也因经此沙地而得名，浑善达克沙地在锡林郭勒草原的中南部，呈东西走向，绵延 30 千米之远，总面积 2.14×10^4 平方千米。沙地中沙丘起伏，间有丘间低地和滩地。

这个沙地是中国著名的有水沙漠，在沙地中分布着众多的小湖、水泡子和沙泉，泉水从沙地中冒出，汇集入小河。这些小河大部分流进了高格斯太河，也有的只流进水泡子里，还有的只是时令性河流。

浑善达克沙地水草丰美，景观奇特，风光秀丽，有人称它为"塞外江南"，也有人称它为"花园沙漠"。那里野生动植物资源比较丰富，是候鸟的产卵繁育地，还有很多珍稀的植物和药材。

7. 巴丹吉林沙漠

它位于内蒙古自治区阿拉善右旗北部，东西长约270千米，南北宽约220千米，面积 4.7×10^4 平方千米，是我国第三大沙漠，其西北部还有 1×10^4 平方千米的地域至今尚无人类的足迹；是世界上唯一高大沙山群分布密集的沙漠，一般海拔高度为1200～1700米，沙山相对高度可达500米之多，为世界沙漠之最，被称为"沙漠珠穆朗玛峰"。

8. 科尔沁沙地

它是我国四大沙地中面积最大的一个沙地，总面积达 4.23×10^4 平方千米，位于东北和华北的交界地带。

二、沙漠气候

极端干旱的沙漠气候，跨越纬度大，不同区域气温差别很大。根据所处纬度的不同，可分为低纬度沙漠和中纬度沙漠。低纬度沙漠也称热沙漠，分布在南北回归线附近的副热带高压区内，如非洲北部的撒哈拉沙漠、亚洲西南部的阿拉伯沙漠、澳大利亚中部的大沙漠等。中纬度沙漠也叫冷沙漠，分布在温带大陆内部，如我国的新疆和内蒙古一带及北美大陆西南部的沙漠等。

沙漠气候有以下显著的特点：

第一，降雨稀少，气候干旱。以我国的沙漠地区为例，年降雨量大部分都在50～100毫米以下，最少的地方还不到10毫米。如位于塔克拉玛干大沙漠东南部的若羌，年降雨量仅16.9毫米，而托克逊县城降雨量更少，只有5.9毫米。

第二，多风沙天气。大风刮起时，满天黄沙，天昏地暗，流沙遍野；风停后，飞沙落地，形成一条条一排排高低起伏、大小不等的沙丘群，最高的沙丘可高达400米以上。

第三，冬季寒冷，夏季酷热，温度的年较差和日较差都很大。如我国西北地区的沙漠中，冬季1月份的平均气温都在－20℃以下，而夏季7月份的平均气温则在26～30℃以上，温度的年较差高达50℃左右。与年较差相比，沙漠地区的温度日较差更大。如吐鲁番盆地，夏季白天的极端最高温度曾达到82.3℃，而入夜后温度又可降至 0℃以下，温度的日较差超过 80℃以上。因此，在吐鲁番盆地一带流传着"朝穿皮袄午穿纱，抱着火炉吃西瓜"的说法。可见，沙漠气候中的温度变化，是世界各种气候中变化最为剧烈极端的。

三、沙漠探险装备

沙漠温差很大，以 10 月、11 月为例，白天地表温度可达 50℃左右，夜晚则可降至 0℃以下，11 月如遇寒流温度可降至 -10℃以下，因此沙漠探险中，冬季、夏季服装应一一俱备，白天沙漠的阳光会灼伤皮肤，你可以选择长衫、长裤，但长裤在艰难的行进中会大大消耗你的体力，因而宁可腿部晒脱皮，也要选择短裤。最难忍的灼伤皮肤情况将会出现在后脖颈上，你的衣领摩擦在脖子上会疼痛无比，最简易的办法是戴顶遮阳帽，并在帽子的后面压一块白手帕以阻挡强烈的阳光。

水，是沙漠探险中永恒的主题，关于沙漠中如何饮水最好、最科学，有诸多说法，其中一种说法是可以常饮，但每次只喝一小口，这是最利于人体吸收的方法。

防晒油在沙漠中是不适用的。沙漠中的沙和海滩上的沙完全不同，它是极细的微尘，微弱的风和轻轻的脚步就会把它扬起，假如你擦了防晒油，这些沙尘会让你的皮肤变成细沙纸。

一双合脚的沙漠靴是最重要的，一定要高腰、柔软，如果是新鞋，最好在进入沙漠前，先在城市中穿一两个星期，"磨合"好了再穿进沙漠。

太阳镜最好有两副，一副是平时使用，另一副是防风沙的，也可用摩托镜或滑雪镜。

一个大号水壶、一筒爽身粉，手电筒、宽胶带、小圆镜、塑料袋等等小物品都会在沙漠中给你带来意想不到的方便。比如爽身粉可以擦在你运动时经常被摩擦身体部位；小圆镜用于求生时反射信号；塑料袋用于防尘。

与骆驼为伍，一个人进行沙漠探险是危险的，所以沙漠探险在多数情况下是团队行为，因而每一个人都要发扬团队精神，也只有如此，你才能体会到沙漠探险的乐趣。

如果参加前面所说的第三种旅行，那么你作为团员之一要尽快向驼工学会装卸骆驼，平均每一位团员大约要装配三峰骆驼，这些骆驼要驮着进入沙漠的装备、食品、饮用水以及骆驼自己的饲料，大约要有 4 个人一起工作才能装卸好一峰骆驼，所以每天早上和晚上装卸骆驼是团队精神最集中的体现，以两名驼工带 8 名探险队员为例，大约需要 30 峰骆驼，将所有物品捆上驼背，在大家熟悉操作方法以后，大约需要 50 分钟时间，这是一天旅行中最繁忙紧张的时刻。

挖井找水做饭。第二次团队精神的集中体现是晚上露营后挖井工作。假如是一次 10 天时间的沙漠探险活动，大约要挖三次井，这些井水是给骆驼饮用的，在沙漠中生长植物的地方，如芦苇、胡杨生长较多的地方，一般下挖到 2.5 米左右可以出水，这就需要大家轮流挖井，这项工作大约需要 2～3 个小时。

四、沙漠中的植物辨识

在沙漠气候的环境中，生活着一些适应干旱条件的动植物，如骆驼、沙鼠、沙蜥、仙人掌、胡杨、沙枣等等。据不完全统计，我国沙漠中的野生植物至少有 1000 多种，其中 300 多种可以做药材使用。

1. 适合于找水的植物

（1）水源指示植物。在沙漠中找到这类植物，无疑是最让人兴奋的，如同找到沙漠中的绿洲一样。因为这类植物不属于沙生植物范畴，其生存需要相当多的水。它们的存在，证明其根下很浅的地方就是水源，至少是含水较多的沙层。这类植物以芦苇最为典型，一般芦苇根至多扎根约 2 米，周围就是含水层，生长越茂盛含水越多，甚至可以找到泉眼。同时芦根（根状茎）也含大量水，可用于应急，其味甘甜。一般芦苇多生长于季节河两侧或沙边缘地带，在塔里木盆地腹地也有大量分布。利用芦苇找水的方法是，观察其长势如何，如是干枯死亡的芦苇丛，则其下无水，因为它的生长受水位影响很大。除芦苇外，灯心草、莎草丛下都有较浅含水层，其形式与芦苇相似。

（2）湿沙指示植物。这类植物分布较广，植株密集，具有保水作用。但其耐旱、需水量明显比前者少，其根系附近的湿沙含水量也偏少。这类植物以梭梭和白梭梭灌丛以及英膜麻黄灌丛为典型，一般来说，它们根系深扎沙层约 3～5 米，湿沙含水量一般不超过 30％，其下几乎没有泉眼的可能，只能用于应急。

（3）直接利用植物。沙漠中的有些植物为了其生存，在身体里贮存有大量水分，而这正好可以为人类所用。上面说过的梭梭灌丛中，虽说取水不易，但却可能见到寄生在它根上的肉苁蓉，俗称"大芸"。它单个重达 1.2 千克，最大有 3 千克多的，含水量一般为 15％～30％，找到它，就如同找到了天然水罐。剥去外皮，吞食其肉，不但解决了水的问题，其体内丰富的蛋白质还可充饥，可谓一举两得。

寄生于白刺（沙漠中常见的一种小灌木）根上的锁阳，个头虽比不上大芸，但含水量要比前者高不少，它色泽褐紫，形如棒槌，其肉洁白，入口香甜，也是充饥的佳品。

但寻找二者均要择时，因为它们在花开结果后会迅速干燥，就无食用价值了，而且一次也不能食用过多，否则有副作用。笔者因一次暴食 8 株锁阳而呕吐不止，并有眩晕感。大芸食用过多后，还有四肢麻木等不良反应。

除上述外，寄生于蒿子根上的列当，无论是开黄花还是紫花都可用于补水充饥，但含水量稍低。在沙漠中还有一些具有肉质茎及肉质叶的植物，但大多不能用于补水，因为在沙漠中这类植物大多含盐分过大，或有毒性，千万不可轻易食用。

在沙漠边缘，多生长有一些野果，如唐古特白刺、黑枸杞和扁核木等，在能识别种类的前提下，可以食用以补充一定量的水分。

2. 什么植物不适合找水

（1）根系极深的植物，如红柳、水柏枝和骆驼刺。

（2）极耐旱的植物，如骆驼蓬、猪毛蒿、驼绒藜等，它们极耐旱，并从空气中获得大部分水分。

（3）盐碱指示植物，如胖姑娘，其下水为盐碱水，不适宜饮用。

第六章　大学生野外生存训练风险管理

第一节　野外生存训练风险管理概述

一、现代的野外生存训练风险管理

（一）现代风险管理的基本概念

1. 危险的含义

危险是导致事故发生的各种因素。

客观危险和主观危险均可单独引发灾难，前者是灾害或意外，后者是人为失误的事故。实际上，绝大多数灾难是由综合因素造成的。有关文献中曾对多例事故进行了详细分析，结果表明导致每例事故发生的危险因素达到 25 个以上。尤其要强调的是，大多数事故发生中都有主观上的不足和错误。

2. 风险的含义

传统意义中的风险等同于危险，被理解为客观的危险，如山间危险、天气危险等。现代的风险概念则是指"失去或获得某种有价值事物的可能性"。而且风险的存在，不仅仅是因为有客观危险，而且与人类的决策和行动的后果有密切的联系，所以有的学者提出：任何事情本身都不是风险，世界上本无风险，但是在另一方面，任何事情都能成为风险。这句话有些玄妙，但也有一定的道理。这取决于人们如何分析其中的利弊，如何对待其带来的得失。

总之，风险不完全是消极的因素和安全的敌人。风险不仅可以带来损失，而且也是产生收益的激发因素。认识和应对风险的态度，可以是消极被动的，也可以是积极主动的，后一种态度恰恰是登山户外探险活动的特点和本质内涵。如在野外生存训练活动中，发生险情和山难的可能与得到探险体验、自我提升及团队建设等收获同时存在。

3. 风险类型

从风险的存在形态来分，风险可以分为实在风险、潜在风险和意外风险三个类型。

（1）实在风险：必然发生的危险、事故和损失。

（2）潜在风险：可能发生，也可能不发生的危险、事故和损失。

（3）意外风险：不可抗力因素造成的意外危险、事故和损失。

4. 导致户外风险的因素和安全控制

（1）风险因素。导致风险的危险成分主要来自环境、人、活动及装备。

人的因素包括身体状况、经验、技术、心理和沟通交流等。活动类型及其所使用装备是风险大小的另外一个重要因素。这些因素不是孤立的，而是综合在一起使风险的级别呈动态几何放大。

环境因素主要指地形和天气两大因素。在评估环境危险因素时应考虑三个方面对其产生的影响，即活动内容（静态内容和动态变化）、活动地点和气候（季节）。

（2）安全控制因素。对于环境因素来讲，我们是无法进行控制的；但对于活动，我们可以通过计划安排、组织领导、经验判断等来进行安全控制。

危险因素和安全控制因素是一对矛盾体。我们可以用活塞原理来解释，把整个活动比作一个活塞桶。危险因素所决定的初始风险的大小是一定的，但在危险因素的动态作用下，风险可能会呈几何放大，好比活塞，安全控制因素是活塞杆，控制着风险水平。一般而言，风险与安全控制可以达到一种平衡，安全控制力越强，风险水平上升的可能性就越小，反之亦然。

5. 其他相关概念

（1）探险：结果不能完全确定的探索和体验，结果不确定性是由于重要信息的缺失、不足和模糊及能力上的局限性所造成的。但这种活动应是有目的、可以自主选择的，有一定的可控性，因此有预期的成功可能性和希望。

（2）冒险：盲目的探险，缺乏必要的认识和准备，是一种侥幸、盲动的行为。

（3）极度体验：更大限度地发挥体力和全面素质能力，感觉到潜能迸发是得到兴奋感和成就感时的体验。

（4）挑战：在危险情况下，充分发挥个人和团队的能力，克服困难，解决结果的不可确定性。

（5）安全：通过控制来消除或规避危险引发的事故。

二、野外生存训练风险管理的原理

1. 野外生存训练中的风险与快乐及创新并存

野外生存训练活动之所以很吸引人，就是因为它使人们有机会体验风险，挑战探险中的困难和不确定性因素。参与这类活动，可满足他们对于难忘的经历和情感的渴望。野外生存训练活动会非常积极有效地激发和提升人的创造性、自信心等。其特殊价值不言自明，因此，人们常试图反复参加这类活动。

野外生存训练，能给人带来如此激动人心、快乐无比的时光，他们很快会迷上这种全新的体验。

探险经历有助于参与者获得以下感受：

（1）增强自尊心；

（2）增强自信心；

（3）体验克服困难或迎接挑战的兴奋感；

（4）体验成就感和幸福感。

探险体验教育基于那些带来挑战及刺激的活动，那些能使参与者经历各种风险因素的活动。各种不同的群体征服了难以想象的困难，并完成了看起来似乎无法完成的任务，并且突破了很多对自身能力的自我认识中的局限性，最终通过体验教育得到了提高。因此，探险体验教育已成为实现个人成长与发展的有效途径。

野外生存训练领队会通过有意识地增加风险，促使活动参与者离开他们舒适的生存空间。但也有一些从事野外生存训练的专业人士一直对这样做的价值表示怀疑，他们建议，通过确保情感的安全性和项目的稳定性，来增强参与者实现积极变化的内在动力。他们发现，这种方法尤其适用于新手、承受过屈辱的人，还有那些易于焦虑烦乱的人。这些专业人士认为，在一个舒适、安全和得到认可的空间里，人们的变化与成长的效果可能更好一些。因此，安全和舒适是参加探险的理想基础。这会使人们重新关注与身体安全相关的情感安全。这种看法倒可以解释，为什么会有不少"腐败"性的野外生存训练。

2. 社会对户外风险的容忍和接受程度

社会对于风险的宽容度和野外生存训练领队道德上的责任要求可以总结为：有意识地让自己"冒险"是"正确"的，但是让别人冒险却是"错误"的。

人们在日常生活中时常面对被社会容忍的风险，如交通事故、自然灾害等，并且容忍这些风险随时出现。但是对普通认为不应该发生的风险，特别是在知道情况的制度框架下（比如，学校、探险旅游业或户外团体）发生的风险会产生强烈的反应。因此这些组织有责任确定它们的设施和项目符合高水准的公共安全。并且，社会有可能对于失败带来的后果反应非常激烈，对失败所造成后果的批评非常苛刻。

社会的反应在以下情况中会变得更为严重：

（1）团队活动不熟悉；

（2）参与者在专业团体或领队的带领下；

（3）专业水准低下；

（4）未告知参与者有可能发生危险；

（5）团体不愿意承担应有的风险和责任。

在探险活动中完全消除灾祸或严重的使人致残的伤害是不现实的。而客观上，在有效控制下的野外生存训练活动中的事故发生率实际上是很低的。因此，控制和减少在野外生存活动中致命性和致残性伤害的发生率，使它们保持在一个适度的水平，这一点至关重要。只有得到社会的认可和容忍，野外生存活动事业才能不断发展。为了达到这个目的，既要加强风险管理，也要普及安全教育，不断提高人们的风险意识，提高社会的容忍程度和承受力。

3. 对风险水平的认识和承受

现代探险者希望在野外生存活动中获得探险和挑战的经历而不会受伤，他们希望野外生存活动领队保护他们免受伤害。但不论是否有领队，探险者们都有责任保护自己的安全。

为了提供高质量的野外生存活动体验，就要求野外生存活动领队了解和掌握可能存在的各种风险，如心理上的、情绪上的、体能上的、文化上的、社会上的以及其他方面的。如果一个参与者不愿意或者不能完成一项活动，那就要首先考虑这项活动对他来说是否安全。

野外生存活动领队在法律和道德上有责任有效管理在野外生存活动中有可能出现的风险。从法律意义上来说，也要求野外生存活动领队提供某一水准的保护，以保证参与者在活动中能够得到最好的体验。

领队不仅要管理风险，而且要管理体验。当管理风险的任务符合客观情况时，开展风险/利益管理会更有效。要依据目标结果评估来进行风险评估，按挑战机会来制订风险管理策略。

根据对主观危险水平的评估、对风险控制手段的运用程度、以往遭遇风险获得的经验等，可以从以下三个层面来确定面对的风险水平，并据此决定应对风险的对策。

（1）绝对风险：即在缺乏安全控制措施的环境中，风险发生的最大限度，换句话说，就是可能出现的最糟糕的情况。

（2）剩余风险：即绝对风险得到安全调控之后存在的风险程度。风险得到控制，但仍可能发生。剩余风险很难准确确定，精明的野外生存活动领队都会努力确保将剩余风险降低到可接受的范围内。

（3）感知风险：感知风险是任何人对可能随时出现的剩余风险大小的主观评估。与野外生存活动领队或经验丰富的探险者相比，新参与野外生存活动的人对风险水平会有不同的认识。人们的认识往往会受到以往经验和个性特征的影响（例如，他们是胆大的人，还是胆怯的人）。感知风险通常因人而异，人们对风险的感知会涵盖从绝对风险到零风险的各个水平。

野外生存活动领队应该认识到，一个群体内不同个体的风险认识会存在重大差异，一个人看来是危险的事情对另一个人来说可能未必如此。人们对危险的感知会受到下列因素的影响：经验水平；疲劳程度；对设备的熟悉程度；心理要素；位置；对其他人的认知；自身认识的局限性；领队使用的方法；对情况的认识；情绪；安全感；焦虑程度。

4. 野外生存训练的风险管理

虽说在野外生存活动中的体验有诸多好处，但是，如果出现问题，就可能造成严重的损失。因此必须建立系统化的风险管理制度。目前，在大多数风险管理的著作中，风险管理中的"风险"基本上是指发生损失的可能性。应用风险管理的原理、程序和策略，把在实现某个项目的使命和目标时可能发生的损失控制在可以接受的水平内，最终也自然会获得最理想的收益。在以下的描述中，我们也是这样使用风险这个词的，以使大家全面理解风险的概念，在分清风险与危险不同的基础上去理解风险管理中风险的含义。

例如，在一个项目中，参与者仅限于使用小刀和毛毯去搜寻食物和住处，这与使用帐篷、火炉，每天每人带上1千克食物的自助旅行课程相比，能带给参与者更多的风险。人们不愿承受与前一项活动有关的风险，那是因为对于缺乏适当培训的初学者而言，在没有指导老师的情况下，让初学者参与其中某门课程安排的旅行可能会风险太大。培训和指导是风险管理中的重要组成部分，通过风险管理，可以更好地培养学生独立旅行和野外生存的能力。

风险管理的目标并不是追求绝对的安全，无论如何减少危险因素和提高安全控制，在登山探险活动中风险总是存在的。但通过影响危险因素中的动态因素，我们可以从安全控制的训练、积累经验、合理计划、提高判断力等几个方面不断提高活动组织能力和有效的风险管理能力。

在登山探险活动中，我们既要认识风险的特性，又要发挥风险的激发作用，同时也要尽量设法规避、消除和减少风险伤害，即进行风险管理。风险管理中首先要认识到风险的存在，要考虑到参与者对风险的应对能力和承受能力。如果你必须要一座雄伟的高山屈服，那么你就应该重新估量自己内心中真实的渴望。登山野外生存训练中的风险管理目标有三个：一是防患于未然。即规避风险，避免险情和损失的发生。二是风险最小化。降低险情和损失发生的可能性，不可避免的风险使其损失最小化到可接受的结果，通过合理的风险管理手段使结果可以被理解和接受。三是利用风险管理使活动收益更大。

第二节　大学生野外生存训练的风险识别

一、大学生野外生存训练风险识别的定义

风险识别是用感知、判断或归类的方式对现实的和潜在的风险性质进行鉴别的过程。风险识别是风险管理的第一步，也是风险管理的基础，其工作的好坏对以后的风险评估和风险应对有很大的影响。只有在正确识别出自身所面临的风险的基础上，风险管理者才能够主动选择有效适当的方法来处理。风险识别是风险管理者对风险因素识别、监测、评价的过程，识别某种特定项目或活动已知的和可预测的风险的方法。

野外生存训练本身是一项具有风险性的运动项目，所以大学生野外生存训练的风险识别是不可预测的、连续不断的、动态的过程，完成这个过程必须经过非常复杂和多次的识别才能准确确认。大学生野外生存训练的风险识别关键在于教师或者领队对风险因素的检查核对，用来判别运动过程中可能发生的或者潜在的风险。风险因素是风险发生的潜在原因，是造成损失的间接条件或隐患，对风险发生的可能性、频率以及严重性有较大的影响。大学生野外生存训练风险识别是制订野外生存训练风险管理方案和风险预警系统的基础，本研究利用现有的文献资料以及大学生野外生存训练风险事故，对风险因素进行认真识别是非常重要的环节。

二、大学生野外生存训练的风险源与风险因素分析

故障树分析法（Fault Tree Analysis FTA）是一种将系统故障形成的原因由上至下，按故障层次以树枝状逐渐细化的分析方法。由于应用的日益广泛和逐渐形成完整的理论，故障树分析法已经普及到社会问题、国民经济管理、军事行动决策等方面。

用故障树分析法对大学生野外生存训练风险源进行分析，将大学生野外生存训练风险源的影响因素一一罗列，进而可以系统地有规律性地进行整理。首先要找出所有能够导致事故发生的风险源，然后找出可能会刺激到风险源的相应原因，再以此类推下去。大学生野外生存训练风险识别的重要依据是文献资料和相关案例。将以往发生的大学生野外生存训练以不同的形式（书报、新闻、网络）保存下来，对此采用各种方法进行了全面的资料收集，并作了比较分析。相比较之下，从文献资料中获得的信息更加直接，其中部分案例研究和统计分析关于大学生野外生存训练原因的剖析为大学生野外生存训练风险识别提供了宝贵依据。

三、大学生野外生存训练风险识别的方法和步骤

野外生存训练是一项比较特殊的体育项目，环境因素对风险的影响是不确定的，识别起来难度就会比较大，因此必须按照一定的程序，借助相关的方法来加以识别。首先，利用现有的文献资料和寻找大学生野外生存训练伤亡事故的具体案例；然后，对收集的文献资料和调查结果进行归类整理，并根据"大学生野外生存训练的风险源"来编制《大学生野外生存训练风险检查表》，然后对《大学生野外生存训练风险检查表》进行效度检验，即请相关专家和学者对风险检查表初稿进行逐项审查，对不合适的一些风险项目进行合理的调整。

《大学生野外生存训练风险检查表》采用"二择一"的方式，对列表中的风险从"可能出现"和"不可能出现"中选择其中一种。若还有没有列出的风险，可以写在表的空栏中，同时对所认为的风险因素进行风险识别。对于这些风险的发生可能性、严重性和可控性等方面的问题，还需要进一步进行风险评估。

四、大学生野外生存训练风险检查的条目

在确定了大学生野外生存训练风险来源后，还需要对这些大学生野外生存训练风险因素进行具体的分析研究。采用文献资料和开放式问卷等研究方法，在所收集的文献资料和相关案例以及调查问卷中所获得的有关大学生野外生存训练风险中的生存环境风险、学生自身风险、教师风险三方面进行归类整理后，提出大学生野外生存训练风险的每一个因素的检查条目（表6-1）。

五、大学生野外生存训练风险识别讨论的问题

大学生野外生存训练风险识别主要是对活动过程中可能出现或遇到的问题进行提前预测，以便在活动前与活动中采取有效措施加以应对。天有不测风云，加之大学生野外生存训练是在野外生存环境中进行，环境复杂变化莫测，有很多不可预知的风险因素，能够准确地识别出大学生野外生存训练的全部风险是一件非常复杂而又艰难的任务。大学生野外生存训练的风险识别与其他体育活动的风险识别遇到的问题是一样的，即如何保证风险识别的可靠性。由于大学生野外生存训练风险问题涉及的因素很多，其风险识别是非常复杂和困难的。另外，大学生野外生存训练风险识别是一个连续不断的、动态的过程，不是仅凭一、两次调查分析就能完成的。许多复杂的和潜在的大学生野外生存训练风险要经过多次识别才能准确发现。

表 6-1　　《大学生野外生存训练风险检查表》条目的基本情况

风险来源	风险种类	数量
生存环境方面的风险（22 条）	消极社会支持	6
	气候异常或地理条件复杂	7
	水、食物和火种的处理	5
	遭遇野生动物攻击	3
	野外迷路	5
	装备质量差或使用不当	4
	学校管理不善	3
学生自身方面的风险（16 条）	身体伤病	3
	体力不支	3
	心理风险	5
	实践经验不足	2
	技术不娴熟	3
	缺乏安全保护意识或自救能力	4
	自我管理能力差	3
	缺乏团队协作沟通能力	2
教师方面的风险（25 条）	教学经验不足	3
	忽视学生的个体差异	2
	野外生存技能较弱	4
	缺乏风险意识或应急能力差	3
	团队管理不善	2
	缺乏完善的风险管理计划	4
	教师心理压力过大	3
	缺乏对学生的安全教育	4
合计		63

　　风险识别的方法很多，本研究主要是依据所搜索的大量文献资料和访谈结果编制出来的《大学生野外生存训练风险检查表》，目的是为了对大学生野外生存训练进行识别，帮助教师和学校相关管理部门在整个活动过程中对可能出现的大学生野外生存训练风险问题有一个较为全面的判断和预测。《大学生野外生存训练风

险检查表》作为大学生野外生存训练风险识别的重要工具，有利于教师和相关管理部门对大学生野外生存训练风险问题进行归因分析，进而为客观、全面分析大学生野外生存训练风险问题以及有针对性地提出风险应对措施提供了合理依据。

第三节　大学生野外生存训练风险评估

一、大学生野外生存训练风险评估的基本理论

风险评估（Risk Assessment）是指在风险识别基础上，通过对收集的大量的详细资料加以分析，运用概率论和数理统计，估计和预测风险发生的概率（频率）和损失程度，为选择风险应对方法与进行正确的风险管理决策提供依据。大学生野外生存训练风险评估主要从大学生野外生存训练风险发生的可能性、严重性以及可控性三方面进行。

二、大学生野外生存训练风险评估的含义和内容

在大学生野外生存训练的过程中，几乎每个项目风险发生的概率都比较大，很可能形成必然事件，损失程度也比较严重，对选择风险应对方法的难度也比较大。风险评估是在风险识别基础上，对风险进行鉴定、鉴别、定性和定量分析的方法，运用概率论和数理统计，估计和预测风险发生的概率（频率）和损失程度，为选择风险应对方法与制订正确的风险管理决策提供依据。

大学生野外生存训练的风险评估主要包括以下内容：（1）通常用概率表示大学生野外生存训练风险发生可能性。（2）大学生野外生存训练风险的严重性分析及可能带来的损失，有些风险发生的概率很小，但一旦发生会造成很大的影响，比如，野外露营过程中的猝死事件。（3）大学生野外生存训练的可控性分析，有些风险因素是可控性的，比如装备风险，有些风险因素是不可预测的，比如自然灾害风险。

三、大学生野外生存训练风险评估的方法

大学生野外生存训练的风险评估主要采用列表排序法和帕累托分析法。所谓列表排序法，就是用逐项评分的方法来量化运动员风险大小，即事先确定评估标准，然后由专家小组一起对预先识别出来的风险发生的可能性、严重性和可控性等指标一一打分，然后三个分值相乘，得出不同风险的风险量（Rv）。风险量值越高，表示风险越大，需要制订相应措施加以风险应对。

本研究的大学生野外生存训练风险评估采用 5 级评判（表 6-2、表 6-3、表 6-4），这是一种新的列表排序法。为了能更准确地对大学生野外生存训练风险进行

评估，笔者编制了《大学生野外生存训练风险评估表》。评估在即将到来的大学生野外生存训练中风险发生的可能性、严重性和可控性，并在相应的空格上填上相应的数字。例如，认为该项风险的发生"比较有可能"、"不太严重"、"较易控制"，就在后面的空格内分别填上4、3、2即可。若还有未列入的大学生野外生存训练风险，请在后面进行补充并进行评估。

表6-2　风险发生的可能性

说明	等级	定义
非常有可能	5	非常容易发生，有较充分的理由预期可能发生
比较有可能	4	容易发生，有理由预期可能发生
有点可能	3	不易发生，但有理由预期可能发生
几乎不可能	2	不易发生，而且无理由预期可能发生
根本不可能	1	认为不会发生

表6-3　风险发生的严重性

说明	等级	定义
很严重	5	暴力致死、袭警、财物受损严重、管理严重失控
比较严重	4	少量人员伤亡、侵袭他人、财物受损、管理失控
不太严重	3	人员受伤、财物轻度受损、管理失控
不严重	2	无人员伤亡、财务轻度受损、管理未失控
没有影响	1	无人员伤亡、无财务受损

表6-4　风险发生的可控性

说明	等级	定义
不能控制	5	认为该项风险不可能被控制
控制难度很大	4	认为该项风险被控制难度较大
控制有难度	3	认为该项风险被控制有一定难度
较易控制	2	认为该项风险被控制难度不大
很容易控制	1	认为该项风险被控制很容易

通常，大学生野外生存训练风险评估采用风险发生的可能性与后果严重性两个维度评分结合起来的方法，即将两个评分相乘得到风险量。大学生野外生存训

练评估风险时，发生的概率（可能性）与后果严重性是两个重要的因素，此外，可控性，即教师或相关管理部门对风险影响可能控制的程度，也是一个应该重点考虑的因素。本研究的大学生野外生存训练风险评估采用的改良列表排序法是在传统的风险发生可能性与后果严重性基础上加入风险可控性维度的一种综合评估方法。依列表排序法，其风险量（Rv）计算的公式是：$Rv = P \cdot S \cdot C$（式中：P为风险发生的可能性；S为风险发生的严重性；C为风险发生的可控性）。

识别出对大学生野外生存训练的各个层级有影响的重大风险后，下一步是对风险发生的可能性及相对重大程度进行评估，用以评估风险影响的常见的定性方法是制作风险评估系图（图6-1）。风险评估系图识别某一风险是否会对大学生野外生存训练产生重大影响，并将此结论与风险发生的可能性联系起来。这种方法能够为确定风险的优先次序提供框架。与影响较小且发生的可能性较低的风险（x2）相比，具有重大影响发生的可能性较高的风险（x1）更加值得关注。

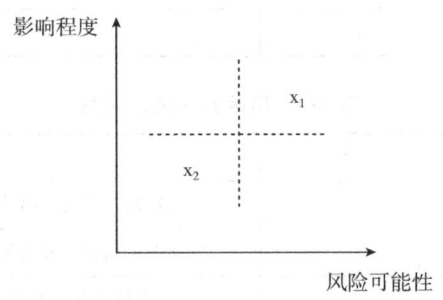

图 6-1　风险评估系图

《大学生野外生存训练风险评估表》是在"大学生野外生存训练风险源"的基础上，从大学生野外生存训练风险定义出发，对引发大学生野外生存训练的不利事件的描述。《大学生野外生存训练风险评估表》中的风险源及风险因素如下表所示（表6-5）。

四、大学生野外生存训练风险评估结果分析

（一）采用列表排序法对大学生野外生存训练风险进行评估

通过采用列表排序法对《大学生野外生存训练风险评估表》评估数据进行统计处理，得到大学生野外生存训练风险评估结果（表6-6）。为了直观地展示评估结果，根据表中数据，分别绘制了风险评估图、大学生野外生存训练教师方面的风险评估图、大学生野外生存训练学生自身方面的风险评估图、大学生野外生存训练生存环境方面的风险评估图（如图6-2，图6-3，图6-4，图6-5）。

表 6-5 《大学生野外生存训练风险评估表》中风险来源与风险因素

风险来源	风险因素
教师方面	1. 教学经验不足
	2. 忽视学生的个体差异
	3. 野外生存技能较弱
	4. 缺乏风险意识或应急能力差
	5. 团队管理不善
	6. 缺乏完善的风险管理计划
	7. 教师心理压力过大
	8. 缺乏对学生的安全教育
学生方面	1. 身体伤病
	2. 体力不支
	3. 心理压力过大
	4. 实践经验不足
	5. 技术不娴熟
	6. 缺乏安全保护意识或自救能力
	7. 自我管理能力差
	8. 缺乏团队协作沟通能力
生存环境方面	1. 气候异常或地理条件复杂
	2. 水、食物和火种的处理（如水污染、食物中毒、火灾）
	3. 遭遇野生动物攻击
	4. 野外迷路
	5. 装备质量差或使用不当
	6. 消极社会支持（如亲人的影响、社会舆论）
	7. 学校管理不善

表 6-6 大学生野外生存训练风险评估结果

风险因素	风险量（均分）	类别（单排序）	全因素（总排序）
教师方面因素			
1. 教学经验不足	30.79	5	12
2. 忽视学生的个体差异	22.42	8	21
3. 野外生存技能较弱	34.67	2	7
4. 缺乏风险意识或应急能力差	38.47	1	3
5. 团队管理不善	32.02	4	10
6. 缺乏完善的风险管理计划	33.19	3	8
7. 教师心理压力过大	22.49	7	20
8. 缺乏对学生的安全教育	24.40	6	19
学生方面因素			
1. 身体伤病	36.79	2	4
2. 体力不支	36.63	3	5
3. 心理压力过大	28.81	6	14
4. 实践经验不足	26.79	8	17
5. 技术不娴熟	32.65	5	9
6. 缺乏安全保护意识或自救能力	43.63	1	2
7. 自我管理能力差	35.49	4	6
8. 缺乏团队协作沟通能力	27.70	7	16
生存环境方面因素			
1. 气候异常或地理条件复杂	52.63	1	1
2. 水、食物和火种的处理（如水污染、食物中毒、火灾）	25.47	5	18
3. 遭遇野生动物攻击	31.26	2	11
4. 野外迷路	30.47	3	13
5. 装备质量差或使用不当	28.72	4	15
6. 消极社会支持（如亲人的影响、社会舆论）	18.12	7	23
7. 学校管理不善	21.67	6	22

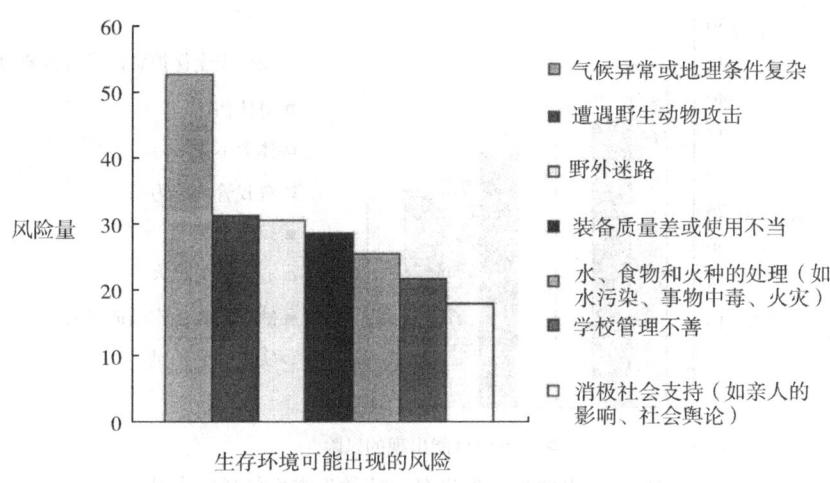

图 6-2　大学生野外生存训练生存环境方面的风险评估

从图 6-2 中可以看出，大学生野外生存训练生存环境风险中，风险量最大的是出现暴风雨、泥石流、原始森林等气候异常或地理条件复杂风险，排名前 3 位的风险依次是气候异常或地理条件复杂、遭遇野生动物攻击和野外迷路。

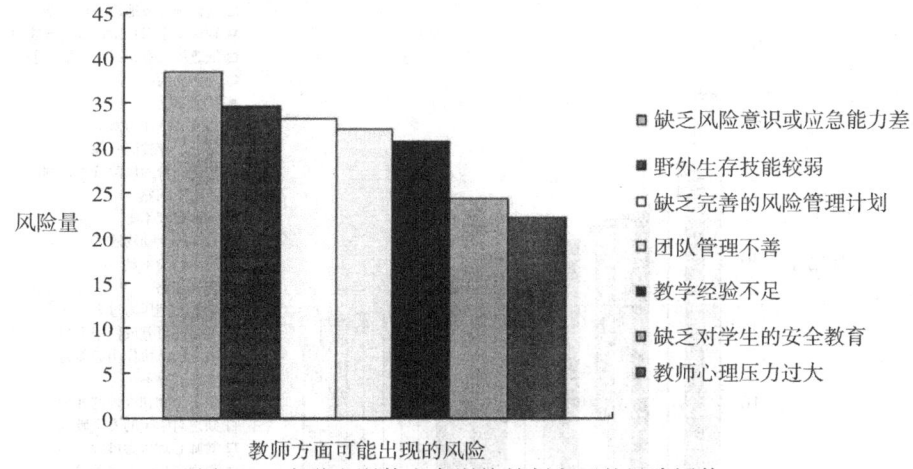

图 6-3　大学生野外生存训练教师方面的风险评估

从图 6-3 中可以看出，大学生野外生存训练教师风险中，风险量最大的是出现风险意识或应急能力风险，排名前 3 位的风险依次是出现风险意识或应急能力、野外生存技能较弱和缺乏完善的风险管理计划。

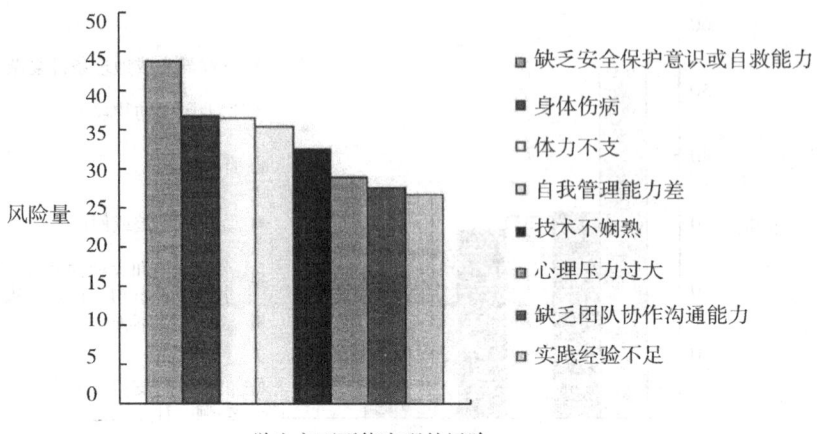

图 6-4　大学生野外生存训练学生方面的风险评估

从图 6-4 中可以看出，大学生野外生存训练学生风险中，风险量最大的是缺乏安全保护意识或自救能力风险，排名前 3 位的风险依次是缺乏安全保护意识或自救能力、身体伤病和体力不支。

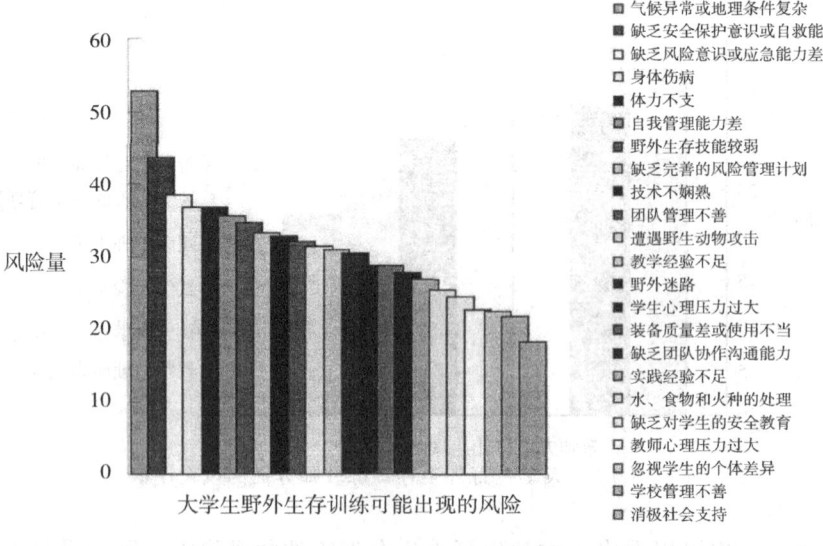

图 6-5　大学生野外生存训练风险的评估

从图 6-5 中可以看出，在大学生野外生存训练风险中，排名第一的是出现暴风雨、泥石流、原始森林等气候异常或地理条件复杂，这是在野外活动出现风险最有可能的因素，是教师或领队在制订风险管理计划中最为关注的风险因素。无论从数据还是从近几年来大学生野外生存训练风险事例中，可以看出风险事故的发生大部分都与气候和地理条件有直接或间接地关系，例如，2008 年 2 月 27 日北京大学山鹰社 21 名队员前往小五台山进行攀越冬训，在下山途中遭遇大雪，被困一天。该风险因素的发生还有可能是其他原因导致的，教师管理计划制订的不完善，没有涉及气候或地理条件方面的说明，致使老师和学生忽视对这方面的重视。

　　排名第二、三位是学生缺乏安全保护意识或安全自救能力、缺乏风险意识或应急能力差，在大学生野外生存训练过程中，学生应当时刻保持安全警惕，因为野外生存是在野外环境中进行，随时都有可能有不可预知的事情发生，如果发生了风险事故，学生自身要学会自救，应变可能发生的一切事故。我国高校在开展野外生存实践课之前必须对学生进行安全教育，以及安全自救模拟训练，以提高大学生的安全保护意识和自救能力以及风险意识和应急能力。

　　学生自身风险中的身体伤病和体力不支分别排名第四、五位，大学生野外生存训练前的体检是必需工作，预防某些特殊疾病的发生以保证能按计划顺利进行野外生存训练。在大学生野外生存训练中，学生自身的体力不支是潜在的风险因素，野外生存训练不仅需要技术动作规范，同样需要体力，野外生存行进中要密切注意学生的体力情况，适当注意安排行程的远近和运动量的大小，以确保学生的安全。

　　（二）采用帕累托分析法对大学生野外生存训练风险进行评估

　　采用帕累托分析法进行大学生野外生存训练风险评估，可以在评估结果上与列表排序法相互补充验证。帕累托分析结果，与列表排序法对大学生野外生存训练风险评估的结果大致上保持一致（图 6-6）。

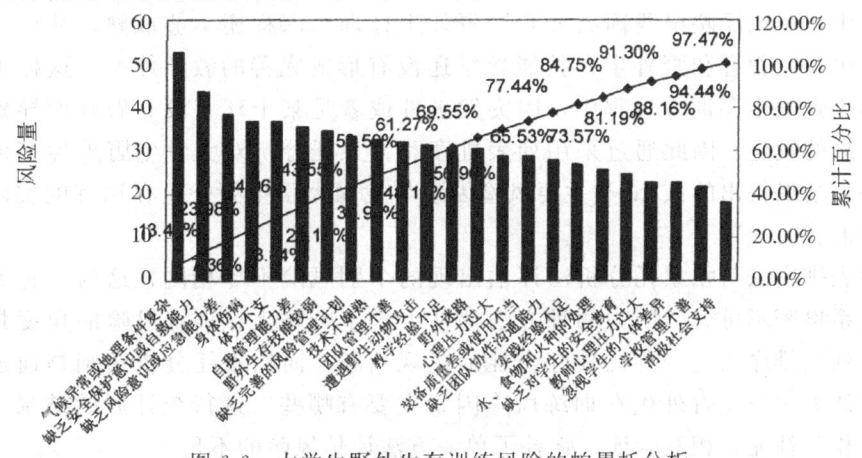

图 6-6　大学生野外生存训练风险的帕累托分析

从图 6-6 中可以看出，按照累计百分比 0％～80％间的因素为 A 类因素（即主要因素）的规定，可截取的 A 类大学生野外生存训练风险因素为 16 个，依次为出现暴风雨、泥石流、原始森林等气候异常或地理条件复杂、缺乏安全保护意识或自救能力、缺乏风险意识或应急能力差、身体伤病、体力不支、自我管理能力差、野外生存技能较弱、缺乏完善的风险管理计划、技术不娴熟、团队管理不善、遭遇野生动物攻击、教学经验不足、野外迷路、心理压力过大、装备质量差或使用不当以及缺乏团队协作沟通能力。这说明大学生野外生存训练主要风险因素有 16 个。按照累计百分比 80％～90％间的因素为 B 类因素（即次要因素）的规定，可截取的 B 类大学生野外生存训练风险因素为 3 个，依次主要是实践经验不足、水、食物和火种的处理以及缺乏对学生的安全教育。其他 90％～100％的为 C 类因素（一般因素）。

对照上述采用列表排序法对大学生野外生存训练风险的评估结果，可以看出对大学生野外生存训练风险的帕累托分析最大的风险因素一致，都是出现暴风雨、泥石流、原始森林等气候异常或地理条件复杂风险，这与大学生野外生存训练是在野外复杂的环境中进行是密不可分的，说明该风险因素在大学生野外生存风险中最应该引起教师或者管理者以及领队甚至相关领域的研究专家的关注。但最容易被忽视的风险因素缺乏完善的风险管理计划风险和团队管理不善风险，根据评估结果被列为主要风险，也是合乎情理的。缺乏完善的风险管理计划和团队管理不善风险主要表现在大学生野外生存训练过程中学生会因为某个环节疏忽而受伤，这种现象在大学生野外生存训练过程中时常发生。缺乏安全保护意识或自救能力风险、缺乏风险意识或应急能力差风险、野外生存技能较弱风险等出现在主要风险因素中，可以反映出我国高校开展野外生存训练课程还不够成熟，从评估结果可以看出安全教育和野外生存技能教学还没有形成完善的教学体系，这样可能会在大学生野外生存训练过程中，因突发事件或者是某个环节没有做到而导致意外伤害事故的发生。因此通过采用列表排序和帕累托分析对大学生野外生存训练风险的评估结果得出的该 16 类主要风险因素与我国大学生野外生存训练的实际情况是符合的。

列表排序法与帕累托分析法评估出现的个别风险不尽相同，这与两种方法本身的关系也密不可分。因为两种方法评估大学生野外生存训练风险的角度是不相同的。列表排序法是一种比较综合性的主观判断，而帕累托分析法则是通过列举的"您认为大学生野外生存训练风险因素主要有哪些"进行统计后的结果。这两种方法相互补充，相互验证，弥补了单一方法评估风险的不足。

五、大学生野外生存训练风险评估结果的讨论

（一）大学生野外生存训练风险评估的意义

就目前我国高校开展野外生存训练课程的现状来看，经常会遇见各种可预见和不可预见的风险因素。然而哪些风险因素会对大学生野外生存训练影响最大，哪些是主要因素，对其影响多大，是需要教师或者相关领域的专家学者认真思考的问题。为此，本研究在对大学生野外生存训练风险识别的基础上，具体分析影响大学生野外生存训练风险因素，这就需要对大学生野外生存训练进行评估。

对大学生野外生存训练风险进行准确的风险评估不仅可以给教师或者相关管理部门提供帮助，更为重要的是，可以为大学生野外生存训练水平的提高和比赛能力的培养提供依据和参考。我国高校野外生存训练课程还不够成熟，及时准确的大学生野外生存训练风险评估结果不仅可以为我国高校野外生存训练的开展提供理论上的依据，也能在实践上提供实际意义上的帮助。

为更准确及时地对大学生野外生存训练进行评估，本研究主要选取了近20所开展相关课程的高校，50多位工作在一线岗位上的教师和具有多年相关领域研究的学者，对其问卷结果进行了帕累托分析，然后与列表排序法所进行的评估结果进行对比发现，两种方法在评估结果上大致相同。对于某些风险因素比较复杂的问题，可以使用多种方法进行风险评估，可以从多角度来预测，它们之间可以互相补充。

（二）大学生野外生存训练风险事故发生原因及案例分析

大学生野外生存训练作为一项体育课程，与传统的体育课程相比，无论是在教学形式还是在教学内容上都存在着很大的区别。结合学校的实际情况，大学生野外生存训练课程在第一阶段以理论课为主，第二、三阶段以野外实践和综合训练为主。野外实践从室内课堂搬到野外自然环境中，这不仅是教师和学生对环境、场地、设施等外部因素的认知情况的了解，也是对心理素质等内部因素的考验。

1. 大学生野外生存训练风险事故发生因果链

大学生野外生存训练风险事故的发生就是不安全状态（外因）加上不安全行为（内因）的结果。如果事故发生得不到及时控制或管理方式不当，还会激发事故的涟漪效应（图6-7）。随后影响范围更广，会波及其他风险发生，难以预测事故后果的严重程度。所以，麻痹大意、侥幸心理、缺乏预见和遇事不冷静，都是安全的隐患。

2. 大学生野外生存训练风险事故因果分析

大学生野外生存训练是一个由人、装备、环境三个方面组成的复杂系统，它们之间具有相互联系、相互制约的关系，即事故的原因取决于人、装备、环境三

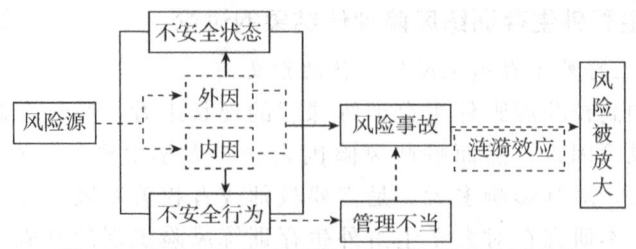

图 6-7 大学生野外生存训练风险事故发生因果链

者之间的联系，而这三者又受管理状态的制约。在大学生野外生存训练过程中，人、环境和装备为了达到一定的目的，各自发挥自己的作用，相互联系、相互影响、相互配合。整个运动过程的安全不仅取决于人的行为，还取决于物的状态和管理的状态。因此，大学生野外生存训练风险事故发生的原因应从人的行为、物的状态和管理的状态这三方面来进行分析。

（1）人的不安全行为

从近年来大学生野外生存训练风险事故的案例可以看出，"人为过失"是最大杀手（2006 李舒平《安全为天》），人的不安全行为是大学生野外生存训练风险事故的重要致因。其中，有大学生野外生存训练参与者自身原因，如缺乏风险意识，自我管理能力差，体力不支等；也有活动组织者（教师或领队）的原因，如教师的风险管理方案不合理，缺乏教学经验，领队责任心不够等；另外还有团队因素，如队员之间或队员与组织者之间没有形成良好的协作沟通，缺乏团队精神等。

（2）物的不安全状态

物（装备和环境）的不安全状态是风险事故的物质基础，构成活动过程中的隐患和风险源，在一定的条件下，就会转化成为风险事故。装备的不安全状态有以下几种情况：装备的设计不良或有缺陷，材料强度不够等导致的质量问题；部件磨损和老化，安全防护装置失灵等使用过程中出现问题。环境因素也是风险事故的直接原因。通常是指环境的异常，即滑坡、泥石流、暴雨等恶劣天气。

（3）管理失误

管理是风险事故发生的间接原因，它是风险事故的直接原因得以存在的条件。它包括活动组织上的漏洞，缺乏安全防患意识，救援系统不完善，缺少风险预警机制，安全教育培训力度不够等。

人的原因、物的原因是事故发生的直接原因，而管理方面的原因则是事故发生的间接原因。除了环境因素中由于发生自然环境的异常变化外，通过加强训练前的安全教育管理，可以对人、物和可控的环境施加很大的影响，降低三者诱发事故的几率，从而有效地减少风险事故的发生。如通过加强安全教育，使大学生、教师或者领队都明白活动安全的重要性，熟练掌握大学生野外生存训练的相关运动技能，这样可以大大降低风险事故的发生。

3. 大学生野外生存训练风险事故案例分析

案例1：浙江林学院大明山野外生存生活训练实验在开营第一天扎营白水坞时，由于下雨，实验队员饮用了不卫生的溪水，加之又吃了油腻性食物，结果华东师范大学和浙江林学院三名队员出现上吐下泻以及发热症状，通过领队和队员之间的沟通，领队决定将他们送往山下。接下来的两天里，这几名队员躺在大明山脚下一家老乡的屋子里，在艰苦的条件下依靠自身的毅力战胜病痛，第三天腹泻一止就不顾腿软无力，相互搀扶着抄小路赶上了大部队。在第一次实验过程中，由于天气、路况及饮食卫生等一系列原因，队员患感冒、发热、肠胃不适等病症的情况时有发生，在某种程度上增加了此次实验的难度。

分析：由于是第一次野外生存训练实验，经验不足，出现因为天气以及饮食卫生等一系列风险因素，造成了几名同学身体不适，从而增加了此次实验的难度。此次风险事故的控制，主要是领队根据当时所处环境的不适以及出现病症队员情况的身体不佳进行了合理的评估分析，进而控制了风险的扩大。

案例2：华东师范大学训练队第二组在进入大明山实验第一天溯溪时误上岔路，队员们兴致很高，越走越远，直到崖壁挡路时才发现已和大部队失去了联系。这时天色已晚，雨仍不停地下着，全队好几名同学又饿又累，有的身体还不舒服，处境十分险恶。但训练前教师讲授的相关知识告诉他们，越是在这种危急情况下越不能慌乱，沿着来路他们仔细搜索前进，同时不断通过对讲机呼叫大部队，终于在失去联系3小时后回到了营地。

分析：在这次野外生存生活训练实践过程中，由于学生的鲁莽和逞强致使与大部队失去联系，处境十分险恶。该事故的发生主要原因是学生自身风险的自我管理能力弱，但队员们根据训练前讲授的野外生存安全教育知识，顺利控制了风险事故的发生。

案例3：2009年11月武汉某高校在一次野外攀岩模拟训练过程时，一女生因没有戴头盔，在下降的过程中头发缠绕在绳索上，该女生在半山腰手忙脚乱，最后头部碰到石头上被撞破。

分析：学生进行模拟野外攀岩过程中，教师对学生的要求应该和野外攀岩训练是一致的。由于教师要求的不严格和学生的不自觉致使该女生在模拟训练过程中出现伤害事故，根据上述对风险事故原因的识别和评估，对类似的风险事故，教师应该在模拟野外攀岩训练前，对学生严格要求，按照正常的安全程序进行操作和实施并对器械进行一一检查，做到尽量降低风险事故的发生。

第四节　大学生野外生存训练风险应对策略

风险应对（Risk Treatment）是指风险管理中控制手段的选择与实施。大学生野外生存训练的风险应对策略主要包括风险回避（Risk Avoidance）、风险降低（Risk Reduction）、风险自留（Risk Acceptance）、风险转移（Risk Transfer）等措施。最后从大学生野外生存训练风险识别、风险评估和风险应对三个方面并结合实践来制订一套大学生野外生存训练风险管理方案和风险预警系统，提供给教师、学生作为参考。

一、大学生野外生存训练的风险回避

风险回避是指在风险评估的基础上，发现项目风险发生的几率很高，而且可能造成的损失也很大，采取放弃项目、放弃原有计划或改变目标等方法，使其不发生或不再发展，从而避免可能产生的潜在损失。

大学生野外生存训练的风险回避是尽可能使风险不发生，通过对大学生野外生存训练风险进行评估，如果风险发生的可能性比较大，无法预测到风险发生后果的严重程度，比如暴雨天气时漂流，那我们就可以选择放弃此项活动或者改变活动的时间、地点等。通过风险回避可以降低风险的发生和避免风险损失。

二、大学生野外生存训练的风险转移

风险转移又叫合伙分担风险，其目的不是降低风险发生的概率和不利后果的大小，而是借用合同或协议，在风险事故一旦发生时将损失的一部分转移到项目以外的第三方身上，如为参与者投保人身意外伤残险。

一旦在野外生存训练过程中发生伤害事故，往往和学生家庭、教师、学校很难划分责任界限，大学生野外生存训练风险转移的最好方式就是为参与者投入身意外伤残险，这样可以减少学生家庭和学校之间的纠纷，主要是减少了学生家庭和学校的经济负担。据某新闻报道，日本学校组织学生"春游"活动有学校的社会实践风险基金做保障，取得了很好的社会反响。所以我国在进行大学生野外生存训练时应该成立一项大学生野外生存训练活动社会实践风险基金，为大学生野外生存训练的安全增加了一道"防线"。

三、大学生野外生存训练的风险降低

风险降低就是把风险降低到最低程度，是风险应对策略过程中应用最多的方法。它包括风险防范与风险减轻两类方法。风险防范是指事前采取一定措施降低不利事件发生的可能性（概率）；风险减轻是指不利事件发生时采取措施减少其不良后果。

天有不测风云，在风险防范时，最好将每一个具体风险因素都识别出来，采取不同手段、措施对这些因素进行隔离，从而把风险减轻到可接受的水平。大学生野外生存训练是亲近大自然的，天气变化莫测需要我们加倍小心防范和减轻风险的发生。应设法将那些已经识别的不可预测的和可预测的风险变为已知的风险，这样我们就可以事先想方设法降低风险。

四、大学生野外生存训练的风险自留

风险自留又称承担风险，它是一种由活动组织者自己承担风险损失的措施。在大学生野外生存训练过程中，如果遇到野外生存装备丢失而找不到责任人或者活动所需装备的消耗，就要由组织者或者学校来承担风险。

第五节　大学生野外生存训练风险管理方案

野外生存训练主要在户外的自然环境中进行，其过程中存在很多不可预知的因素，具有一定的风险，存在一定安全隐患。所以，要认识到"安全"是参与野外生存训练的首要目标，特别是作为国家栋梁之材的大学生，在参与野外生存训练之前，阅读相关野外生存训练风险管理知识和安全措施是必然的。

一、构建大学生野外生存训练风险管理方案

野外生存训练风险事故是可以避免发生的，进行野外生存训练时应随时预测、判断、处理活动中存在的危险因素，防止事故的发生。通过对整个风险事故的识别、评估和应对，制订风险管理方案（图6-8），然后对风险管理方案模型进行分析。

在制订好的风险管理方案基础上，对风险应对策略进行监测，对风险的识别，也绝不是一次性的过程。风险识别程序不是连续的，一旦风险识别，必须对风险进行监测，并在需要时不断做出调整。野外生存训练所处的环境是动态变化的，已识别的风险也将随着改变。对风险引起的损失进行诊断后，以了解他们的建议得以实施，并设计来改善风险管理过程，制订一套应对新风险的策略，然后再对风险进行识别、评估、应对，如此循环反复，把大学生野外生存训练的风险降到最低，但又不会把大学生野外生存训练的危险性和挑战性特征清除掉。英国探险活动管理部门认为，适当平衡危险与控制之间的关系，会推动户外探险活动逐步发展到惊人的地步。据调查所知，目前我国高校开展野外生存训练课程面临的问题是不能适当平衡与控制风险之间的关系，有些学校为了避开风险而将野外生存

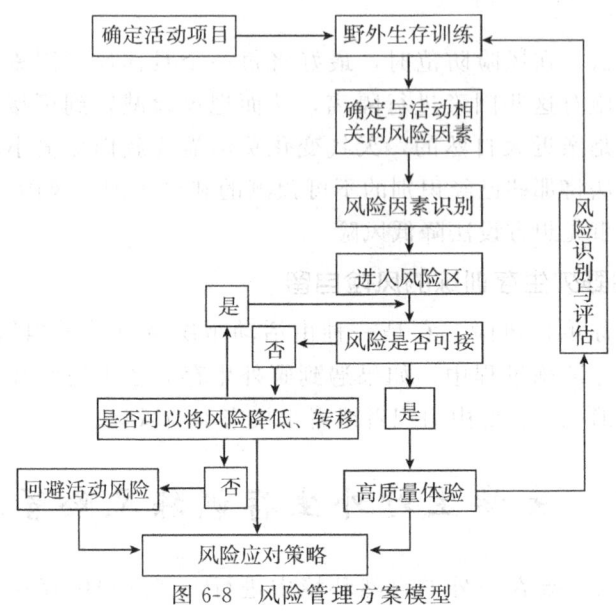

图 6-8　风险管理方案模型

训练项目的危险性和挑战性特征消除掉，这样野外生存训练在高校将不会得到全面发展。

二、构建大学生野外生存训练风险预警系统

大学生野外生存训练风险预警系统的基本思路是建立像交通信号灯一样的预警系统，即"绿—黄—红"信号系统（图 6-9），其目的是为了及时发现在大学生野外生存训练过程中存在的问题，以便采取相应的对策。

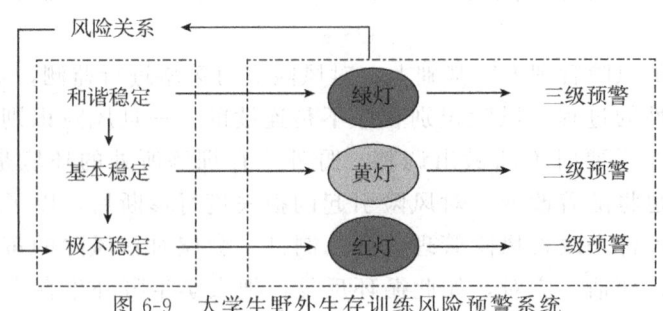

图 6-9　大学生野外生存训练风险预警系统

（一）绿灯信号，即三级预警

此阶段大学生野外生存训练处于和谐稳定状态，预警指标（风险因素）都处于非常满意的状态，并且能够得到合理有效的控制。这种和谐稳定的状态，需要

采用合理有效的科学方式，如"创新"，使大学生野外生存训练得到健康有序的发展。

（二）黄灯信号，即二级预警

此阶段大学生野外生存训练基本处于稳定状态，各项指标处于可控范围，如果在大学生野外生存过程中出现问题能够得到缓解，但不能及时有效解决，主要是因为某个指标发生了变化，出现了不适当的地方。比如，在大学生野外生存训练过程中丢失了装备，一般采用风险自留及时调整不和谐因素，避免风险的连锁反应。

（三）红灯信号，即一级预警

此阶段大学生野外生存训练处于极不稳定的状态，部分预警指标已达到最低程度，会引起突发事件并带来负面影响。比如暴雨天气时攀爬，通过风险回避选择放弃此项活动或者改变活动的时间、地点等，以减少风险发生的可能性和风险带来的损失。在此阶段还需要成立紧急小组，其目的是预防突发事件所造成的损失。

第七章 野外生存自救与特殊环境下的生存方案

第一节 野外自救

野外活动时，受伤和生病都有可能发生，最常见的伤病及处置（急救）方法主要有以下一些类型。

一、出血、止血和包扎

血液是维持生命的重要物质。人体血量约 5000～6000 毫升，约占体重的 7％～8％。血液从损伤的血管流出叫出血。急性出血（大血管破裂）的流血量超过 800～1000 毫升时，如不及时止血，就会引起休克和心跳停止而造成死亡。

出血的种类大体分为外出血和内出血两种。外出血是指血液由皮肤损伤处流出体外。内出血是指血液由破裂的血管流入组织、脏器和体腔中。对内出血的判断，主要是看有没有吐血、咯血、尿血和便血等症状。

外出血的止血方法主要有以下几种：

1. 指压止血法

这是一种简单有效的临时止血法，多数用于头部、颈部及四肢的动脉出血。这种方法是在出血处的近心端，找到动脉行走的部位，用手指将动脉压在骨骼上达到止血的目的，然后扎上止血带。如被蚂蟥叮咬后，往往流血不止，用手指压迫伤口处几分钟，就能止住流血。

2. 止血粉止血法

就是将止血粉直接敷在出血部位，可止住流血。

3. 伤口处理及包扎

伤口较大或较深，不能用水冲洗，以免把表面污物冲入深部，造成感染、化脓。野外往往缺少或没有现成的包扎材料，可利用自己的毛巾、手帕、衣服进行包扎。包扎方法通常有环形、蛇形、螺旋形、"8"字形等。

发现内出血时，要稳定情绪，记住发病时间和症状，及时到医院检查和治疗。千万不要乱吃药。

二、踝关节扭伤的处置

关节扭伤，实际上就是韧带扭伤，韧带是把骨骼连在一起的柔韧组织，韧带过度扭转或扯开，就会扭伤关节。腕、肘、膝、髋和肩等关节都会扭伤，踝关节则是最易扭伤的关节。步行或跑步时脚部突然扭转，就会扭伤踝关节。关节扭伤时，应立即冷敷，以宽布条或布兜来固定；如要继续走路，绝不能脱掉鞋子，如果脚肿起来无法穿鞋，可踩穿着鞋子（如同穿拖鞋）行走。

关节扭伤的主要症状为关节扭伤部位肿胀、发青发紫，有压痛感，活动时疼痛，有时与骨折难以区别，此时应作骨折处置。

三、骨折固定

骨头断裂或折断，称为骨折。骨折可分为外骨折和内骨折（闭合性），内骨折是指没有刺穿皮肤或裸露在外的病例，触动受伤部位时会很疼痛。外骨折断端锐利，会刺破皮肤或有明显的伤口，容易引起感染和骨髓炎，如刺伤大血管、神经或重要脏器，还会遭致残废或死亡。

伤员骨折时，应立即给予临时固定。正确的固定有利于搬运和转送，并能使骨折部位和肢体免于活动，减轻伤员痛苦。

1. 骨折固定原则

骨折固定的一般原则：①先止血、包扎，然后再固定。如患者处于休克状态，必须先进行抗休克处理。②就地固定。在固定前，不要轻易移动伤员。暴露伤口时，可剪开衣裤，不要脱下衣裤。③临时固定只是为了制动而不是整复，严禁当场整复。④固定时要加衬垫，先固定骨折两端，后固定上下两关节，做到牢固可靠。⑤固定时松紧要适宜。不可过松，也不可过紧。固定四肢时，要露出指尖，以便观察血液循环。⑥固定后作好标志，迅速送往医院，注意保暖。

2. 分析固定方法

上臂（肱骨）骨折固定法：进行上臂骨折固定时，应注意两点，一是肘关节屈成直角；二是肩关节不能移动。①夹板固定法。肘关节屈成直角，用两块木板放在伤口两侧，用三角巾固定，再用三角巾作小悬臂吊，固定于胸前。②竹筷固定法。把四根竹筷或树皮、竹片放在内外侧各两根，用绷带或三角巾固定，然后前臂悬吊起来，固定于胸前。

前臂（尺骨）骨折固定法：将受伤的前臂内、外两侧各放一块夹板，然后用三角巾或手帕进行固定，并用三角巾将前臂吊于胸前。

大腿（股骨）骨折固定法：把一块相当于脚跟至腋下窝长的夹板，放在伤腿外侧或后侧，再用七块三角巾固定夹板。同时，应脱去伤肢的鞋袜，以便随时观察血液循环。

小腿（腓骨）骨折固定法：①夹板固定。把一块长度等于大腿中部到脚跟距离的夹板，放在小腿外侧，在关节上垫置棉垫，用五条三角巾固定，在脚部再用"8"字形固定，使脚与小腿成直角。②健肢固定法。在无夹板情况下，可利用伤员健侧下肢来作固定，即把健肢移向伤侧并列，在两腿关节处垫置棉垫，用三块三角巾来固定。

3. 伤者搬运法

正确的搬运方法能使伤员迅速脱离现场，减轻痛苦，得到及时治疗。搬运伤员总的要求是快、轻、稳，避免震荡。搬运伤员时，要根据伤情的不同，选用适宜的工具并使伤员在担架上采用不同的姿势。①单人搬运，可分为肩负式、背负式、抱负式和腰带抱运等。不可使用自己无法支持的方式，否则一旦失手，会加重病人的伤势。②双人搬运法。最好用担架搬运，既省力又方便。用担架搬运时要注意的是：伤者上担架要平托；伤员头部要放在后面，使后面的救护员能随时观察伤情；抬担架行走要平稳，步子快慢相同，担架高低要保持平衡。

四、扎刺的处置

在野外活动时，手脚和裸露的体部都有可能被刺扎伤，细小的木刺、藤刺、篾刺扎入皮肤后，会感到疼痛和难受。清除的方法一般为，留在皮肤外的小刺可用镊子或用长指甲夹住拔出。如小刺已扎入皮肤，可用缝衣针、大头针挑出。先找到准确的部位，然后将针斜插进其边缘皮肤中，慢慢拨出。如果没有钢针，可用尖硬的藤刺替代，也可将竹棒削尖作针使用。

五、割伤的处置

如果被刀、茅叶等一般割伤，可用创可贴、纱布包扎即可。如较严重，首先要用干净布块敷在伤口上止血。创口无流血后，再用纱布蘸微温的肥皂水清洗伤口周围的皮肤，一般从伤口向外揩拭，以防肥皂水流入伤口内，纱布脏后要及时更换。

六、戳伤的处置

戳伤的情况在野外活动中十分常见，主要表现为手足被露出地面的树桩、树枝、竹桩、尖石刺伤，或突然滑倒时被地面上的凸硬物刺伤。

从表面上看，被戳的伤口也许不大，其实伤口可能很深，并把污垢和细菌带到里面，伤口一旦发炎，就会扩散到身体其他部位，引发严重疾病，导致不良后果。

戳伤后，一般先止血，进行适当消炎，包扎好伤口。如果有较大的异物留在伤口内，不要自行拔出，因为刺入物堵住伤口，减少失血，拔出后反而会大量流血。为了避免刺入物压进伤口，可用环形垫盖在伤口上，然后扎上绷带。如无环形垫，可用剪掉上半部的纸杯代替。

七、异物入眼的清除

在野外活动中，沙尘、小虫、枯木朽株上的粉末、花屑都容易入眼。异物入眼后，可采取以下方法进行清除。

用手轻轻把眼睑提起，眼球同时上翻，泪腺就会分泌出泪水把异物冲出来，也可咳嗽几声，把灰尘或沙粒咳出来。

取一盆清水，吸一口气，将头浸入水中，反复眨眼，用水漂洗，或用装满清水的杯子罩在眼上，冲洗眼睛，也可以侧卧，用水壶装温水冲洗。

请人翻开上眼皮或下眼皮，一旦发现异物，用棉签或干净的手帕一角将异物轻轻撩掉。若异物在里眼球部位，应让患者转动眼球，让异物移至眼白处再取出。

如果是铁屑类异物入眼，可找一块磁铁洗净擦干，将眼皮翻开贴在磁铁上，然后慢慢转动眼球，有可能将铁屑吸出。

八、小虫入耳的处置

春夏是昆虫活动的时节。在野外活动时，乱飞的小虫会不小心钻进你的耳里，此时，千万不能盲目地用挖耳勺、发夹之类的东西乱掏，因为虫子是头部朝着耳朵里面钻的，乱掏乱挖会使虫子更往里钻。正确的处置方法应当是：

1. 按耳

如果小虫在左耳，就用右手紧按右耳；如果小虫在右耳，就用左手紧按左耳，使小虫自行退出。

2. 滴菜油

身体侧卧，患耳朝上，向耳道内滴几滴菜油（麻油、豆油、玉米油）或白酒，把小虫淹死。然后用夹子夹出或用棉签慢慢粘出，也可用温水轻轻洗耳，使小虫顺水流出。

3. 亮光引诱

小虫一般喜欢光亮，如用手电筒照射，虫可能被引诱出来。

九、常见性身体不适的处置

常见性身体不适的症状很多，如不明原因的脸色发红、发青，腹痛，呕吐，脑袋昏昏沉沉全身乏力等等。遇上身体不适时，首先要放松自己，原地休息一段时间，认真想一想自己前不久的饮食情况、病史，仔细查一查原因，然后根据不同的情况采取相应的措施。

1. 感冒发烧

感冒是由普通细菌或病毒引起的上呼吸道感染，主要症状一般为咳嗽、流涕、打喷嚏、头痛、发烧、全身乏力等。一旦感冒发烧，患者应进行适当休息，以恢复体力，增强抵抗力，同时应服用感冒类药物和阿司匹林一类解热镇痛剂，以加速感冒症状的缓解。如果无退热药物，可采取物理降温法，如用温水擦浴，或在头部、颈部两侧、两腋处、大腿胯下放置凉水袋降温，同时要多喝开水，如有条件，每100毫升开水中放入葡萄糖（白糖）10克、精盐1克。身体发冷时，要多穿些衣服，多盖被子，把汗闷出来也能缓解感冒症状。

2. 腹泻

腹泻通常由于肠道感染、消化机能障碍而引起。在野外，因不习惯喝生水、吃野味、食野果，都会导致细菌随口而入或肠胃消化不良引起腹泻。腹泻的症状一般表现为排便次数增多，大便稀薄或呈水状，有时带脓血，常兼有腹痛。

发生腹泻症状时，要立即服用止泻药，以尽快起到止泻收敛作用和减少肠蠕动作用。同时，要少吃油腻食物，多吃清淡食物，并适量地补充水分，以防发生脱水。

十、冻伤的处置

天气寒冷时，鼻、耳、面颊、下巴等露出的部位容易被冻伤。有时戴手套、穿鞋袜的手足也会发生冻伤。冻伤的症状，一般表现为冻伤的部位冰冷、僵硬、麻木、皮肤变硬、变色等。

一旦出现冻伤，要尽量把伤者移到户内避寒，并将冻伤的肢体放入自己的腋窝下、胸前、腹部处慢慢加温，使其逐渐自然解冻。千万不要用柴火或辐射热对伤处进行解冻复温。如有条件，可将伤肢放在与体温差不多（38℃～40℃）的温水中浸泡，每次浸泡4～5分钟取出，直到冻伤部位恢复正常体温为止。对全身性冻伤患者可进行全身浸泡，一般15～30分钟，体温接近正常即可，不宜过久。冻伤部位恢复正常体温后，应裹上毛巾或其他衣物保护。如果是手脚冻伤，可对冻伤部位的上部进行轻轻按摩，使血液循环好转，但不可直接按摩皮肤变色部分，以防弄破血泡。

十一、中暑的急救

在烈日或高温环境中活动，身体产生的热能不能向外散发，积聚到一定程度时就会出现中暑。中暑时，一般先表现为头痛、眩晕、心悸、恶心等，随即出汗停止，体温上升，导致昏迷。

一旦发现自己有中暑症状，应立即离开高热的地方，到树阴下、凉棚内等通风较好的阴凉处休息。休息时，要解开衣服，放松裤带，平躺仰卧，可用煽风、冷敷、喝盐开水驱暑解热。也可服十滴水、人丹、风油精之类的解暑药物。如发现同伴昏迷，可掐人中穴、合谷穴，使其苏醒；重度中暑者，应紧急送医院救治。

十二、溺水的急救

在野外穿越河流、溪涧、湖泊、池塘、水库等地方时，如不小心就可能遇溺。衣着整齐的人在水里挣扎，容易被人察觉，如游泳时突然抽筋或气力不继，就很难被人发现。

发现遇溺者时，应尽快用打捞工具，或者用较长的竹竿、木棍、绳索、树枝或解下腰带、衣裤连接成长条扔给溺水者，待其抓住后，用力拖上岸。如会游泳，应迅速跳入水中救助。

溺水者自水中救出时常呈呼吸浅速、不规律、呼吸困难、咳嗽，甚至呼吸、心跳停止症状。急救溺水者，现场复苏最为重要，应将溺水者救出后立即清除口腔鼻咽腔的呕吐物和泥沙等异物。保持呼吸道通畅，并将其舌头拉出，以免后翻堵塞呼吸道。可将溺水者腹部垫高，胸及头部下垂，或抱其双腿、腹部放在急救者肩部走动或跳动以"倒水"。如呼吸困难或停止，应立即进行口对口或口对鼻的人工呼吸。如果心跳停止，应同时进行胸外按摩。清醒后，可让其饮用少量姜汤、咖啡、浓茶等温热饮料。

十三、蛇伤的处置

在我国约50种毒蛇中，分布较广、毒性较强、确实能伤害人和家畜的有10多种，如眼镜蛇、眼镜王蛇、蝮蛇、蝰蛇、金环蛇、银环蛇、五步蛇、竹叶青、烙铁头等。被毒蛇咬伤后的症状一般为局部疼痛、肿胀、恶心、呕吐、视觉模糊、呼吸困难、抽搐麻木等。

1. 判断是否为毒蛇咬伤

处置蛇伤，首先要区别毒蛇与无毒蛇。过去，人们主要从头部和尾部来辨认，但有时也不一定准确。如一般毒蛇头部较大，呈三角形，但金环蛇、银环蛇却例外。从活动时间看，毒蛇一般都在晨昏和夜间活动，但眼镜王蛇在白天也常出来活动。比较科学的区别方法还是看蛇咬伤后所遗留下的牙痕。从被咬伤的皮肤上，能看到丙个较深而大的牙痕，就是毒蛇留下的。而被无毒蛇咬伤后，在皮肤上只留有4行细小而均匀的牙痕。若无法区别，应当作毒蛇咬伤处置。

2. 毒蛇咬伤的处置

被毒蛇咬伤后，千万不要惊慌失措和奔跑。

第一步，以最快速度挤血。毒蛇咬人后，其毒液在伤口中央大约可集中4～5秒钟，之后就随着时间及血管分布状况向四周扩散。如果先从捆扎、开刀、清洗至吸血，就会相隔过长时间，导致蛇毒蔓延。因此，当确认被毒蛇咬伤后，要先迅速进行挤血。可随手捡些石片或木片，将伤口四周的血刮聚到伤口中央，用力挤出。然后用吸乳器从创口处吸出血液和毒液。也可直接用嘴吸吮伤口排毒，边吸边吐，每次都要用清水或白酒漱口。如果口腔破溃、龋齿，就不能用口吸，以免中毒。

第二步，应立刻用橡皮带、绳子、布条、手绢，或就近拾取适用的植物茎、藤结扎伤口的上方，减少毒液的扩散。结扎的速度越快越好，争取在咬伤后1～3分钟内完成。结扎方法：如果咬伤的是手指，要结扎在伤指的根部；如果咬伤的是小腿，要在膝盖上方结扎；如果咬伤前臂，就结扎在肘关节以上。结扎要紧，结扎后，每隔15～20分钟放松2～3分钟，以免长时间阻止血液循环，造成局部组织坏死。

第三步，结扎伤口上部后，立即用盐水、肥皂水或清水对伤口进行清洗，冲掉伤口周围的残余蛇毒和脏东西。冲洗后应立刻进行扩创、排毒。扩创的方法是：先以伤口为中心，用小刀切开一个"＋"字，然后围绕这个十字，再切开几个小十字（也可用小刀挑开如米粒大小破口）。这样可使毒液外流，防止创口闭塞，但不要切得太深，以免伤及血管。扩创后继续将余毒排出。

第四步，现场用药。如果有蛇药，可按说明书使用，包括内服和外用。

第五步，立刻送医院救治。送治途中一般不去掉结扎带，但要随时进行检查，如能将打死的毒蛇一起带上，医院就能更有针对性地进行治疗，以提高治疗效果。

除以上步骤外，特殊情况下也可断指保命。

十四、毒虫咬伤的处置

被蝎子、蚂蚁、野蜂等有毒动物叮咬后，轻则肿胀疼痛、过敏反应，重则恶心呕吐，呼吸困难，不省人事，甚至危及生命。因此，被毒虫叮咬后，也不能掉以轻心，要采取必要的方法进行处置。

1. 蜂蜇伤

被蜂蜇伤后，如蜂刺留在皮肤内，可用镊子或经过火消毒的针把蜂刺除去；如伤口红肿疼痛，可用肥皂水、淡石灰水外敷；也可用红花油、风油精、花露水外擦伤处或用火罐拔毒。民间常用的方法是用暖酒淋洗或挠头垢涂抹，或用泡过的茶叶贴在痛处，均能达到止痛效果。有的地方还用黄土直接涂抹在伤处，以减轻疼痛。如伤者出现过敏休克，应让伤者仰卧，解开伤者颈部衣扣，松开腰带，以保持呼吸畅通。如被群蜂蜇伤势严重，应迅速送往医院救治。

2. 蝎子蜇伤

蝎子通过其尾部的钩刺入人体的毒液伤人。被蝎子蜇伤后，应立即拔出毒刺，并在近心端结扎带子，注意每 15 分钟放松一次，再用 20％肥皂水或 10％苏打液冲洗。局部可进行冷敷，或用蛇药片调成糊状敷于伤口 3 厘米处。也可用细盐与水调后敷在患处，并用布包好，再放入热水中浸泡，很快就能消除疼痛。同时多喝水，以利排毒。

3. 蜈蚣咬伤

被蜈蚣咬伤后，伤口局部会出现痒、红肿、疼痛等症状，应立即用 20％肥皂水或 5～10％碳酸氢钠溶液（小苏打）来冲洗伤口，然后用中草药鱼腥草、蒲公英等捣烂后外敷。民间常用的解毒方法是，点燃红蜡烛，用其灰涂于伤口；咬破大雄鸡的冠，滴血于伤口；用指甲磨凉水或用大蒜的汁液敷伤口。症状严重时，应送到医院诊治。

4. 蜘蛛咬伤

毒蜘蛛咬伤后，被咬者会出现局部苍白、发红、麻疹，重者可发生局部组织坏死或全身性症状。被毒蜘蛛咬伤后，应立即冲洗伤口，吸吮排毒，在近心端进行包扎，其处置方法与蛇伤相同。

5. 毒毛虫蜇伤

毒毛虫，一般是指鳞翅目昆虫体上长有毒毛的幼虫，常见的毒毛虫有刺蛾幼虫，也称洋辣子，其毒毛与人体接触后，会使人感到火辣辣的痛；松毛虫有上万根毒毛，并与毒腺相通，刺入人体后毒液外溢，使皮肤发痒、红肿；桑毛虫在腹部有 32 个毒毛瘤，约 200 万根毒毛，皮肤一旦与其接触，会产生红肿、奇痒。被毒毛虫蜇伤后，应尽快用胶布（胶带纸、伤湿膏）贴在患处，然后迅速揭起粘出毒毛，反复多次，直至把所有毒毛除掉，然后用氨水、肥皂水等碱性液体涂在患处，也可用清凉油、风油精、止痒剂、龙紫胆（紫药水）涂擦。中草药白花蛇舌草、七叶一枝花洗净捣烂敷在发炎处，也会产生较好效果。如果症状较为严重，可口服扑尔敏，每次 4 毫克，每日 3 次。

第二节　野外求救

一、野外求救信号

当决定要进行野外活动时，首先应当把完整的活动计划至少告诉一个朋友。在我国由于目前都是独生子女，加之家长对野外生存训练的价值、意义理解不深，对于野外活动存在着许多偏见，认为危险性大，因此他们会极力反对野外活动，致使一些人对活动进行保密，这实质上是一种非常错误的做法。在进行野外活动时，应当告诉家人或朋友，并且在每到达一个新的目的地后通知家人或朋友。这样，如果发生意外人们好及时赶到救援。其次，如果计划有了变动，不论是主观原因还是客观原因，都应及时告知家人或朋友。再次，应当学会求救信号的发放，为使救援工作变得简单，应当将情况提前告诉救援人员。最后，应根据野外活动计划内容，提前做一些准备工作。遇险求救时，要通过各种方式与别人取得联系，发出的信号要足以引起人们的注意。

（一）常用的信号

1. 烟、光信号

当你遇到意外情况需要救援时，可以采取以下的方法：

（1）SOS信号。这是一个国际通用讯号，人们普遍对它都很熟悉。可通过无线电、声、光等发出。

（2）烟雾信号。在晴朗的白天或森林里，烟雾是良好的定位器。浓烟是十分醒目的，通常会引起人们的注意。可在火堆上添加一些潮湿的植物、废饮料瓶、食品袋等。但在森林里点火需特别小心，以防止森林起火。

（3）火光信号。在晚上可使用火光，但火光点应在最高最显眼的地方或空旷地带，这样就能使飞机或远方的人很容易看见。

（4）太阳光信号。用小镜子反射太阳光能引起飞行员或其他可能联系者的注意。这种光线或许会使营救人员目眩，所以一旦确定自己已被发现，应立刻停止反射光线。

2. 地面标识信号

你已经引起了飞行员的注意，就可以在地面上用国际上简单的地面标记向他传递最基本的信息，如表7-1所示。在获得营救后，必须毁掉这些信号，否则在离开之后，信号会继续展示其功能，引来营救人员。

表 7-1　地面标识信号

序号	信号	含义
1	I	伤势严重，需要立即转移病人；也表示需要医院
2	II	需要药品
3	F	需要食物与饮水
4	N	否定
5	A 或 Y	肯定
6	LL	一切都好

续表

序号	信号	含义
7	X	不能行动
8	→	按这一路线前进
9	K	表示前进方向
10	□	需要罗盘和地图
11	△	认为此处可以安全着陆

二、求救信号的发放

1. 声、光、烟、火发放

（1）SOS

信号闪光物：红色。

声音信号：三声短、三声长、再三声短，间隔1分钟后重复。

信号光：三次短、三次长、再三次短，间隔1分钟后重复。

（2）需要帮助

信号闪光物：白色。

声音信号：六次快速而连续的发声，间隔1分钟后重复。

信号光：六次快速而连续的闪光，间隔1分钟后重复。

（3）易理解的信号

信号闪光物：白色。

声音信号：三次快速而连续的发声，间隔1分钟后重复。

信号光：三次快速而连续的闪光，间隔1分钟后重复。

（4）巡回基地

信号闪光物：绿色。

声音信号：连续拉长的发声。

信号光：连续的灯闪烁。

（5）求救单词

SOS——求救；SEND——送出；DOCTOR——医生；HELP——帮助；IN-JURY——受伤；TRAPPED——发射；LOST——迷失；WATER——水。

2. 离开时的标记

当还没有得到救助，而有必要离开危险地带时，要留下一些信号物，以便让救援人员发现。地面信号物能使营救人员很快知道你离开危险地带的方向，通过你留下的方向指示标展开追踪救援，如果你在行进的路上都留有标记，营救人员就会根据你的行动路径迅速找到你。同时，当你需要返回时就可以根据你一路上不断留下的指示标行进，这样你就不会迷失方向，找不着想走的路线，标记就成为一个向导。

（1）将岩石或碎石片摆成箭形。

（2）将棍棒支撑在树杈间，顶部指着行动的方向。

（3）在卷草中的中上部系上结，使其顶端弯曲指示行动方向。

（4）在地上放置一根分叉的树枝，用分叉点指向行动方向。

（5）用小石块垒成一个大石堆，在边上再放一小石块指向行动方向。

（6）用一个深刻于树干的箭头形凹槽表示行动方向。

（7）两根交叉的木棒或石头意味着此路不通。

（8）用三块岩石、木棒或灌木丛传达的信号含义明显，表示危险或紧急。

3. 现代设备发放

随着时代的发展，各种现代求救设备逐渐普及，如信标机、无线电通讯机、卫星电话等设备，如果有条件可以逐步配备这些现代设备。

4. 漂流瓶发放

当你被困后如果有溪水或河流，你不妨碰运气试一试，也许真的有用。方法是：写好求救信，上面要写明你所处的环境、地理位置、目前状况等，将信装进瓶里，最好装入一些颜色鲜艳的物品或在瓶上标出 SOS，以引起人们的注意。然后将瓶子封好掷入水中，让瓶子顺水漂走。

5. 旗语

旗语也是发生意外和被困时紧急求援的一种方式。在野外可用衣服、围巾等物绑在树枝上，站在容易被人看见的高处做"8"字环绕。注意做旗子时所用衣物一定要鲜艳，能引起远方人们的注意，并且要注意你所处的环境，使旗子与环境形成明显得反差。

第三节　几种特殊环境下的生存方案

一、山地、山林地带生存

（一）山地、山林的地形特点

1. 山地的地形特点及对野外生存的影响

山地是目前越野活动应用最广泛的地形，同时也是最危险，最富有挑战的地形。

地形起伏显著，高差一般在 200 米以上的高地叫山，群山连绵交错的地区叫山地。我国的山地面积分布很广，约占全国总面积的 33％。

（1）山地的地形特点

山地坡陡谷深，地形断绝。山顶高耸，山背、山脊纵横起伏，地形复杂。道路稀少，尤以铁路、公路最稀缺。多小路、隘路，有的地方仅有栈道，道路质量差、弯多坡大；河床窄，坡陡流急，水位涨落急剧；人烟稀少，物资缺乏；高山地区空气稀薄，气象多变，山顶与山脚、昼夜之间温差较大。

山地由于所处的地理位置不同，其特点各不相同。沿海山地，海拔不高，高差显著（青岛崂山，海拔为 1133.2 米，而高差即达 1000 米左右），坡度较大，人烟较密，道路较多，气候温和。高原山地除少数地区起伏平缓外，多数高程大，高差亦大，且人烟稀少，交通不便，气象和温差变化大，山上常年积雪，山下则温暖如春。南方山地，如福建、江西、广东等地区，一般是顶尖坡陡，谷狭岭窄，山形零乱，丛林密布；峡谷中多河流，河岸陡峭，水流湍急，夏季易暴发山洪；道路多沿河而筑，居民地少而小，水源充足，山下多梯田。广西桂林、柳州一带石山，峰岭峭立，岩石裸露，多断崖溶洞。北方山地，一般是山顶浑圆，山脊延伸变化不明显，斜面坡度较缓，谷宽林多石少；河流少，水源不足，山下多旱田。

（2）山地对野外生存的影响

山地对野外生存的影响很大。山地道路稀少，崎岖狭窄，两旁通常是绝壁和悬崖，坡度较陡，弯道多，转弯半径小，不便于机动车活动，所以，徒步穿越成了山地越野的主要方式。

山地土壤层薄，沙石多，有的地方岩石层显露表面，冬季积雪，道路溜滑；雨后山洪暴发，道路易被冲坏或泥泞不堪；高山空气稀薄，气压低，人的体能消耗量大，水分消耗大。

山地由于峰峦重叠，岭谷交错，人在穿越活动过程中可能处于被障碍物隔开的状态。因此，对于观察、通信联络、判定方位均较困难。秋冬季节，天干物燥，山地容易引起火灾；春夏季节，暴雨山洪，还会引起峡谷、断崖、陡坡倒塌，造成道路堵塞，河水泛滥，生存活动更加困难。山谷和洼地具有很强的方向迷惑性，容易迷路。

2. 山林地的特点及其对野外生存的影响

许多树木聚生的山地叫山林地。我国山林地约占全国总面积的 10％。

（1）山林地的地形特点

山林地的特点与山地基本相似，只是地形更隐蔽，人烟更稀少，交通更不方便。由于所处的地理位置不同，其特点也不一样。

南方山林地，如滇、粤、桂南部地区的亚热带山林地，山高坡陡，谷深岭窄，林密草深，藤蔓丛生。山的高程一般为 500～2500 米，最高 3000 米以上；大部分为土山，小部分为石山；山顶面积小，山脊较窄，大小支脉蜿蜒曲折，山谷狭窄深陷。深山多为阔叶林或混合林，树干高大，枝叶茂密，林内藤蔓密布，杂草丛生。公路两侧和接近平原地区多为再生林，有的为竹面积林，坝区边缘，山脚多两米以上茂密的茅草；河溪纵横，河道弯曲，河岸陡峭，流量受季节影响大，旱季（除较大河流外）一般均可徒涉；公路少而窄，多为土石路面，一般沿谷地、河岸一侧，傍山绕行，曲半径小，纵坡度大；雨季易塌方、堵塞；高温多雨、潮湿多雾，四季不明显，一年之中寒暑差异不大，只有旱季和雨季之分；毒虫多，流行性疾病多；山林区村寨少，城镇多在坝区；风俗习惯各异，禁忌较多。

北方山林地，如长白山、大小兴安岭，山岭较平坦、圆浑，土壤层较厚，地形割裂程度较小。大兴安岭多为针叶林，小兴安岭和长白山为针叶和阔叶混合林，林内藤蔓较南方山林地少，居民地和道路稀少，气候寒冷，冬季较长，积雪较厚。

（2）山林地对野外生存的影响

山林地对野外生存的影响程度，因地貌的起伏状况，森林分布面积、密度、种类、高度、树干的粗细以及有无林中道路、林中空地等而不同。

山林地便于就地取材，设置营地；便于利用地形组织活动；便于采集野生食物，克服短期困难。

山林地地形复杂，起伏大，死角、隐蔽地多，道路少，气象多变，易发生火灾和山洪，指挥、协同、观察、通信和机动困难。

警告：极个别的原始区域以及人迹罕至的山地和森林内滞留着很多对人体有害的气体，如果活动时间较长，容易产生危险。

（二）山林、山地的行进原则

在山林、山地行走，要遵循以下原则：

1. "有道路不穿林翻山，有大路不走小路，走梁不走沟，走纵不走横"。

这句话的意思是说在山地行进，一般来说，有道路走就不翻山越岭，有大道就不走小路。如果没有道路，也要选择纵向的山梁、山脊、山腰、河流边缘，以及树高、树稀、空隙大、视野大、草丛稀疏的地形行走。如无必要，一定不要走深沟峡谷、植物繁茂的地区。

2. 随机应变，选择行走方案。

山地本身有很多不同的地形，有草坡、碎石坡、悬崖等，要因地制宜，选择不同的行进方法。

比如，攀登 30 度以下的山坡，可以沿直线上升或者下降。身体稍微前倾，全脚掌着地，两脚呈外八字形，步幅不要过大或者过小。而当坡度大于 30 度时，因为两脚的腕关节不好伸展，容易疲劳，所以一般不采取直线的方式，而是用"之"字形攀爬。攀登时，腿要微曲，上体前倾，内侧脚尖向前，全脚掌着地，外侧脚尖稍微向外撇。攀爬时尽量不要靠草蔓作为支撑点，因为容易连根拔起，滑倒摔伤。如果山坡上有很多碎石，也要小心谨慎，谨防滑倒。

如果是遇到下雨、下雪、大雾、强风等恶劣天气，最好停止前进，就近躲避在山崖下或山洞里。尤其是遇到雷雨天气，万不可贸然躲避在大树下。

3. 合理分配体力，适度休息。

在山地行走，一定要合理分配体力，不能过高估计自己的体能。走走停停，累了就适当休息，不要等到精疲力竭再休息，这样是很难恢复体力的。可以采取如下方法：大步走一段，然后慢行一阵，或者休息一会儿，在行走时还要注意自己的呼吸，尽量保持匀速。

4. 学会识别攀登路线，掌握一定的攀登技巧。

在山地中行走，当需要攀登岩石时，一定要对岩石进行细致的观察，慎重地识别岩石的质量和风化程度，确保攀登的安全。一般来说，选择岩石质地较为坚硬，风化程度不高，有一定的裂隙、手脚有着力点，易于攀爬的路线作为行进路线。

在山地行进，会遇到很多悬崖和高山，所以一定要掌握一些攀登技巧，才能顺利前行。

（1）陡峭的岩石山崖的攀登原则

①保存体力，把整个身体的重心落于双脚而不是放在上身或者双臂之上，只有这样才能够做到迈步轻松自如。

②注意观察脚下迈步的位置。

③攀登岩石时始终要与整个岩石表面保持三个接触点。

④前进步伐应当缓慢而有节奏。

⑤保持双脚着地的状态。

（2）攀岩技术

攀岩运动对脚尖与指尖的力量要求比较高，对身体的协调性能要求也很高，这就要求攀岩者要不断练习。

攀登岩壁的方法分徒手攀登、利用器械攀登、缘绳攀登、双人组合攀登、攀登岩石裂缝几种。

①徒手攀登。徒手攀登是利用自然支点和人工支点向上攀登，又分为身体姿势、手臂动作、脚的动作和手脚配合四个方面。

身体姿势在攀登过程中要放松，以三个支点稳住重心，而重心要随攀登动作的转换移动，这是攀登能否稳定、平衡、省力的关键。

手臂的动作是手在攀登中抓住支点、维持身体平衡的关键，手臂力量的大小直接影响着攀登的质量和效果，它要求第一指关节用力扣紧支点的同时，手腕要紧张，手掌要贴在岩壁上，小臂也要随手掌紧贴岩壁而下垂。在引体时，手指有下压抬臂动作。

脚的动作要领是两腿外旋，大脚趾内侧贴近岩面，两腿微屈，以脚踩支点维持身体重心。在自然岩壁支点大小不一和方向不同的情况下，要灵活运用。

手脚配合是达到熟练运用攀登技术的基础。它首先要练好上肢力量，再配合以脚腕、脚趾以及腿部的力量，使身体重心随着用力方向的不同而移动，这样手脚动作的配合就协调自如了。

②利用器械攀登。利用器械攀登分为上升器攀登、抓结攀登、挂梯攀登三种。

上升器攀登是攀登者双手各握一只与双脚连接的上升器，并将它们卡于主绳上与双脚配合，不断沿主绳上升的方法。

抓结攀登是在没有上升器的情况下，利用两根辅助绳相继向上攀登的方法。它要求动作要协调，要有节奏，要维持好身体的平衡。

挂梯攀登是一种在天然岩石壁上攀登使用的方法，就是将准备好的挂梯交替向上挂于相应的人工支点上，攀登者利用挂梯做支点向上攀登。

③缘绳攀登。缘绳攀登是在攀小于 90 度的岩壁与陡坡时使用的方法。其要领是在上方固定好主绳的一端，将另一端扔到下方，后继攀登者双手抓绳，脚蹬岩壁而上。拉紧主绳后屈臂而上，一手迅速上移，另一只手紧握主绳两脚随着屈臂引体，及时有力地向上蹬踏。

④双人结组攀登。双人结组攀登是遇到路线较长，一次攀登有困难的时候，可以采取两人结组交替保护的攀登方法，但要注意两人的配合一定要默契。

⑤攀登岩石裂缝。攀登岩石裂缝可以根据岩石裂缝的宽度分别采用不同的攀登方法，按攀登的姿势可以分为立式攀登、剪式攀登、坐式攀登与跪式攀登四种，其动作要领都是利用三点固定攀登法。

（3）岩降技术

借助于一条绳索，就可以安全而又迅速地滑下陡峭的山坡。其方法是：下山者应当面对绳索的固定点，跨骑在绳索上面，把它拉出来绕在臀部的一侧，以对角方式绕过前胸，然后再折向另一个肩膀。

注意：始终应该首选迈出与制动手处于同一方向的那一只脚。

二、高原地带生存

（一）高原地形特点及其对野外生存的影响

地势高而地面比较宽广，海拔一般在 500 米以上的地区叫高原。它以较大的高度区别于平原，又以较大的平缓地面和较小的起伏区别于山地。如青藏高原、内蒙古高原、云贵高原等。

1. 高原地形特点

藏北高原为大片草原，地面开阔，多为圆浑平缓的丘陵地，间夹着许多盆地，有远看是山，近看是川（平原）之感，其低洼处湖泊甚多。而藏南高原多为山间谷地。云贵高原多为小盆地，当地称坝子。内蒙古高原为开阔高原，地面起伏平缓，多宽阔的浅盆地。北部为大片草原，西南部为大片沙漠。高原地区大气压力低，空气稀薄，平均气温低，日温差大，气候干燥；大多数地区人烟稀少，物产贫乏，道路甚少；有些地区，气候寒冷风多，风向不定，多风暴和雪崩。

2. 高原对野外生存的影响

高原地区，视界开阔，观察良好；由于道路情况不好，机动车通行困难，特别是山涧、峡谷、泥泞地段通行极为不便；因空气稀薄，气温低，日温差大，气候干燥，机车发动机功率下降，燃料消耗增加，机件磨损加剧，严重影响机动车的正常使用；高原地区，空气阻力小，风向不定，一旦遭遇险情，无线电通信联络也比较困难。

人在高原地区行进时容易发生冻伤、雪盲、呼吸和消化系统的疾病；而且高原，风多，风向变化快，一旦遇到险情，生存空间小，营救困难大。

（二）高原生存方案

在高原生存，最大的敌人莫过于高山病了。一般人都生活在海平面上的标准大气压力 760 毫米汞高，空气是由氧气、氮气等气体组成的混合气体，其中氧气的含量是 20.95%。随着地势的增高，其气压也逐渐降低，肺泡内的气体、动脉血液和组织内氧气的分压也相应降低。人到了这样的环境，体内必须进行一系列的调节，才能适应。因此，初进高原，甚至是常住高原的人从平原重返高原时，必须在多方面严防急性高原病的发生。

高山病形成的原因是由于高度愈高，空气愈稀薄，气压就愈低，因此人体所需要的氧气压力也随之降低。但是人体所需要的氧气含量仍然不变，为使血液中维持人体所需之含氧量，故必须增加红血球的含量。但人体自动增加红血球之含量需要几天的时间，因此在刚进入山区时，会因为高度突然增高，人体来不及适应而产生体内氧气供应不足的情形。高度愈高，过渡时间愈短，产生的反应就愈剧烈。

高山病的症状有：呕吐、耳鸣、头痛、呼吸急迫、食欲不振、发烧、睡意蒙胧；严重者会出现感觉迟钝，情绪不宁，精神亢奋，思考力、记忆力减退，听、视、嗅、味觉异常，产生幻觉等；也可能发生浮肿、休克或痉挛等现象。

高山病的急救方法：给氧及降低高度是最有效的急救处理，若有休克现象，应优先处理，注意其他并发症。立即休息，将病患者移至无风处，若疼痛严重，可服用镇痛剂止痛。如果仍不能适应，则需降低高度，直到患者感到舒服或症状明显减轻之高度为止。

一般而言，高山病患者降低至平地后，即可不治而愈。虽然如此，严重之患者仍需送医处理。

高山病的预防措施：

（1）在进入高原之前应进行全面体格检查，一般健壮者都适应低氧环境。凡是心肺肝肾等有疾病的，高血压Ⅱ期，严重贫血者都不宜进入高原地区。

（2）平时要加强体育锻炼，实行阶梯上升，以便逐步适应。

（3）初入高原者应减少体力劳动，以适应程度来逐步增加劳动量。高原的劳动环境大多处于 4000 米以下，劳动能力比平原要降低 30%～50%；应注意保暖，防止急性上呼吸道感染。

（4）科学饮食。初入高原时应多食碳水化合物，多种维生素和易消化食品，以便提高机体进入高原的适应能力；绝对禁止饮酒；高山病人入睡时最好应采取半卧位，减少右心静脉回流和肺毛细血管充血。

（5）高原地区昼夜温差大、气候干燥，要注意保温，加强黏膜及皮肤的护理，防止皮肤干裂。

（6）登山上升的速度不宜太快，最好步调平稳，并配合呼吸，同时要视坡度的急缓而调整，使运动量和呼吸成正比，尤其避免急促的呼吸。上升的高度应逐渐增加，每天攀爬的高度应控制，以适应高山气压低，空气稀薄的环境。

（7）行程不宜太紧迫，睡眠要充足正常，经常性地作短时间的休息，休息时以柔软操及深呼吸来加强循环功能及高度适应。

三、海岸、岛屿地带生存

（一）海岸、岛屿地形特点

海水面与陆地接触的滨海地带叫海岸。海水面与陆地相接触的分界线，称海岸线（通常指海边多年的大潮高潮时所形成的海水痕迹线）。

岛屿是散布于海洋、江湖中的陆地，面积大小不一，通常大的叫岛，小的叫屿。

1. 海岸和岛屿的地形特点

（1）海岸的地形特点

海岸，依其性质可分为泥岸、沙岸和岩岸。

泥岸，多与平原连接，其特点是：岸滩多淤泥，岸线直，岸坡缓，水线和涨落潮的界线很远。

沙岸，多由丘陵地入海而成，其特点是：岸线曲折，港湾较多，岸坡短平，地形较隐蔽。

岩岸，多为山地蔓延入海，其特点是：岸高且陡，岸线曲折，石质坚硬；近岸多岛屿、礁石，滨海地表起伏大，港湾多，水深。

（2）岛屿的地形特点

岛屿四面环水，面积狭小，多数为列岛或群岛，少数为孤岛。一般岛上多山，坡度陡峻，地形复杂，岸线弯曲，岸陡滩狭；道路少，且曲折狭窄；居民少，物产有限，淡水缺乏；多数岛上土壤贫乏，植被较少，但热带地区的岛上多茂密丛林；岛屿气象复杂多变，夏季台风威胁较大；有些岛屿之间水浅礁多，航道狭窄。

2. 海岸和岛屿对野外生存的影响

海岸岛屿对野外生存活动的影响，取决于其位置、大小、岛上地形、交通等情况。大的岛屿，地势较平坦，生存活动空间大。

海岸与岛屿，由于空气湿度大，汽车及金属物具容易生锈，电气设备和光学仪器的零件也容易锈蚀、发霉和生潮；夏季海面的雾气笼罩，影响观察、指示目标。观察潮汐，掌握潮汐也是必不可少的。

（二）海岸和岛屿的生存法则

无论是在海岸还是岛屿，面对茫茫大海，求生者常常会面对巨大的生理和心理压力，很容易迷失自己，找不到方向。这个时候一定要尽快冷静下来，为自己的逃生做好充分的准备。

1. 判断方位

如果是在岛山屿上，首先应该登临最高点，大致了解全岛的概貌。如果可能的话，最好绘制一张粗略的地形图，做到心里有数。

2. 安置营地

在选择宿营地时，要考虑到营地的安全问题，它离各种可供生存的设施的远近，尽量避免风吹日晒。如果发现曾经有人居住过的洞穴或者营地，就可以简单整修后入住。

3. 保证淡水的供应

岛屿和海岸一般都比较缺乏淡水，解决淡水的供应是十分重要的问题。可以充分利用雨水和露水，如果这些暂时都没法获取，那就要靠岛上的动植物来帮忙了。在热带的岛屿上，很可能会有椰子或者其他含水丰富的野果，或者利用我们之前介绍过的取水知识来采集足够的饮用水。如果发现有野兽的踪迹，可以循着找到淡水源。实在不行，就蒸馏海水。

4. 掌握潮汐的规律

在海岸和岛屿行走时，一定要特别注意观察海水的涨落，确保自己不会被潮水切断前进的道路。由于海水长时间的涨落，它会在海滩留下一条碎石线，位于很长的干沙地和每天都会被海水淹没一次的湿沙地之间，这条线就可以让你分辨出潮涨潮落的分界线。而且每次涨潮，海水都会将大量的漂浮物冲刷上海岸，其中很多都是宝贵的生活资源，比如一些海鲜、海草、海藻，等等。

第八章　当代大学生野外生存训练与生命教育

第一节　大学生野外生存训练与生命教育的共同点

一、都符合时代的发展潮流

当前，生命教育在很多国家已经蔚然成风。如澳大利亚将生命教育的重点放在对吸烟和吸毒的预防及降低酗酒和吸毒危害程度上；英国的生命教育既重视反毒教育，也致力于课程资源的整合，促使青少年全面接受多方信息；美国的生命教育协助孩子从事学习以外的学习和休闲课程，帮助孩子做出有益健康生活的选择。台湾地区也于 1997 年起实行生命教育。

与此同时，近 30 年来，在世界诸多发达国家中，野外生存训练也已开展得有声有色，人们借此化解压力，锤炼意志，强健体魄。在美国、日本、新加坡等自然灾害较多的国家，生命意识教育是学校的必修课。澳大利亚、英国等国家甚至通过国家干预来达成和实施生命教育。在我国港台地区，也十分关注生命教育，如 2000 年台湾教育部门成立了生命教育委员会，并把 2001 年定为生命教育年。

二、都重视生存

教育的本质是培养人的主体性，发现人的主体价值，提高人的主体素质。在生命教育的观点中，对于每个个体而言，生命只有一次，同时也很脆弱，至关宝贵，因此，学会生存成为生命教育最基本的内容之一，生存能力也成为最重要的本领之一。

野外生存课程对生存的重视是不言而喻的。学生在非正常生活环境下，在没有外界人为的帮助下要最大限度地维持个体或团队的生命，整个活动以物理意义上的"生存"为最低目标，在此基础上再通过各种形式实现对学生的深层发展。

三、都重视发展生命

生命教育有一个非常重要的过程，就是生动体验（live experience），实施生命教育一定要关注教学过程中师生的生存和学习状态，应该追求过程中的变化和体验，而不应只追求最后的结果。因为个体的体验是丰富多彩的，所以，在这层意义上，可以认为生命教育首先是一种追求个性的多元发展的教育。当然，在保证人的基本本能要求——生存的基础上，应当充分发挥生命中蕴藏的无限潜能，提升生命的品位和价值，实现对生命的发展。当今时代倡导"以人为本"的理念，"以人为本"落到最实处，即以"人的生命本体为本"。生命是至高无上的，但由于诸多原因，教育的这一初衷被遮蔽。要使大学生的生命质量得到最高程度的体现，必须充分发挥和提升其生命的个性，包括其不同的认知特征、兴趣爱好、精神需求、价值取向等。

野外生存教育以生存作为最低要求和目标，在此基础上，进一步强调对生命的重视和珍惜，获得思想道德境界的纯化乃至实现人的全面发展。野外生存课程通过让大学生身体力行和切身感受，能锻炼学生朝着既定目标持续努力的作风和培养其严明的纪律意识，具有开放性强、时空转换快、互动多、困难多且能控等特点，加上师生、学生间频繁、直接的多重互动，有利于学生良好个性的形成。

四、都崇拜生命

关于生命教育和野外生存课程对生命的崇拜，具有三个具有递进关系的特征。

第一，可以促进学生保全、敬畏生命。

生命教育认为生命是宇宙间的奇迹，是大自然中神妙、美好、伟大之物，是上苍馈赠给人类的最珍贵的礼物。每个生命都是不可逆转和不可更换的，所以，每一个人都要千方百计地保护自己和他人的生命，保护大千世界的一切生命。同时，应该敬畏生命，对一切生命都要尊重、关爱、敬仰和维护，这种敬畏感是一种值得培养的高尚的社会情感，可引导学生获得生理意义上的生命的健全、健康，引导学生健康、安全地生活。

而就野外生存而言，其崇拜生命的特征也非常突出。回眸历史，野外生存曾经是人类的必备本领，人类祖先缺衣少食、茹毛饮血、钻木取火、营木为巢，靠不断习得的野外生存本领，繁衍生息。其中衍生出诸多的生命文化（如图腾崇拜、自然崇拜和神灵崇拜即为自然界的神秘性所导致的人们对生命敬畏的表达方式），始终体现了对人的本性中最基质的精神源泉——原始的生命欲望以及生命本质力量的崇拜。在野外生存体验的过程中，学生通过野外恶劣环境和学校舒适环境的对比，既能认识到生命的伟大与崇高，也能体会到生命的渺小与脆弱，可提升他们对生命存在的意义和价值的认识，促成对生命的崇敬和挚爱，从而正确地面对人生的各种困难与挑战。

第二，生命教育和野外生存教育可以让学生获得生命的尊严。

教育是人类社会特有的现象，它的存在是为了引领个体的完美与幸福，不断提升个体生命意义。生命教育更认为每个学生都是独一无二的，每个生命都是尊贵的，生命权是最高的人权，教育应树立"生本"观念，其功能和终极目标是让人不断扬长避短，隐恶扬善，让生命活得快乐，有尊严，有社会价值。在生命教育中，在了解什么是生命及生命的作用等基础上，要让学生真正认识到生命的意义，让学生明白自己为什么而活。同时，就教师而言，他们既要尊重学生的习惯和行为，也要明白为什么要尊重学生，为什么要尊重学生的体验以及他们的潜能，将"以学生为本"理解为以尊重学生的人格、地位、潜能为本。同样，野外生存课程中，对生命尊严的追求和渴望，对生命尊严的实现，也是贯穿其始终的。虽然在经历各种野外生存环境中要处理各种复杂情况，但是归根结底是以对人的生命的尊重、对人的生命尊严的弘扬为起止点的。教师和学生相互尊重、自我尊重，既尊重彼此的人格，更尊重彼此的生命，相互获得对生命尊严的认识和体会。

第三，生命教育和野外生存教育可以促进学生达成生命幸福。

幸福是人生的最高境界，人以幸福为终极目标，所以，教育应植根于人对幸福的理解和追求中，以人作为教育的基础。生命教育尊重每一个学生生命个体的独特性和差异性，并致力于实现每个鲜活生命的全面、可持续发展。所以，生命教育是贯穿生命发展全程的积极而人道的教育，一切是为了学生的幸福。实施生存教育的目的之一是培养学生学会幸福生活的能力和价值观。

野外生存课程使学生通过对各种困难环境的克服，通过团队的合作和个体的努力，通过同学之间的同甘共苦、能赢得成功的感觉，获得幸福的体验。野外生存的实践活动能让学生从初始的不默契、不融洽慢慢发展到和谐、信任，发展到为他人着想、主动帮助他人，感悟到团队精神的重要性。在整个过程中师生之间平等交往、互动合作，使野外生存实践变为积极的生存体验和人生享受，学生能体会到愉悦怡人的生活情绪和积极乐观的情感体验，同时，野外生存还能提升学生的生活交际意识、应变意识等，让学生全方位地体会到参与和享受过程的幸福感。

五、都具有教学内容的综合性和开放性

一个人要对自己的生命和生活世界有更好的理解和认知，必须有一定的知识积累。高校的生命教育，必须教会学生有关生命的知识，包括生命哲学、生命形态、生理结构和生活健康等方面内容。在实施的具体过程中，由于生命的多样性和丰富性，必然决定了教学内容的开放性。生命教育是一门学科课程，这是无疑的，但不能仅仅把生命教育视为一门课程，而要在实践中把生命教育作为教育的一种途径来把握和深入。在此意义上，生命教育需要有内容的拓展，特别是联系学生的个人生活、家庭生活、学校生活的体验，利用身边的人和物，有效地进行拓展。从内容的选取来讲，生命教育更多的是校本意义、乡土意义上的开发，而

绝不仅仅是一个忠实执行教材的过程。如台湾地区在实施生命教育的过程中，将课程进行有机整合，将生命教育的理念融入到语文、数学、自然与生活、科技、社会、健康与体育、艺术与人文及综合活动相关学科的教学中，并分别从环境、人权、两性、家政、信息、生涯发展等议题中展开，体现了明显的综合性和开放性。野外生存训练是把原来仅限于学校体育课堂的跑、跳、投、攀爬、跨越等基本内容，扩展到社会，扩展到大自然的一种高校体育课程的拓展。这种拓展本身就是一种开放和综合，具有渠道多样、方法不限、形式机动、内容丰富等特点。在具体实施过程中，要涉及诸多方面，有些甚至是不曾预料的场景。既有身体的运动，也有心理的锻炼，更有意志的考验；既有体力的锻炼，也有生存技巧的获得。是一种对学生全方位、多角度、多层次的锻炼和磨炼，具有很强的综合性和开放性。

第二节　生命教育视角下高校野外生存训练课程发展研究

一、我国高校野外生存训练课程开展的反思

（一）野外生存训练课程开展普及程度低

高校野外生存训练课程是在《全国普通高等学校体育课程教学指导纲要》指导思想下开展起来的，因此，其开展过程中也必然受到学校传统体育发展目标的制约和影响。而生存训练理念本是根据战争期间不同能力战士在恶劣环境的生存结果，以及心理素质与野外生活经验等对战士在恶劣环境中生存的影响而提出的，并应用于许多国家对一些特种部队及野战军在复杂环境中心理素质的培养及意志力的拓展，从而发展其生存能力。基于此，20 世纪 70 年代，一些西方国家开始将野外生存训练理念引入进学校体育课程体系。我国高校野外生存训练课程开始于本世纪初，一方面，该课程的开展相对高校传统体育教学而言，是对长期以来体育课程形式格式上的一种突破，也迎合了现代课程发展的趋势，丰富了体育课程的体系。另一方面，从高校的野外生存训练课程开展现状来看，由于其开展受制于高校传统体育课程的惯性思维，发展学生身体素质和增强学生体质等仍然是许多高校野外训练课程开展的主要目标，在多种因素下，作为区别于其他体育课程教学内容本质特征的生存技能发展核心目标却难以达成。因此，使得许多高校在综合权衡学生安全、学校资金投入等考虑，对野外生存训练课程的开展作出可有可无的决策，从而导致野外生存训练课程在我国高校依然难以普及。

（二）野外生存训练课程教学内容实施的失真

野外生存训练课程将课堂迁至大自然中完成，在实施过程中其安全隐患远远高于其他体育类课程，尤其是在野外进行实践活动时，可能会遭遇山洪、雷电、沙尘暴、滚石等自然灾害的威胁，也可能因为对实践环境的不熟知而导致迷路、高温下的中暑，遭受有毒动植物的侵害等隐患远远多于校内体育课程，从而使得教师在"安全第一"的指导思想下，变更活动计划，降低活动难度，缩短课程实践。这样固然能够降低课程实施中的安全隐患，但必然会导致课程实施效果衰减，课程的预设目标偏离。在我国高校现行野外生存课程实施中，教师常常以大量单一的、以发展学生身体素质为主的运动体验去代替综合的、复杂的生存体验，造成传授的生存理论知识与课程实施难以结合，或是野外实践活动内容模式化、固定化、难度低、不够野等。这些现象一定程度造成了野外生存训练课程内容的失真和异化，偏离了野外生存训练课程开展的目的。

（三）野外生存训练课程开展重理论轻实践

野外生存训练是一门实践性极强的课程。实践也是对野外生存训练课程理论教学的有效检验和有力补充。但在突显实践的同时，由于野外生存训练实践的"野外"性，因而决定需要充足的人力、物力与财力支持，否则将难以保证野外生存训练的有效实施。事实上，一方面国内高校体育教学经费普遍不足，另一方面是社会对学校体育价值认识的偏差，使得一些学校领导不可能拿出更多的钱去支持与发展野外生存训练实践部分。在开展野外生存训练课程时，教师往往选择花费少、实施易的理论教学或以在校内环境中开展生存训练去代替真正意义上的野外生存训练实践，进而淡化了该课程的实质意义，偏离了该课程的目标方向；野外生存训练课程的实践开展需要花费较多的时间，在正常的高校体育课程表中面临难以安排的现实。显然，加长理论教学时数，缩短野外实训时间，或只进行校内野外生存训练实践是最好的选择。

二、生命教育观融入高校野外生存训练课程发展的意义

（一）有利于拓展高校体育教育功能

野外生存训练课程目标旨在提高高校学生体育参与的积极性，提高学生的运动技能及促进高校学生的身心及社会适应能力的发展，并且使高校学生在野外生存训练课程学习中能够获得基本的野外生存、生活技能，掌握一定的野外生存、生活基本理论知识及实践操作能力。很显然，野外生存训练课程作为学校体育教育的一部分，不仅拓展了学校体育课程资源，在一定程度上缓解了学校体育教学课程资源相对不足的矛盾，也丰富了学校体育教育功能。生命教育主要是一种对生命价值追诉与社会意义考量的教育，不仅要求受教育者要关爱自己与他人的生

命，同时还要积极主动地体现个人的生命价值。生命教育反映的不仅仅是一种教育内容，而更是对人积极价值观的培养与形成过程，并将会使视野扩展到家庭、社区，甚至是整个社会。因此，从生命教育的视角去发展高校野外生存训练课程，不仅能够实现野外生存训练课程的学校体育教育功能，并且能够培养学生正确的人生观、世界观及价值观，从而使高校野外生存训练课程单一的学校体育教育功能向具有学校、家庭、社区及社会的多元教育功能转化。

（二）有利于体育教育与社会发展现实需要的对接和辐射

生命教育是一种认识生命本质、理解生命意义、提升生命价值的教育，它教育人们要懂得关爱生命，尊重与珍惜生命，在人的一生中应将生命和谐地融入社会与自然环境中去。如何生存？如何生存得更好？如何更好地适应社会与自然环境是人们需要面对的一个现实问题。特别是进入 21 世纪，随着全球生态环境的恶化，地震、火山爆发、海啸、冰灾等自然灾害频频发生，甚至是人为的战争等，都直接危害到人的自然生命，人在这些自然或人为灾难中如何更好地生存下来，显然成为生命教育下的时代命题。野外生存训练的教学内容突破了传统体育类课程强调项目的纵深发展，强调线性逻辑秩序的教学理念，选择了人是整体、教育是整体、生活是整体和生命是整体的教学观，融合了生活化、生存化、生命化的体育教育素材，回归了人的生命整体性、回归教育整体、回归人的生活常态，改变了体育与生活的割裂状态。通过课程的参与，不仅能能够培养大学生在劣质环境中的生存与生活能力，并且还能够实现体育教育促进生命教育的学校意义及社会价值。

（三）有利于树立高校野外生存训练课程发展的价值导向

"生命教育"实践在国内出现在 20 世纪 90 年代中期，其范围和内涵较窄，主要关注社会和学生的现实问题，将安全教育、环境教育等纳入学校教育，这就是我国初期的生命教育。随着世界各国逐步对学生生命教育意义的认识，我国各高校也相继开展了大学生生命教育的相关课程，在生命知识的普及、健康意识的培养等方面都作了积极的尝试，且取得了一定的成效。但是纵观历来生命教育课程的教学形式，明显存在着重理论轻实践和实践体验途径单一的缺陷，缺少与校外生命教育的联系，从而使得高校生命教育存在形式化、纯说教的倾向，并导致学生生命教育行动力的缺乏。而野外生存训练课程是一门以野外实践为主的课程，在整个课程的实施过程中，学生如何适应劣质环境？学生在劣质环境中如何更好地生存？如何应对与规避劣质环境给自身带来的不利影响？等等，这些都是野外生存训练实践所必须解决的问题，而这些内容的实现，实质上就是使学生在长远利益上获得自然生命的保护与关爱，促进生命的发展从低级阶段向追求生命意义，进而向开拓生命情怀等高级阶段发展。将生命教育思想融入高校野外生存训练课程，不仅能够为野外生存训练课程的发展提供价值动力与精神导向，有效的高校野外生存训练课程也必将成为生命教育的重要实践路径，最终两者相互促进，相得益彰。

三、生命教育视角下高校野外生存训练课程的发展对策

（一）融合生命教育，丰富课程发展体系，提高课程开展的价值

课程的内涵、课程的价值，可以决定课程的走向与发展。当代青少年在自然环境下生存、生命能力不强，在社会环境下生命意识、生命情怀不佳的前提下，将生命教育观纳入高校体育课程发展目标体系，将生命教育思想与现行高校野外生存训练课程的发展目标有机地结合起来，突显生命教育的价值，从而使大学生能够由"知识课堂"走向"生命课堂"，并在"生命课堂"的学习过程中愉悦情绪和积极地体验情感。在这样的课程目标导向下，既能使野外生存训练符合人自然生命发展的过程，又能把人的发展放到更为广阔的空间与更为长远的时间上去；既能强调了人发展质量的全面性、社会性，又能充分体现对大学生个体生命的自主性、独立性的重视，也锻造当代大学生强大的人格魅力，提升人的生命质量和人生境界，并最终更大地提升高校野外生存训练课的价值，获得更多的家庭、学校及社会的理解与支持。

（二）利用高校优势，加强教师合作，培养高素质的教师队伍

野外生存训练课程内容涉及地质学、天文学、林学、旅游学、管理学、教育学、心理学、医学、策划学、体育学等跨学科知识。目前，高校体育教师开展野外生存训练知识及个人实践经验还处于一种相对不足的状态，仅凭借高校体育教师的"一己之力"尚难以很好地满足课程的发展需要，特别是在面对野外综合实践中出现的各种突发事件，还不能很好地应对或合理地处理，师资力量薄弱也是制约其发展的一个重要因素。在大力发展我国高校野外生存训练课程时，应充分发挥高校具有多学科智力资源的优势，加强校内或校际间的不同学科、不同专业教师间的联系与合作，特别是体育教师应主动向其他学科教师学习，弥补自身学科知识的不足。此外，教育主管部门及单项体育协会，应组织开展野外生存训练课程的教学研讨或经验交流，从而培养出一批有能力、有抱负的野外生存训练课程专业教师，进而更加有效地促进野外生存训练课程的发展。

（三）加强校际联系，共建实践基地，拓展基地社会服务功能

中、日、韩三国大学生黑龙江帽儿山地区野外生存生活训练课程实践取得的成功实例说明，野外教学资源状况对野外生存课程实施效果的影响是不可忽视的。我国幅员辽阔，自然资源丰富，有的地区地理空间跨度大，地质地貌类型复杂多

样，拥有冰川、雪原、沙漠、峡谷等，有的地区则只具有山脉、森林、河流、丘陵等自然资源。从我国部分高校所选择的实践地点状况来看，常常采取就近的原则，或是选择丘陵，或是选择河流等等，反映出实践地点地形简单，资源单一，往往难以达到野外生存训练实践课程开展的目标。针对目前我国高校野外生存训练基地选择与建设的情况，笔者认为，应该建立高校联片制度，并依托该制度，在同一片区内，甚至是跨片区的多所高校联合，对自然资源进行有针对性的选择，共同开发与建设实践基地。这样不仅可以使学生在复杂多样的环境中接受训练，得到体验，挑战自我，真正提高在复杂环境中的生存能力，从而真正达到生存实践训练的目的，并且还可以解决单个高校进行实践基地开发与建设资金不足的问题。在高校联合开发与建设野外生存训练基地的同时，还应该大力向社会宣传野外生存训练的生命教育意义，并借助于实践基地的资源，开展社会化培训与服务，吸引社会力量对基础建设的投入，在一定限度内，实现对其经济功能的转换，获取野外生存训练基地建设的可持续发展。

（四）加强课程建设，形成教研团队，构建课程发展的基础

目前我国高校野外生存训练的研究成果深度不足，研究内容涉及面较窄，而从生命教育视角去发展野外生存训练课程的研究更是少之又少。透过这种教研、科研现状可以反映出，高校野外生存训练课程发展的研究队伍明显不足，还缺乏一个合理的、可持续性发展的基础研究队伍。高校野外生存训练是一门涉及多学科知识的课程，仅靠体育教师队伍或体育教师现有的专业知识还无法满足其发展的需求。任何课程的发展都离不开一个好的课程研究团队。为了更好地促进高校野外生存训练课程的发展，各高校领导及体育教师应充分地认识到科学研究在其中的重要性，并建立一支具有良好素质的、学科知识结构合理的野外生存训练课程科学研究队伍，特别是应充分利用高校具有不同专业知识体系的智力资源优势，以野外生存训练体育教师为核心，借助高校的学术研究氛围，努力做到教学与研究相长，只有这样，才能更好地促进高校野外生存训练课程的发展。

（五）加强风险管理，建立保障机制，确保课程可持续发展

高校野外生存训练课程在野外环境中进行，是大学生体验生命教育的极好途径，在认识上肯定行动上参与的同时，我们也要冷静和理智面对课程的风险与挑战，这种由课程特征所带来的风险轻则使学生受伤，重则危及学生生命。很显然，作为生命教育视角下课程的发展，这些风险与生命教育的最终目标是相悖的，也是一些大学生家长或社会所不能接受的，从而在一定程度上也成为了阻碍课程发展的因素。那么如何实现"低成本，高收益"，使高校野外生存训练课程收益最大化呢？结合教学实践经验与体会，可从三个方面着手。

1. 加强风险管理

建立一套由风险识别、风险评估、风险控制、风险处理等构成的管理机制。教师应利用自身所积累的历史经验，从相关案例及各种客观资料中找出在野外实践中各种明显的、潜在的风险，总结出各种风险产生的规律，对野外训练进行风险评估并形成预案。

2. 进行实践环境与师生能力的评估

既要对野外环境进行评估，确定野外实践的难度与强度系数，以此对不同身心状况的训练主体（大学生）进行评估，同时也要对风险预防措施及教师自身专业知识的贮备进行评估。

3. 依托社会系统，建立保障机制

负责野外实践设计的指导教师，要充分考虑实训地周边的社会机构力量，如需要对周边地公安、医疗、通讯、交通等机构状态的预先熟知，并建立联络方式，依托社会力量建立应急快速反应通道是化解风险的重要一环。同时，学校还应该依托当地保险机构，建立相应的风险赔偿与保障制度，如为学生购买人身意外保险等，力将风险降到最小并使其分散，在一定程度上解除学生家长及社会对该课程的安全忧虑，并最终促进高校野外生存训练课程的发展。

第三节　生命教育视角下野外生存运动与大学生情商的培养

一、现今大学生情商缺失的现状分析

严格来说，情商是个心理学的概念，它从理论上直接秉承20世纪30年代美国心理学家亚历山大提出的"非智力因素"。

1995年，《纽约时报》专栏作家，美国哈佛大学心理学教授丹尼尔·戈尔曼出版了《情感智商》一书，将情商理论推向高潮。什么是情商？简单来说，情商是自我管理情绪的能力。它是由五种能力组成：1. 了解自己情绪的能力。能立刻察觉自己的情绪，了解情绪产生的原因；2. 控制自己情绪的能力。能够安抚自己摆脱强烈的焦虑、忧郁，以及控制刺激情绪的根源；3. 激励自己的能力。能够整顿情绪，让自己朝着一定的目标努力，增强注意力与创造力；4. 了解别人情绪的能力，理解别人的感觉，察觉别人的真正需要，具有同情心；5. 维系融洽人际关系的能力。心理学家认为：能够理解并适应别人的情绪特征是生活的动力，可以让智商发挥更大的效应，所以情商是影响个人健康、道德、情感、人生成功的重要因素。

多年来，我国一直延续严格的计划生育政策，独生子女日渐成为高校大学生的主流人群。由于他们成长环境中缺乏兄弟姐妹之间亲情互动，且独生子女容易受家庭溺爱，其中不乏娇生惯养者，加之应试教育影响，使得在我国现今的家庭教育、学校教育和社会教育中，情商教育普遍不受重视，乏善可陈，未能列入各类教育的议事日程，成为教育中的"鸡肋"。而我们看到的是很多大学生情商水平严重偏低，突出表现在以下四个方面。

（一）认知情绪和管理情绪的能力较弱

控制自身情绪的能力，即当自身某种情绪刚一出现的时候便能察觉，并能及时调控，使之适时、适地、适度的能力，也就是人的自控能力。

目前有一部分大学生自我意识过于强烈，对自身情绪的认识具有片面性，看问题仅从自己的角度出发，缺乏换位思考的意识；被批评时容易产生逆反心理，很难正确地了解和评价自己的情绪状态；遇事爱冲动，做事不顾后果，最终带来更多的麻烦和不良后果。

（二）人际交往存在障碍

处理人际关系的能力，即调控自身与他人的情绪反应的能力。

由于多方面因素的影响，有一部分大学生对人际关系的理想化色彩较浓，在面对复杂的人际关系时，缺乏足够的应对技巧和心理准备。许多大学生在校期间不懂得与他人和谐相处，不仅不去学会适应，甚至选择逃避和自我封闭，主要表现为孤独、敏感、自卑等。这些学生一旦毕业进入社会，就会发现他所面临的领导、同事、客户以及其他等社会关系比学校复杂得多，年龄层次也变得多样化，各种各样的性格难以把握，于是就会茫然不知所措。

（三）抗挫折能力和自我激励能力差

克服挫折和自我激励的能力，即在有目的的活动中，当遇到无法克服的障碍时，乐观面对，并能迅速从中跳出，重整旗鼓，迎头赶上的能力。大学生具有较强的表现欲和对新鲜事物的热忱，成功欲望强烈，但对失败预测不够，对失败缺乏正确的认识，一旦遭遇挫折便心灰意冷，容易自暴自弃，甚至漠视生命，缺乏自我调整、自我激励的能力。

（四）缺乏自我管理的能力

自我管理能力是对自己的目标、时间、生活习惯和方式有一个合理的规划和安排，能够做到自我控制和调节的能力。对于刚进入大学的学生来说，开始阶段会觉得很不适应，在失去当初高考的动力和目标后，显得很茫然，找不到新的努力方向和动力，对大量自由的时间无法合理支配，放任自由，缺乏自我管理的能力，一些学生选择了网络游戏、恋爱等方式打发时间，造就了这些目前校园非常流行也很难解决的问题。

二、基于生命教育视角下野外生存运动对大学生情商的培养

体育运动能够激发人的身体潜能、彰显生命活力、丰富人的情感、提升人的生命质量。而作为新兴体育运动项目之一的野外生存，在这方面功效卓著。

目前，野外生存在高校的开展正方兴未艾，成为越来越多大学生钟爱的运动休闲方式。

它除了追求竞技体育超越自我生理极限"更高、更快、更强"的精神外，更强调生命意义与价值教育，追求在情商发展时所获得的愉悦感和成就感。同时，它还体现了人类返璞归真、回归自然、保护环境的美好愿望，因此已被世界各国誉为"未来体育运动"。

野外生存是一项特殊的运动项目，其独特的魅力就是对生命的全新阐释，在充满未知和危险的野外，生命慢慢在大自然的生存过程中熟悉起来。人们之间的帮助，没有太多杂念，相互间的搀扶，只是单纯的去跨越困难，人们因此变得亲和起来。野外生存不同于攀岩、蹦极、滑雪等运动，它是在克服困难的极限中寻找自己的体能，这不仅是一个综合素质的大检验，更是在活动极限中发觉自己的过程，所以野外生存给我们带来的是一种心理上的满足和发泄，是从生命的角度对学生情商的一种培养。

运动明智，就是要通过野外活动完善自己为人处事的态度、准则、经验、方式，即情商水平。野外生存中适合情商教育的素材很多，且多数是隐性的，需要活动组织者深入挖掘，并进行适当地处理，灵活地运用，适时适度地培养大学生具备高情商所涵盖的各种意识和素养。

（一）团队合作意识

21世纪是合作的时代，共存共赢已成为时代精神，它是一种社会规则，也是一种竞争规则，个性要弘扬，人的创造性要提倡，又要充分发挥集体的作用，发扬团队精神。对于任何一个大学生来讲，在今后的工作和生活中都不可能单独或者不依靠任何其他人的帮助和协作来完成较大的工作内容，野外生存训练可以帮助任何一个成员使他们形成团队合作的精神，只有在一个团队中大家相互的学习和帮助才能最终克服困难，完成预定的目标和任务。

在野外生存训练中，同学们互相照顾，同甘共苦共患难；在跋山涉水、风餐露宿中，学会了与人相处，感受到了团结的力量，尝到了集体的温暖与快乐。大自然是伟大的，在大自然面前，个人的力量显得微不足道。通过野外生存训练，可以使学生认识到集体的力量和团队的精神不可缺少，只有大家团结起来，运用众人的智慧和力量，才有可能征服自然。可以使学生从最初的相互不默契、不融

洽发展到活动中的和谐相处、彼此信任，从活动开始时的"自我中心"到处处考虑别人、主动帮助他人，深刻体会团队精神的重要性，增强社会适应能力。野外生存训练教学过程是学生一种愉悦的生活情绪和积极的情感体验，"知识课堂"转变为"生命课堂"，充满着人文关怀与生命情趣。教师不再是知识的占有者和传授者，他将越来越成为一位顾问，一位帮助发现矛盾点而不是拿出现成真理的人。学生也不再是知识的接受者，他们都是学习的主人，知识的探索者。师生之间不再是中心与边缘、教授与接受、主动与被动的关系，而是主体间平等交往、探讨、合作的关系。野外生存使体育实践成为既是一种积极的生存体验，又是一种积极的人生享受，还是一种积极的自我发展。在自我发展的进程中增强信心，提高团队的有效合作意识。

（二）抗挫折意识

当代许多大学生个性十足，却极度缺乏接受挫折和失败的心理，一旦遇到，"蛋壳心理"便无力承受，导致心理疾病和心理障碍的出现，严重的甚至出现悲观厌世、自杀行为的发生。野外艰难的背景下有许多人经历磨难、挫折时，以积极向上的态度面对，最终走出困境，这从某种意义上说野外生存是一种挫折学习、挫折教育。

野外生存教学应抓住体育教育与意志品质教育的契合点，充分发掘情商教育素材，帮助学生自觉养成坚忍不拔的意志，对未来的人生道路有充分的思想和心理准备，以积极向上的态度面对人生道路上的曲折。

具体有以下几种途径：在克服困难，顺利完成野外体育课程的要求以后，参训者可以体会到发自内心的自豪感和胜利感，获得人生难得的高峰体验。在野外生存过程中，一个个惊心动魄的瞬间，一个个超越自己极限的瞬间，都会成为刻骨铭心的记忆，长久地留在自己的心间，达成生命的彻悟，从而对自己的人生方向、处事方式、生活态度产生影响。野外生存中的高峰体验相对于单一刺激而言，学习者通常感到其正处于自身力量的顶峰，正最佳地、最充分地发挥自己的潜能，他感到自己比其他任何时候更加聪明、更加敏锐、更加机智、更加强健、更加有风度、更加具有创造性，也更加能够面对困难的挑战。对于任何一个遇到苦难和挫折的学生来讲，解决问题的最好方式不是去回避困难，而是积极地想办法来解决问题、排除困难，对于一般的困难来讲，很多学生可能可以轻易地通过回避的方式达到绕开问题的目的，而对于在野外生存环境下，群体当中出现的各种困难和问题都没有办法回避，只有积极地应对困难才能使自己走出困境。一方面在野外生存环境中，对于任何一个成员来讲，他们没有任何可以选择的余地，只有积极地想办法来解决问题才是良策，另一方面野外环境对于学生来讲也帮助他们创造了一个增加心理承受能力的机会，在这样的环境中，学生通过克服重重困难，不断增加解决问题的机会和能力，达到使自己更加成熟和稳重的目的。

（三）应变意识

在当今社会中，竞争加剧，人们所面临的变化和压力与日俱增，每个人都可能面临升学、择业、下岗等方面的困扰，它需要我们具有良好的应变能力。应变能力是当代人应当具备的基本能力之一，是人们把握时代脉搏、跟上时代潮流的关键，培养学生的应变意识就是培养与时俱进的意识，努力提高自己的应变能力，对保持健康的心理状况是很有帮助的。

野外是一个变化多端的复杂环境，会有很多预料不到的情况随时发生。面对并处理这些意外或突发事件，不仅需要镇定的情绪、高度的注意力和坚强的意志等良好的心理素质，还需要灵活善变的思维能力，这是对每一位学生的考验。在传统学校体育中，一切教学活动都按教师事先编写的教学方案进行，很少会发生意外。而在野外每遇到一次意外，学生的心理素质与思维能力都会经历一些锻炼和考验，有利于应变能力的提高。对于野外生存训练当中常见的，比如野外取水、寻找方向标、道路、水源、忍受饥饿以及野生环境当中的潜在危险等等方面的问题，都需要我们的野外生存训练队员有很好的应对能力，这种应对能力主要来源于外在危险时的反应速度和对其做出的正确反应。所以我们通过野外生存训练，可以极大地训练学生的反应速度。大学生在成长过程中要经历或面对各种人生机会和选择，在这一系列的选择中，机遇与挑战并存，他们必须具备应变意识和能力去适应各种环境、实现人生志向。

（四）生存意识

联合国"21世纪教育委员会"在《教育——财富蕴藏其中》一书中提出教育的四个支柱，即"学会认知、学会做事、学会共同生活、学会生存"，中国新一轮课程改革要求最大限度地促进学生的全面发展，提高生存的质量，因为新时期教育的功能已经不能再局限于仅仅让学生获取基础知识和基本技能的双基能力，更为重要的是教会学生如何去生存和发展。

生存需要能力，生存就是一种适应环境变化，以求自身生存和发展的能力，包括想象、思考、分析、判断、语言表达、情绪控制等方面的能力，其中情绪控制能力尤为重要，因为生存包括自然生存与社会生存两种，人要立足于现实社会，就要学会如何与他人相处，如何充实人生使生存状态更好、生存质量更高。

当今学生大多是独生子女，过着安逸舒适的生活，整日穿行在城市的水泥"丛林"中，接触野外环境的机会越来越少，作为自然人在野外生存生活的能力日渐减退，与大自然各种艰苦环境抗争的能力越来越差。野外是一个相对较原始的环境，与现实社会环境有着很大的区别，要在野外生活生存，必须具备一些基本技能，学会利用自然、开发自然，如搭建帐篷宿营、埋锅做饭、下河捕鱼、分辨可食植物、获取食物和水，使用地图、GPS或罗盘，处理有毒动植物、受伤、迷路等问题。这些都是在平时的训练和实战中所需要学会的，传统学校体育教学很难做到这一点。野外生存应该通过对野外经历的分析、判断，帮助学生建立起正确评价生活、认识社会的标准，再用这些标准去处理现实社会的问题，使学生懂得世界的多样性、社会的复杂性、文化的多元性，强化生存意识，学会在集体中生存，在压力下生存，在逆境中生存。

（五）生活交际意识

对于任何一个大学生来讲，交际能力是绝对不可以缺乏的能力之一，交际能力是大学生和身边的同学、教师、朋友及将来的同事、领导进行沟通和协作的基本手段，没有这种能力，对于任何一个人来讲，都很难取得最大的成功，野外生存训练要求每一个成员必须学会沟通，必须和大家形成统一的思想和统一的行动，这种行为的产生就需要有很好的交际能力，在有限的条件范围内取得最好的优化组合。

野外生存能力也是帮助孩子提高生活能力的很好的机会，因为在一般的家庭当中，很多学生很难有机会去承担自己生活当中最基本的生活料理能力，这些事情往往都是由父母或者爷爷奶奶来完成的，但是通过野外生存训练，可以帮助孩子明白自己照顾自己的重要性，也可以帮助孩子建立学会料理生活的思维模式，对于孩子的成长是绝对有益的行为。"野外生存生活训练"是学生们亲近大自然的一门新型体育课程。学生获得了在野外环境中维持日常生存生活所需的基本知识和技能，意味着与自然融合、强身健心的征程上迈出了坚实的一步，但是要想更深刻地体验野外生存生活中的刺激与快乐，最大限度地发挥自我身心潜能，得到愉悦感和成就感，就要求每一个参与者除了掌握基本技能外，还要掌握野外生存生活中所需要的高级技能。唯其如此，才能在大自然这个博大精深、美丽而凶险的演练场里，忘却现代文明带来的舒适与慵懒，体会运用自身的智慧力量与勇敢战胜阻碍所带来的乐趣，实现身心健康的目标。

参考文献

[1] 梁传声，梁传成. 野外生存教程［M］. 北京：高等教育出版社，2005.

[2] 乔梁. 定向运动与野外生存训练［M］. 北京：中国铁道出版社，2009.

[3] 董范，国伟，董利. 户外运动学［M］. 武汉：中国地质大学出版社，2009.

[4] 董范，陈刚，牛小洪. 登山运动［M］. 武汉：中国地质大学出版社，2009.

[5] 钱永健. 拓展［M］. 北京：高等教育出版社，2009.

[6] 王乐，王玮. 野外生存军事基本技能应用［M］. 广州：广东世界图书出版公司，2010.

[7] 李强. 大学生命教育论［D］. 华中科技大学博士学位论文，2007.

[8] 云清. 大学生生命教育内容体系的构建及实施途径研究［D］. 湖南农业大学硕士学位论文，2012.

[9] 尹达斐. 大学生生命教育探究——以北京松堂医院大学生志愿者为案例［D］. 首都师范大学硕士学位论文，2012.

[10] 江晓萍. 大学生生命教育研究［D］. 南昌大学硕士学位论文，2005.

[11] 刘飞. 大学生野外生存教学训练的组织与管理［J］. 教育艺术，2012.

[12] 李可心. 大学生野外生存生活训练教育价值的研究［D］. 沈阳体育学院硕士学位论文，2011.

[13] 陈斯拉. 当代大学生生命教育探析［J］. 高教探索，2007.

[14] 张玉梅. 高校生命教育内容及路径研究［D］. 首都师范大学硕士学位论文，2008.

[15] 穆姣姣. 呼唤生命教育——在中学语文教学中开展生命教育的优势和实践探索［D］. 陕西师范大学硕士学位论文，2012.

[16] 宾金生. 基于生命教育视角下野外生存运动与大学生情商培养研究［J］. 南京体育学院学报，2010.

[17] 胡永红，王桂忠，郭小琳. 论高校生命教育和野外生存教育的共同点［J］. 当代教育理论与实践，2013.

[18] 黄建春. 论生命教育的背景及实施［D］. 福建师范大学教育硕士学位论

文，2005.

[19] 张美云. 生命教育的理论与实践探究 [D]. 华东师范大学博士学位论文，2006.

[20] 胡成霞. 生命教育课程探究 [D]. 西南大学硕士学位论文，2007.

[21] 王桂忠. 生命教育视域下高校野外生存训练课程发展研究 [J]. 韶关学院学报·自然科学，2013.

[22] 于立. 沿海地区大学生海岛"野外生存生活训练"课程的研究 [D]. 东北师范大学硕士学位论文，2008.

[23] 樊贤进，王家忠. 高校开展野外生存训练课程探索 [J]. 鸡西大学学报，2011.

[24] 秦朝辉. 影响北京高校开展野外生存生活训练课的因素研究 [D]. 北京体育大学硕士学位论文，2012.

[25] 李艳梅. 大学生野外生存生活训练课程体系研究 [J]. 湖北体育科技，2009.

[26] 李长毅. 高校开展野外生存生活训练课程的思考 [J]. 沈阳教育学院学报，2007.

[27] 李嘉楠. 吉林大学研究生开设野外生存训练课程的可行性研究 [D]. 吉林大学硕士学位论文，2007.

[28] 薛可可. 大学生野外生存训练风险管理理论与实证研究 [D]. 山西大学硕士学位论文，2011.

[29] 陈刚. 从风险管理角度谈学校野外生存训练课程的安全保障 [J]. 吉林体育学院学报，2010.

[30] 郭威. 北京市高校野外生存课程安全指标体系构建研究 [D]. 首都体育学院硕士学位论文，2012.

[31] 王敏，陈文斌，梁江. 野外生存训练前后大学生意志品质变化的实证研究 [J]. 黑龙江高教研究，2012.

[32] 何润侨. 论体育赛事的风险与管理 [J]. 企业家天地（理论版），2006.

[33] 张大超，李敏. 国外体育风险管理体系的理论研究 [J]. 体育科学，2009.

[34] 李舒平，邹凯. 户外运动的风险管理 [M]. 广州：广东科技出版社，2009.

[35] 郑正. 学校户外运动安全指导 [M]. 成都：四川大学出版社，2008.

[36] 黄亨奋. 对我国普通高校户外运动安全防范管理体系的研究 [J]. 吉林

体育学报，2007.

[37] 杨汉，董范，郑超，等. 高校体育课程——户外运动教学体系的研究 [J]. 北京体育大学学报，2005.

[38] 石岩. 体育活动风险研究之思考 [J]. 体育与科学，2008.

[39] 胡跃红，刘剑，吴明华，等. 对高校开设野外生存生活训练课程设置的探讨 [J]. 湖南科技学院学报 2007.

[40] 韩宏义. 高校开展野外生存生活训练的组织形式研究 [J]. 浙江体育科学，2006.

[41] 王磊. 浅谈野外生存安全防范与急救 [J]. 中国学校体育，2005.

[42] 董倩玲，李赞. 对高校开设野外拓展训练障碍的剖析 [J]. 贵阳学院学报：自然科学版，2009.

[43] 王洪. 普通高校开设"野外生存生活训练"课程的目的与意义分析 [J]. 商情，2009.

[44] 杨天庆，崔雪梅. 甘肃省普通高校野外生存生活训练课程实施的异变问题研究 [J]. 河西学院学报，2008.

[45] 李小英. "野外生存生活训练课程"实践研究 [J]. 成都体育学院学报，2007.

[46] 姜彩霞，王牧华. 浅析学校生命教育课程的缺失与重建 [J]. 当代教育论坛，2010.

[47] 王平. 生命教育的内涵、实践现状及其应然之路 [J]. 教育科学论坛，2011.

[48] 陆宇明. 山东体育学院开设野外生存训练课的探索 [J]. 山东体育学院学报，2009.

[49] 代素琴. 野外生存——人类曾经的必修课 [J]. 生命教育，2010.

[50] 穆树航. 哲学解释学视域下的生命教育 [D]. 河南大学硕士学位论文，2012.